neue akzente religion 3

Jesus begegnen

Impulse aus dem Evangelium

Arbeitsbuch Religion – Sekundarstufe II

herausgegeben von Georg Bubolz und Klaus Otto

Patmos

Inhalt

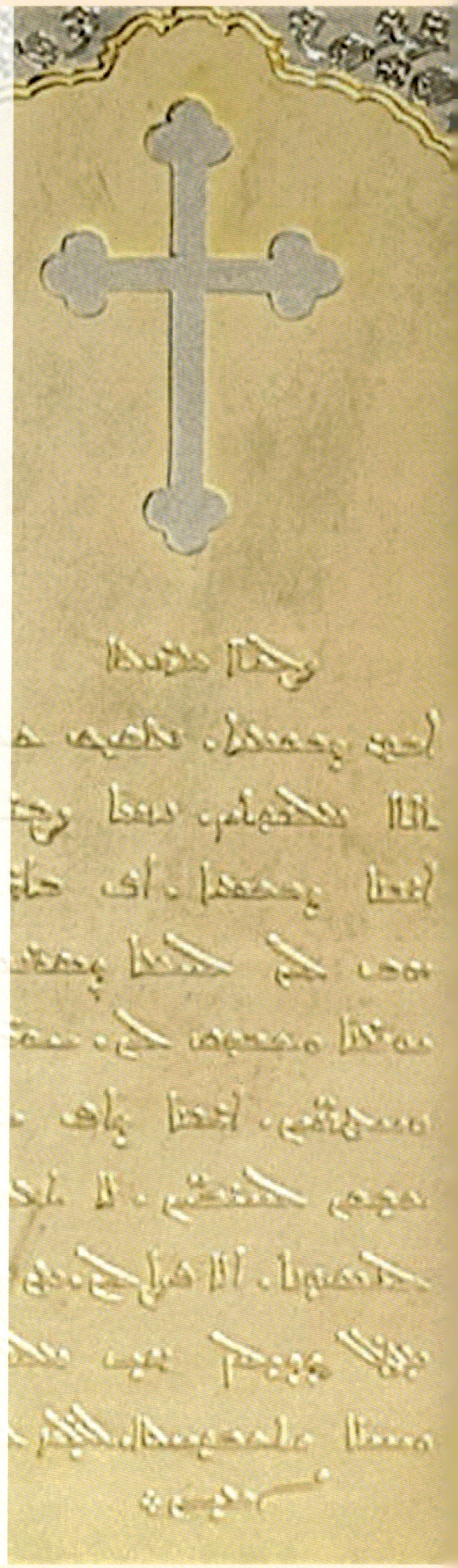

Was Sie in diesem Buch erwartet …

Liebe Schülerinnen und Schüler,
uns geht es an, und zwar unbedingt: die Frage nach der Gestaltung sinnvollen Lebens. Vergleiche mit Menschen können dabei helfen, einen eigenen Weg zu finden und sich danach auszurichten. In einem Gedicht schreibt Dorothee Sölle im Blick auf Jesus von Nazaret:

Vergleiche ihn ruhig mit anderen Größen
Sokrates
Rosa Luxemburg
Gandhi
er hält das aus
besser ist allerdings
du vergleichst ihn
mit dir

Um solche oder ähnliche Vergleiche anzustellen, ist es wichtig, dass Sie sich zunächst darüber klar werden, welche Fragen, Probleme und Zweifel bei Ihnen angesichts der Person Jesu aufkommen. Eine Hilfestellung dabei bietet das Anfangskapitel des Buches an. Es ermöglicht, einen ersten eigenen Standort zu finden. Vielleicht wird auch Ihr weiteres Interesse geweckt. Die wissenschaftliche Beschäftigung mit der Person Jesu seit mehr als einem Jahrhundert hat die historische Fragestellung ins Zentrum des Interesses gerückt: Hat Jesus überhaupt gelebt? Können die Evangelien als Quellen ein geschichtlich korrektes Bild vermitteln? Oder sind nur außerbiblische Zeugnisse zuverlässig? Wie ist der Glaube an Jesus begründet? Reichen geschichtliche Erkenntnisse? Oder: Muss

Wegkreuz –
eine Perspektive von unten

nicht vielmehr ein »historischer Jesus«, wenn man ihn fände, in der Vergangenheit bleiben, da er uns persönlich nicht weiterhilft? Brauchen wir daher nicht den »biblischen Christus«, der unseren Glauben weckt?

Das an Kompetenzerwerb (→ S. 179) orientierte Buch »Jesus begegnen« verfolgt das Ziel, Ihnen dabei behilflich zu sein, ein eigenes begründetes Urteil zu diesen und weiteren Fragen zum Thema »Jesus« zu gewinnen. Der Auftakt des Buches dient der Klärung Ihres Frage- und Interessenhorizonts.

Die Förderung bestimmter »religiöser Kompetenzen«, die in den anschließenden Einzelkapiteln im Blick sind, ist ein ganzheitlicher und vielschichtiger Prozess, der als solcher nie vollständig beschrieben werden kann; daher werden im Folgenden nur einzelne ausgewählte Kompetenzen benannt, die jeweils fokussiert sind. Zusätzlich sind meist weitere Kompetenzen mitzudenken, auch wenn sie nicht stets ausdrücklich aufgeführt sind.

Das Kapitel »Zugänge zu Jesus – Zum Verhältnis von Mythos und Geschichte« (Kap. I) stellt mögliche Antworten vor und regt zu deren Diskussion an. Es ist intendiert, die Eigenart religiöser Sprache verständlich zu machen und dient der religiösen Sprachschulung. (*Kompetenz: Deutungsfähigkeit – religiös bedeutsame Sprache und Zeugnisse verstehen und deuten.)*

Im Anschluss wird ganz in dieser Intention ein besseres und tieferes Schriftverständnis angezielt, wenn »Das zentrale Anliegen Jesu: Die Gottesherrschaft in Wort und Tat« (Kap. II) mit den Themenkreisen »Wunder« , »Gleichnisse« und »Vaterunser« thematisiert wird. Durch die Vertiefung dieser Themenkreise sind Transferleistungen möglich, die religiöse Deutungsfähigkeit fördern. (*Kompetenz: Urteilsfähigkeit – in religiösen ... Fragen begründet urteilen.*)

Jesus hat seine Jünger nicht nur gelehrt, wie sie beten sollen, sondern ihnen auch den Auftrag gegeben, das Gedächtnis an ihn im gemeinsamen Mahl zu feiern. Insofern schließt sich die Thematisierung des Abendmahles Jesu (Kap. III) an. Schwerpunkt ist hier die wirkungsgeschichtliche Auslegung der Einsetzungsworte in den verschiedenen christlichen Konfessionen. – Jesu Impuls, Gemeinschaft mit ihm und untereinander zu stiften, schließt Konsequenzen mit ein, deren Reichweite auch im Blick auf die Armen zu diskutieren ist. Letztlich geht es bei den theologischen Kontroversen um das jeweilige Abendmahlsverständnis auch um die Anbahnung und Vertiefung der Fähigkeit, Symbole zu erfassen und zu interpretieren sowie dabei ein eigenes Symbolverständnis zu entwickeln. (*Kompetenz: Deutungsfähigkeit – religiös bedeutsame Sprache und Zeugnisse verstehen und deuten.)*

Das Kapitel »Leiden und Sterben – Passion und Tod Jesu«. (Kap. IV) erhält neben der christlichen Deutung des Todes die Auseinandersetzung mit der Sicht des Leidens und Sterbens Jesu am Kreuz aus der Perspektive anderer Religionen (Islam, Buddhismus) Raum. Kapitel V beschreibt die Einheit von »Tod und Auferstehung« und akzentuiert die Auferstehungshoffnung nach den biblischen Zeugnissen. Auch hier werden christliche Vorstellungen mit denen anderer Religionen (Islam, Judentum, Buddhismus) kontrastiert. Der Glaube an die Wiedergeburt, wie er im Buddhismus und in Naturreligionen – auch bei manchen Jugendlichen – vorkommt, wird dabei eigens thematisiert und

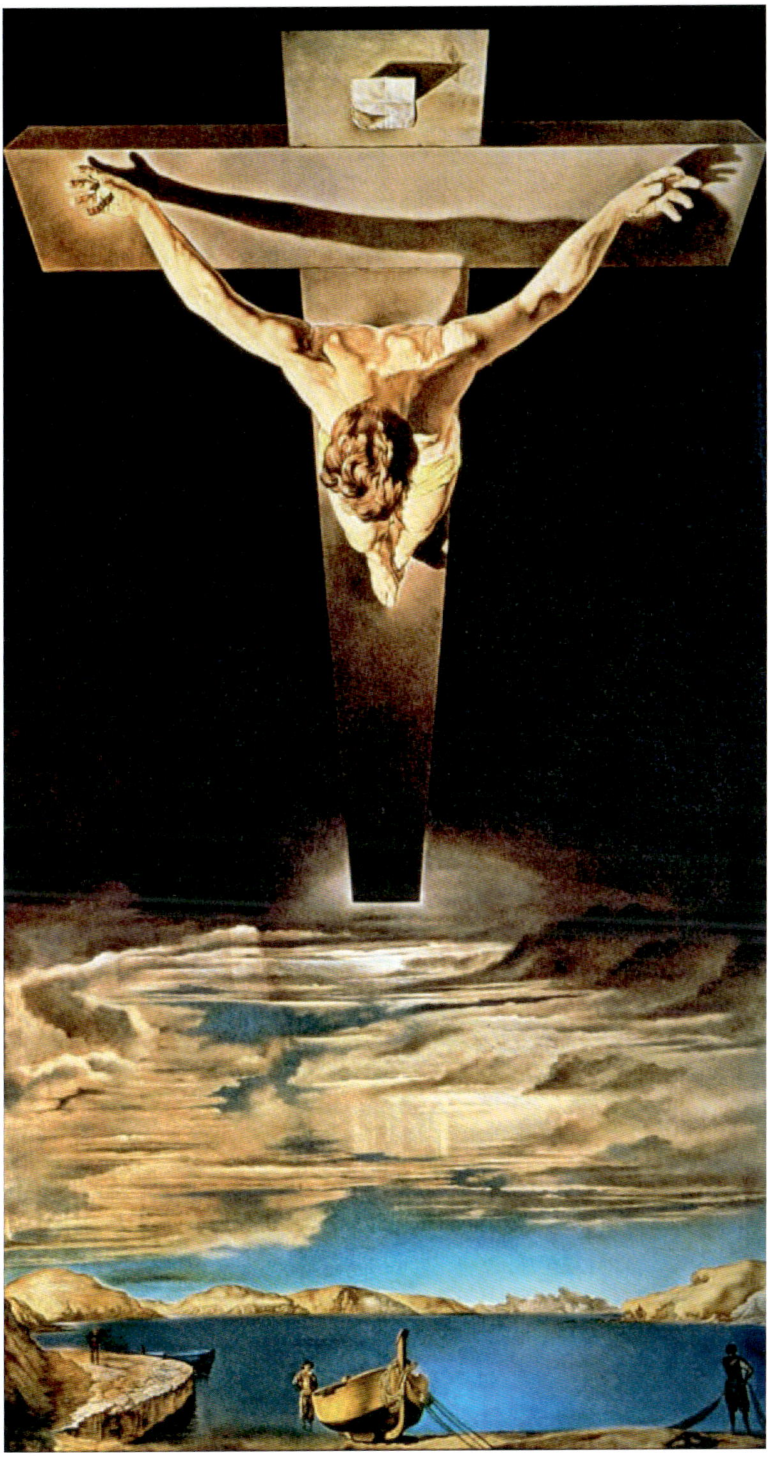

Salvador Dali, Der Messias des heiligen Johannes vom Kreuz, 1951 – eine Perspektive von oben

Das Buch erhält thematisch eine Abrundung durch einen Text von Heinz Zahrnt, der zeigt, dass Kirche als die »mittelbare Fortsetzung des Wirkens Jesu« zu verstehen ist (Kap. VII). Hier wird einsichtig, dass alles Reden von Jesus für Kirche Maßstäbe setzt, an denen sie ihr Wesen und ihre Aufgaben findet. Von Jesus sprechen, das heißt: das Zentrum christlicher Gemeinde zur Sprache bringen. »Als Tradentin der ›memoria Jesu‹ hat sie das Feuer seines Geistes in der Welt am Brennen zu halten« (Heinz Zahrnt). Auch hier geht es um religiöse Urteilskompetenz.

Methodische Kompetenzen werden gefördert, indem in die Einzelkapitel Ausführungen zu Auslegungsmethoden der Theologie, vor allem der Exegese, integriert werden. Wenn Sie die Methoden in Grundzügen kennen, mit deren Hilfe Forschungen betrieben werden, ist es leichter möglich zu beurteilen, ob ein Forschungsergebnis angemessen erscheint oder nicht.

Ein eigenes Kapitel zur Bergpredigt fehlt im vorliegenden Band, da diese ausführlich im Buch »Wegweisungen« der Reihe »Neue Akzente Religion« thematisiert wird.

Gemäß den Vorgaben der Einheitlichen Prüfungsvorgaben für die Abiturprüfung der KMK (Kultusministerkonferenz) soll der Unterricht an biografisch-lebensweltlichen Perspektiven von Schülerinnen und Schülern orientiert sein, die Perspektive des christlichen Glaubens thematisieren und Bezugsfelder in der pluralen Gesellschaft beachten. Konkretisiert heißt dies: Die Frage von Schülerinnen und Schülern nach dem Lebenssinn, wird dialogisch in den Kontext der Begegnung, Anknüpfung und Auseinandersetzung mit

diskutiert. Teilhabe am interkonfessionellen und interreligiösen Diskurs ermöglicht kommunikative Kompetenzen, die bei religiösen Kontroversen erforderlich sind (*Kompetenz: Dialogfähigkeit – am religiösen Dialog argumentierend teilnehmen.*)

Shikenchi-sha, Church of Light, Ibaraki bei Osaka/Japan, 1989

der Darlegung des »Evangeliums von Jesus Christus« gestellt. Und dies erfolgt in Dialog und Auseinandersetzung mit »religiösen und säkularen Sinndeutungen und Glücksverheißungen« in pluraler Gesellschaft.

Die Materialien jedes Kapitels sind nach drei Gesichtspunkten geordnet. Zunächst werden unter dem Stichwort »*Wie Sie einsteigen können*« motivierende Materialien angeboten, die zum Weiterarbeiten anregen sollen. Danach schließt sich eine Sammlung von orientierenden Texten, Bildern oder Karikaturen an, die helfen soll sich ein eigenes Urteil in der Vielfalt unterschiedlicher Meinungen und Glaubensauffassungen zu bilden. Schließlich wird am Ende jedes Kapitels angesprochen »*Was Sie wissen sollten*« und »*Was Sie können sollten:* Kompetenzen«.

Unter den Texten sind zumeist Leitfragen zu finden. Diese Fragen haben keinesfalls die Funktion, Lehrer und Schüler bei der Diskussion zu gängeln, sondern sollen lediglich als Anregung oder als Hilfestellung dienen. Wenn Sie den Leitfragen für einen Teil des Weges durch dieses Arbeitsheft folgen wollen, können Sie möglicherweise besser in Gruppen arbeiten und brauchen nicht unbedingt ausschließlich im Plenum der Klasse zu diskutieren.

Zur Erleichterung der eigenständigen Texterarbeitung wurde ein Glossar an das Ende des Heftes gestellt. Durch die Erläuterung von Fremdwörtern und Fachbegriffen können die Texte zum großen Teil auch ohne Hilfe der Religionslehrerin/des Religionslehrers verstanden werden.

Am Ende des Bandes sind *Methoden der Bilderschließung* in einem Modell skizziert. Die »Kleine Sehschule« kann beim Erwerb methodischer Kompetenz weiterhelfen.

In Hinblick auf eine effektive Prüfungsvorbereitung ist der Abschnitt »Kompetenzorientiertes Lernen und operatorengesteuertes Arbeiten« hilfreich.

Die Materialien müssen nicht alle chronologisch erarbeitet werden, um einen Kurs zu Jesus Christus zu gestalten. Vor allem in Kapitel III bietet es sich an, eine Auswahl zu treffen.

Worte aus dem Philipperbrief als Leitmotiv

Dem skizzierten thematischen Aufriss des Buches sind Worte aus dem Philipperbrief zugeordnet. In diesen Brief eingefügt, finden wir ein wahrscheinlich urchristliches Gemeindelied, einen in sehr schönem Versmaß gedichteten Hymnus auf Jesus Christus. Wir wissen nicht, wer ihn gedichtet hat. Möglicherweise ist Paulus selbst der Verfasser:

Der Gemeinde wird Jesus Christus als Beispiel vorgestellt. Von ihm her soll sie sich verstehen. Wenn jedes Reden von Jesus Auswirkungen auf kirchliches Selbstverständnis haben soll, dann sind die Impulse für

Dem Kreuz ins Auge sehen? Oder die Augen verschließen?
Was ist die angemessene Reaktion?
Erwin Blumenfeld, c. 1948

[5] Jeder halte sich Christus als Beispiel vor Augen und gehe im Herzen seinen Weg mit, wie das Lied sagt:
[6] Herrlich und mächtig wie Gott war er. Aber er behielt seine Macht nicht für sich und den Glanz seines göttlichen Wesens.
[7] Alles legte er von sich ab, er nahm die Gestalt eines Knechtes an und wurde ein Mensch unter Menschen.
[8] Die arme Gestalt eines Menschen trug er und beugte sich tief hinab bis zum Tod, ja bis zum Tode am Kreuz.
[9] Darum hob ihn Gott über alles empor und setzt ihn über alles, was lebt, über Menschen und Mächte.
[10] Denn den Namen Jesus sollen sie nennen und ihre Knie beugen im Himmel und auf der Erde und unter der Erde.
[11] Und mit allen Stimmen sollen sie rufen: »Jesus Christus ist der Herr« und Gott, den Vater, rühmen und preisen!

Phil 2, 5–11 in der Übersetzung von Jörg Zink

kirchliche Praxis dem Evangelium zu entnehmen. »Jesus Christus ist der Herr!« So soll die Gemeinde ihn bekennen. Auch darin zeigt sich Aufgabe von Kirche, der Gemeinschaft der an Jesus Christus als den erhöhten Herrn Glaubenden.

Beides gehört zusammen, wie Jürgen Moltmann bemerkt: »Das Bekenntnis zu Christus und die Nachfolge Christi sind zwei Seiten derselben Sache: des Lebens in der Christusgemeinschaft. ... Jede Christologie ist darum auf Christopraxie bezogen und an ihr auf ihre Glaubwürdigkeit zu prüfen. Wir glauben an Christus mit allen unseren Sinnen und mit unserem gelebten Leben, so wie man auch an Gott nur glauben kann mit ganzem Herzen und mit allen Sinnen.«

Tod und Erhöhung Jesu sind ausdrücklich genannt. Sie bilden die Mitte eines Kurses zu Jesus Christus/Kirche. Besonders das Motiv des Kreuzes eröffnet in einem ersten Zugang die Möglichkeit biblische Erfahrungen in eine – auch kritische – Beziehung zu Erfahrungen von Zeitgenossen zu bringen. Schließen Sie die Augen vor dem Kreuz? Oder öffnen Sie sich ihm? Ist das Kreuz von Licht durchflutetes Heilszeichen? Oder bleibt es Symbol des Leidens und Sterbens?

Fragen und Probleme bei der Begegnung mit Jesus – Annäherungen zur Standortbestimmung

»Mich würde einmal interessieren, welche Bedeutung Jesus für Sie persönlich hat?« Hier einige Antworten auf diese Frage: »Jesus hat nie gelebt.« »Jesus hat vor 2000 Jahren gelebt. Heute leben wir in einer ganz anderen Welt. Für mich hat Jesus keine Bedeutung.« »Jesus war nur ein Mensch, aber ein großer Mensch, der die Menschen zum Guten führen wollte. Er kann mir deshalb noch heute ein Vorbild sein.« »Gott hat Jesus, seinen Sohn, zu den Menschen gesandt, um sie zu erlösen. Jesus wurde von den Toten auferweckt und ich kann zu ihm beten.« Das ganze Spektrum möglicher Einstellungen zu Jesus ist angedeutet. Es reicht von der Leugnung seiner historischen Existenz bis hin zum vertrauensvollen Sich-Einlassen auf seine Person. Fragen und Probleme bei der Begegnung mit Jesus liegen in diesem Bezugsrahmen: Hat er wirklich gelebt? Welche Quellen stehen uns zur Verfügung? Wie sind sie zu verstehen? Was war sein zentrales Anliegen? Warum musste er sterben? Wie steht es mit der »Auferstehung«? Was bedeutet der Titel »Sohn Gottes«? Hat er die Kirche gegründet? Wie hält Kirche die Erinnerung an ihn wach? Wer war er?

Das Kapitel stellt sich diesen Fragen, um eine erste persönliche Standortbestimmung zu ermöglichen. Es setzt mit einem »modernen Steckbrief« von Jesus (1) ein, der die Voreinstellung zu Jesus bewusst werden lässt. Es folgt eine erste Auseinandersetzung mit der Frage, ob man die Evangelien wie ein Historienbuch lesen oder eher als Mythos verstehen kann. Hier wird eine Äußerung des Malers Henri Matisse (2) zur Diskussion gestellt. Im Weiteren wird die Mitte des Wirkens Jesu (3) knapp skizziert, d. h. wie er die Gottesherrschaft in Wort und Tat zum Ausdruck brachte. Für Christen heute sind Überlegungen bedeutsam, wie Kirche dem Willen Jesu genügt, wie in ihr Gottesherrschaft sichtbar wird, wie sie die Erinnerung an ihn wach hält. So wird exemplarisch die Rolle, die dabei die Feier des Abendmahles (4) spielt, angesprochen. Die Erinnerung an den Kreuzestod Jesu legt die Frage nach dem Sinn seines Leidens und Sterbens nahe. Heinrich Heines Wintermärchen (5) bietet dazu Gesprächsimpulse. Christlicher Glaube sieht in der Auferstehung die Antwort auf den Tod, aber für immer weniger Menschen erscheint diese Hoffnung attraktiv. Manche wenden sich dem Glauben an die Wiedergeburt zu, ohne zugleich die christliche Gemeinde verlassen zu wollen. Sollen sie aus der Kirche ausgeschlossen werden? Davon handelt ein Textauszug von Hartmut Meesmann (6). Wie Ausgrenzungen aus der Gemeinschaft früher geschahen, kann exemplarisch an der Geschichte des Verhältnisses von Christen und Juden (7) angedeutet werden. Gibt es etwas, das für Christen in ihrem Glauben ganz einmalig und entscheidend ist, auf das sie nicht verzichten dürfen? Eugen Drewermann (8) sieht es in der Person des Christus selber. Doch wer ist Jesus Christus? Wer war er? Bei Karl Jaspers (9) wird erkennbar: Was Jesus nicht war, lässt sich leicht sagen. Es bleibt die Frage, was er war und wer er ist!

Die einzelnen Abschnitte dieses Kapitels können die angesprochenen Probleme nur knapp anreißen. Sie ermöglichen aber einen Meinungsaustausch darüber, wo besondere Akzente im Unterricht gesetzt werden sollen, die in den folgenden Kapiteln vertiefend angegangen werden können. In diesem Sinne sind die Hinweise zur Weiterarbeit zu verstehen.

Hermann-Josef Kuhna, Stigma, 2001

1. Moderner »Steckbrief«: Jesus von Nazaret – Heute?

1. *Wo* würde Jesus *heute* leben?
   Industriestaat *oder* Agrarstaat
   Entwicklungsland *oder* Modernes Europa
   Dorf *oder* Großstadt

2. Welchen *Beruf* könnte er heute haben? (höchstens zwei der angegebenen Berufe auswählen!)
   Geschäftsmann – Landwirt – Arbeiter
   Sozialer Beruf – Polizist – Arzt
   Lehrer/Professor – Bischof – Politiker
   Entwicklungshelfer

3. Könnten Sie sich Jesus vorstellen:
   als Soldat? nein ja weiß nicht
   als Ehemann? nein ja weiß nicht

4. Welcher *Partei* würde Jesus seine Stimme geben?
   CDU/CSU – DIE LINKE – ANDERE
   FDP – DIE GRÜNEN
   SPD – BÜRGERINITIATIVEN

5. Welchen *Fehler* würden Sie Jesus am ehesten zutrauen?
   Eitelkeit – Sturheit – Weltfremdheit – Frauenhass – Unmännlichkeit – Sentimentalität – Unbeherrschter Zorn – Sozialer »Tick« (d.h. zu weiches Herz für Notleidende)

6. Wodurch würde sich Jesus Ihren Erfahrungen und Ihrer Meinung nach von einem heutigen *Pfarrer* unterscheiden?

2. »Ich nahm die ganze Geschichte als Mythos …« (Henri Matisse) – Auf der Suche nach einem Verständnis der Evangelien

Henri Matisse, Maler:

»Als ich an der Kapelle arbeitete und zum Kreuzweg kam, wollte ich die Bibel noch einmal durchlesen, um mir die Einzelheiten der Passion zu merken. Ich nahm die ganze Geschichte als Mythos. Und dann ließ mich die Sache nicht mehr los. Und dann ist das, was ich in meiner Jugend verlor, langsam wieder erwacht an der Beschäftigung mit dem Kreuzweg. Sie wissen ja, wie das ist: religiöse Erziehung, […] und dann versandet das Ganze. Das große Leben kommt und drängt das Religiöse ab. Da also, wie ich am Kreuzweg zu meiner Kapelle arbeitete, ist das Verschüttete aus meiner Jugend langsam wieder erwacht. Aber sagen Sie das erst, wenn ich gestorben bin …«

1. Die Evangelien als Mythen lesen? – Was halten Sie davon? Skizzieren Sie Ihr eigenes Vorverständnis.
2. »Einzelnes mag man korrigieren wollen. Aber als Ganzes ergibt die Geschichte nur Sinn, wenn man sie als historischen Bericht liest …« – Erörtern Sie, ob diese Äußerung den Evangelien gerecht wird.

Zur Weiterarbeit finden Sie u. a. Materialien im
Kapitel I. Zugänge zu Jesus – zum Verhältnis von Mythos und Geschichte

Henri Matisse in der Kapelle von Vence

3. Die Mitte des Wirkens Jesu: Die Gottesherrschaft in Wort und Tat

»Die Zeit ist erfüllt und das Reich Gottes ist herbeigekommen« (Mk 1,15). Die Verkündigung vom Reiche Gottes ist Haupt- und Grundwort der Predigt Jesu. [...] Geschichtlich gesehen fällt die Wirksamkeit Jesu in eine Periode mannigfacher glühender Erwartungen: die universal-apokalyptische Erwartung einerseits, die national-diesseitige Erwartung andererseits [...]. Mitten hinein in diese Erwartungen sagt Jesus: die Zeit ist erfüllt und das Reich Gottes ist herbeigekommen. [...] Auch für ihn steht das endgültige Kommen des Reiches Gottes noch aus. Es wird in der Zukunft von Gott her in diese Welt einbrechen. [...]
Jesus lehrt seine Jünger im Vaterunser, um das Kommen dieses Reiches zu beten. Noch ist das Kommen des Reiches Zukunft. Und doch unterscheidet sich Jesus in charakteristischer Weise von den Apokalyptikern: Im Unterschied zur jüdischen Apokalyptik malt Jesus das Gericht und seine Folgen nicht aus, weder die Schrecken noch die Freuden. Während dort das Ende der Welt herbeigesehnt und auch immer wieder berechnet wird, verbietet Jesus die Berechnung (Mt 24,36). Warum?
Weil jetzt, angesichts der Botschaft Jesu, die Frage nach dem Wann überholt ist. Jetzt ist gar keine Zeit mehr für solche Spekulationen. War es bei Johannes dem Täufer noch 5 vor 12 Uhr, so erklingt bei Jesus der erste Glockenschlag von 12 Uhr. Das Reich Gottes wird Gegenwart. [...]
Wenn Jesus auf die Frage des Johannes »Bist du es, der da kommen soll, oder sollen wir auf einen anderen warten?« (Mt 11,3) mit dem Wort aus Jes 35,5 antwortet »Geht hin und sagt Johannes wieder, was ihr hört und seht: Blinde sehen und Lahme gehen, Aussätzige werden rein und Taube hören, Tote stehen auf und Armen wird das Evangelium gepredigt« (Mt 11,4f.), dann wird damit deutlich, dass er gerade seine Wunder als Zeichen für das mit ihm anbrechende Reich Gottes versteht. In ihnen wird bereits jetzt sichtbar, was dann einst, in der Vollendung vor allen Augen sein wird (vgl. Offb 1,7). [...]
Obwohl das Reich Gottes bereits angebrochen ist, ist es in dieser Welt noch verborgen. Noch kann Gott widersprochen werden, noch ist seine Herrschaft eine verborgene, eine geglaubte. – Es ist nicht zufällig, dass Jesus sehr oft in Gleichnissen vom Reich Gottes spricht.

Evangelischer Erwachsenenkatechismus

1. Gleichnisse, Wunder, Vaterunser – inwiefern geht es immer um die »Gottesherrschaft«? Erläutern Sie.
2. Die Wunder Jesu – Hilfe für den Zweifler? Entfalten Sie Argumente dafür und dagegen.
3. Statt Vaterunser »Mutterunser« – Was halten Sie davon? Erörtern Sie die möglichen Positionen.

Zur Weiterarbeit finden Sie u. a. Materialien im **Kapitel II. Das zentrale Anliegen Jesu: Die Gottesherrschaft in Wort und Tat**

4. »Die Erinnerung an Jesus wachhalten …« – Zur Aufgabe von Kirche

Borislav Sajtinac,
Das Maß der Dinge

Tagesschau: Der französische Staatspräsident im Bundeskanzleramt. Man isst gepflegt. Tischreden werden gehalten. Ein Toast bei einem Glas Sekt. Essen – selbst ein politisches Arbeitsessen – entspannt, eröffnet Gesprächsbereitschaft, schafft Gemeinschaft.
Wegen seines gemeinschaftsbildenden Charakters hat das Mahl-Halten auch besondere Bedeutung in der biblischen Überlieferung. Juden feiern das Pascha-Mahl (Pessach) zur Erinnerung an die Befreiung aus Ägypten, Jesus hat gerade mit den Randgruppen Israels Mahl gehalten als Zeichen seiner Zuwendung, schließlich hat er vor seinem Gang zum Kreuz mit seinen Jüngern das Abschiedsmahl als Zeichen seiner über den Tod hinausgehenden Verbundenheit mit den Jüngern gefeiert. Davon berichten die Evangelisten Markus, Matthäus und Lukas sowie Paulus (Mt 26,26–29; Mk 14,22–25; Lk 22,19–20.18; 1Kor 11,23–25). Die Texte sind in Einzelheiten sehr unterschiedlich; sie verfolgen nicht die Absicht den historischen Ablauf des Abendmahls zu protokollieren, sondern sollen die Erinnerung an Jesus wach halten, der seinen Jüngern seine bleibende Gegenwart zugesagt hat. Gemeinsam sind den Texten Brotbrechen mit *Brotwort* (»Das ist mein Leib«) sowie das *Becherwort* (»Das ist mein Blut«), die Jesus jeweils auf seine Person und eigene Hingabe deutet. Die Überlieferung vom letzten Mahl ist Grundlage auch für die heutige Eucharistiefeier der katholischen Kirche und die Feier des Abendmahls in den Kirchen der Reformation.

Rudolf Hoppe

1. »Mahlgemeinschaft ist für jeden Juden die engste Form der Gemeinschaft« (Günther Bornkamm). Erläutern Sie, was dies im Blick auf das letzte Mahl Jesu bedeutet.
2. Das letzte Abendmahl als Abschluss der Mahlgemeinschaft Jesu mit »Zöllnern und Sündern«? Erläutern Sie diese Vorstellung und überprüfen Sie diese.
3. »Bleibende Gegenwart« Jesu bei der Feier des Abendmahls/der Eucharistie – Erläutern Sie, wie man das verstehen könnte.

Zur Weiterarbeit finden Sie u. a. Materialien in den **Kapiteln III. Gemeinschaft mit Jesus – das letzte Abendmahl, VI. Zum Schluss: Wie die Botschaft von Jesus weiterwirkt**

5. »Sie haben dir übel mitgespielt« – Heinrich Heines Begegnung mit dem Gekreuzigten

Die Sonne ging auf bei Paderborn
Mit sehr verdrossner Gebärde.
Sie treibt in der Tat ein verdrießlich Geschäft
Beleuchten die dumme Erde!

Hat sie die eine Seite erhellt,
Und bringt sie mit strahlender Eile
Der andern ihr Licht, so verdunkelt schon
Sich jene mittlerweile.

Der Stein entrollt dem Sisyphus,
Der Danaiden Tonne
Wird nie gefüllt, und den Erdenball
Beleuchtet vergeblich die Sonne! –

Und als der Morgennebel zerrann,
Da sah ich am Wege ragen,
Im Frührotschein, das Bild des Manns,
Der an das Kreuz geschlagen.

Mit Wehmut erfüllt mich jedes Mal
Dein Anblick, mein armer Vetter,
Der du die Welt erlösen gewollt,
Du Narr, du Menschheitsretter!

Sie haben dir übel mitgespielt,
Die Herren vom hohen Rate.
Wer hieß dich auch reden so rücksichtslos
Von der Kirche und vom Staate!

Zu deinem Malheur war die Buchdruckerei
Noch nicht in jenen Tagen
Erfunden; du hättest geschrieben ein Buch
Über die Himmelsfragen.

Der Zensor hätte gestrichen darin,
Was etwa anzüglich auf Erden,
Und liebend bewahrte dich die Zensur
Vor dem Gekreuzigtwerden.

Ach! hättest du nur einen anderen Text
Zu deiner Bergpredigt genommen,
Besaßest ja Geist und Talent genug,
Und konntest schonen die Frommen!

Geldwechsler, Bankiers, hast du sogar
Mit der Peitsche gejagt aus dem Tempel –
Unglücklicher Schwärmer, jetzt hängst du am Kreuz
Als warnendes Exempel!

Heinrich Heine

Spiegelt das Foto etwas davon wider, wie viele Zeitgenossen ihre Begegnung mit dem Gekreuzigten sehen?

1. Interpretieren Sie das Gedicht Heinrich Heines! Legen Sie den Akzent auf die Deutung des Kreuzes.
2. Setzen Sie sich mit Heines Deutung auseinander.

Zur Weiterarbeit finden Sie u. a. Materialien im **Kapitel IV. Leiden und Sterben – Passion und Tod Jesu**

6. »Sie glauben an die Wiedergeburt… Und wollen doch auch Christen bleiben!« – Zur Provokation der Auferstehungshoffnung

»Sie sind als Mitglieder des Kirchenvorstandes nicht mehr tragbar!« So entschied kürzlich eine Kopenhagener Kirchengemeinde der Dänischen Evangelisch-Lutherischen Volkskirche über zwei Gemeindemitglieder, darunter den Küster, und schloss sie aus der Kirchengemeinschaft aus. Das Vergehen der beiden: Sie glauben an die Wiedergeburt, an die Reinkarnation. Und wollen doch auch Christen bleiben. Eine Provokation augenscheinlich für viele Christen, jedenfalls für die Andreasgemeinde in Kopenhagen. »Wegen falscher Lehre mussten wir so handeln«, begründet der Pfarrer der Gemeinde den Schritt in der Öffentlichkeit. Dass nicht wenige Christen im Westen – wie Umfragen belegen – den Glauben an die Wiedergeburt ohne größere Probleme mit ihrem christlichen Glauben in Einklang bringen, ist eine überraschende Entwicklung. Der Reinkarnationsglaube hat an Faszination gewonnen, der Auferstehungsglaube an Überzeugungskraft verloren. Wie steht es um die Provokation des Auferstehungsglaubens? Warum ist sein Stachel stumpf geworden?

Der Glaube an die Auferstehung besagt: Jeder Mensch stirbt nach einem einmaligen Leben den unwiderruflichen irdischen Tod und wird von Gott auferweckt und verwandelt zu einem neuen, ewigen Leben bei Gott – möglicherweise nach einem individuell unterschiedlichen Prozess der Läuterung von Schuld, die ein Mensch in seinem Leben auf sich geladen hat.

Doch für immer weniger Menschen im von seinen Wurzeln her christlichen Westen scheint dies eine frohe, eine zur Bewältigung ihres Lebens hilfreiche Botschaft zu sein. Warum? Warum wendet sich Untersuchungen zufolge in Europa und in den USA gut jede(r) Vierte dem Glauben an die Wiederverkörperung der Seele in mehreren Leben zu? Was lockt am Reinkarnationsglauben in seiner westlichen Variante? Dieser […] Glaube besagt: In einer zyklischen Reihe von Wiedergeburten pilgert die Seele von Körper zu Körper und erhält so die Chance, zu einem immer höheren Bewusstsein ihrer selbst zu gelangen, sich immer mehr zu vervollkommnen. Dabei ist die Art der Wiedergeburt jeweils abhängig von den Taten des betreffenden Menschen. Dies ist das Gesetz des Karma. Es besagt: »Wie man handelt, wie man wandelt, so wird man. Handelt man gut, wird man gut, tut man Schlechtes, so wird man schlecht.« Es besagt weiter, dass jede Tat und jede Unterlassung äußere und innere Wirkungen hinterlässt, die die künftigen Leben prägen. Das Karma-Gesetz erhält eine positive Deutung. Der Mensch trägt Verantwortung für den Prozess der zyklischen Wiedergeburten, der eine Aufwärtsbewegung darstellt.

Aufschlussreich ist, dass dem Reinkarnationsglauben in seiner östlichen Ausprägung eine gegenteilige Intention zugrunde liegt. Im Hinduismus und Buddhismus geht es um das sehnsüchtige Verlangen aus dem ewigen Kreislauf der Wiedergeburten aussteigen zu können. Das immer gleiche Neue wird als Alptraum erlebt. Das ständige Werden und Vergehen wird als kosmisches Gesetz wahrgenommen, in das der Mensch, genauer: der unsterbliche Teil seiner Natur, eingebettet ist. Sein Ziel ist es, das Gesetz des Karma zu tilgen. Wobei sich die ursprüngliche Angst vor der ewigen Wiederkehr des Todes und des Sterbens, die den Reinkarnationsglauben prägte, in die nur scheinbar »optimistische« Version von der Wiederkehr des Lebens verwandelt hat. Das Aufgehen des Menschen im Nirwana, in der endgültigen Befreiung von den Fesseln des beständigen Werdens und Vergehens, bleibt allemal das Ziel für den östlichen Menschen.

Hartmut Meesmann

1. Wie stehen Sie selbst zur Vorstellung der Wiedergeburt? Formulieren Sie Ihr Vorverständnis.
2. Was halten Sie vom Glauben an die Auferstehung? Erläutern Sie Ihre Einstellung zur Thematik.
3. Wie hätten Sie als Pfarrer/Pfarrerin der Andreasgemeinde in Kopenhagen im Blick auf die beiden »abtrünnigen« Gemeindemitglieder reagiert? Ist der Streitfall so wichtig, dass man mit Ausschluss drohen muss? Überprüfen Sie die Angelegenheit und nehmen Sie einen begründeten Standpunkt ein.

Zur Weiterarbeit finden Sie u. a. Materialien im **Kapitel VI. Vom Tod zum Leben – Dem Auferstandenen begegnen**

Hermann-Josef Kuhna, Ohne Titel (brauner Druck), 1971
Die Bilder Kuhnas muss man auf sich wirken lassen, den Farbrhythmus erspüren, die Formelemente in ihrer Dynamik, in kreisenden Formen mit Drehmomenten in den Strukturen. Welche Gedanken und Emotionen stößt dieses Bild in seiner Abstraktheit an?

7. »Ihr habt unseren Jesus umgebracht!« – Zur Geschichte von Christen und Juden

Ehe die SA marschierte, die Fenster jüdischer Geschäfte zerklirrten und Flammen züngelten aus Synagogen, hat sich eine Szene ereignet. Einmal. Hundertmal. Tausendmal. Christliche Kinder umstehen einen jüdischen Mitschüler. Sie schauen böse oder mitleidig. Der Junge versteht nicht, wie ihm geschieht. Was wollen sie von ihm? Plötzlich knallen ihm die Worte um die Ohren: »Ihr habt unseren Jesus umgebracht.« Vielleicht schreit einer noch das bitterböse Wort »Gottesmörder«, das wie dumpfes Echo durch die Geschichte hallt.
Ungezählte Stationen haben Christen dem Leiden des Juden Jesus hinzugefügt.
Wundert es uns, wenn das zionistische Organ »La Terre Retrouvée« 1947 erklärt, von der These der jüdischen Schuld an Jesu Tode »führe eine Linie bis hin zu den Gaskammern von Auschwitz«?

Kurt A. Speidel

1. Wer hat Ihrer Meinung nach »Schuld« am Tod Jesu? Geben Sie Ihr Vorwissen zu dieser Frage wieder.
2. Welche Rolle spielen Ihrer Auffassung nach religiöse Vorurteile bei der Haltung gegenüber Juden? Skizzieren Sie, was Sie bislang zu dieser Frage denken.
3. Sehen Sie Möglichkeiten der Begegnung von Christen mit Juden? Welchen Beitrag sollten dabei die Kirchen leisten? Erörtern Sie Chancen für den Dialog.

Zur Weiterarbeit finden Sie u. a. Materialien im **Kapitel IV. Leiden und Sterben – Passion und Tod Jesu**

8. »Einzig in der Gestalt Jesu ist die Person des Christus selber das Entscheidende.« – Was Jesus von Buddha, Mohammed und Marx unterscheidet

Wer dem Buddha folgen will, braucht nicht den Buddha. »Ihr selber seid euere Leuchte«, sprach der Erleuchtete in Kusinara sterbend zu seinem Lieblingsschüler Ananda. Wer Mohammed folgen will, beleidigt den Propheten, wenn er sich einen Mohammedaner nennen wollte. Wer Karl Marx für die entscheidende Person in der gegenwärtigen Epoche der menschlichen Geschichte hält, mag sich zu Recht als Marxisten bezeichnen, aber wichtig für ihn ist nicht die Person von Karl Marx, sondern seine Theorie über den »Mehrwert« und die Kenntnis der Gesetze der Geld-Waren-Zirkulation im Kapitalismus. Einzig in der Gestalt Jesu ist die Person des Christus selber das Entscheidende.

Eugen Drewermann

1. Worin sieht Eugen Drewermann das Einzigartige in der Gestalt Jesu? Stellen Sie seine Position zu dieser Frage dar.
2. Was ist Ihrer Meinung nach das Unverwechselbare an Jesus? Vergleichen Sie Ihre Vorstellung mit der von Eugen Drewermann.

Zur Weiterarbeit finden Sie u. a. Materialien in den **Kapiteln IV. Leiden und Sterben – Passion und Tod Jesu, V. Vom Tod zum Leben – Dem Auferstandenen begegnen**

9. »Was Jesus nicht war, lässt sich leicht sagen …« – Bleibende Fragen

Was Jesus nicht war, lässt sich leicht sagen. Er war kein Philosoph, der methodisch nachdenkt und seine Gedanken systematisch konstruiert. Er war kein Sozialreformer, der Pläne macht; denn er ließ die Welt, wie sie war, sie ist ja ohnehin am Ende. Er war kein Politiker, der umwälzend und staatsgründend handeln will; nie sagte er ein Wort über die Zeitereignisse. Er hat keinen Kult gestiftet, denn er nahm am jüdischen Kultus in der jüdischen Gemeinschaft teil wie noch die Urgemeinde; er taufte nicht; er hat keine Organisation geschaffen, keine Gemeinde, keine Kirche begründet. Was war er denn?

Karl Jaspers

1. Hat Jesus wirklich keine Kirche gegründet? Vergleichen Sie die Auffassung von Karl Jaspers mit der von Hans Schwarz:
»Seit Hermann Samuel Reimarus (1694–1768) haben liberale Theologen immer wieder behauptet, Jesus habe niemals die christliche Kirche gründen wollen. Das ist sicherlich historisch korrekt, da Jesus als Glied der jüdischen Gemeinschaft fest im jüdischen Glauben verwurzelt war. Aber die Behauptung ist theologisch unrichtig, denn ohne Jesus und seine Botschaft würde es keine christliche Kirche geben.«

2. Erörtern Sie, ob die anderen Aussagen über das, was Jesus nicht war, zutreffen.

3. Welche Antwort haben Sie auf die Frage: »Was war er denn?« Geben Sie eine eigene – vorläufige – Stellungnahme ab.

I. Zugänge zu Jesus – Zum Verhältnis von Mythos und Geschichte

Jesus begegnen – das kann auf unterschiedliche Art und Weise geschehen. Aus der Perspektive der Geschichtsschreibung kann der Versuch unternommen werden, durch die Beschäftigung mit den Dokumenten, die auf ihn Bezug nehmen, den zeitlichen Abstand zu überwinden. Auffallend ist die Eigenart der christlichen Jesus-Zeugnisse. Sie weisen eine große Nähe zu ihm auf. Mit ihren Sprach- und Erzählformen stehen sie ganz unter der Absicht ihrer Verfasser Glauben an ihn zu verkündigen und zu wecken. Der historischen Neugier, dem Wunsch nach einer lückenlosen Biographie kommt die Jesus-Überlieferung nicht entgegen. Ob außerbiblische Quellen hier weiterhelfen können, ist zu prüfen.

Ein anderer denkbarer Zugang zur Person Jesu ist der, die vorliegenden Quellen nicht mit den Augen eine Historikers zu sehen, sondern sie als Mythos zu begreifen. Der Mythos ist ein Deutungsversuch von Welt und Mensch in bildhaft-symbolischer Sprache. Die »Ereignisse« des Mythos geben keine tatsächlichen Geschehnisse im objektiv-historischen Sinne wieder, vielmehr werden Erfahrungen von Menschen in bildhaft-erzählerischen Ausdrucksformen gedeutet, die überzeitliche Gültigkeit beanspruchen.

Angesichts dieser beiden Wege zu Jesus stellen sich Fragen. Auf der einen Seite: Können Ergebnisse der Geschichtswissenschaft wirklich einen persönlichen Zugang zu Jesus herstellen, oder bleibt Jesus dort nicht eher eine Person ferner Vergangenheit, ohne einen lebendigen Bezug zum heutigen Menschen? Auf der anderen Seite: Ist es überhaupt möglich, die Geschichtlichkeit Jesu zu leugnen, ohne damit auch die tiefere Begründung des Christentums preiszugeben? Die Materialien dieses Kapitels stellen sich diesen Fragen. Zunächst werden im Abschnitt »Wie Sie einsteigen können« »Zwei Bilder von Jesus« vorgestellt, die zwei unterschiedliche Sichtweisen repräsentieren (1). Textauszüge von Heinz Zahrnt vertiefen das Problem des perspektivischen Zugangs zu Jesus (2) Die historische Perspektive wird daraufhin näher untersucht, um Methodenbewusstsein für den angemessenen Umgang mit den Quellen zu wecken. Dieser ist erforderlich, um außerchristliche Dokumente über Jesus von Nazaret (3) adäquat beurteilen zu können und auch zu erfassen, inwiefern die Evangelien als historische Quellen einer Biographie Jesu (4) untauglich sind. Das Kapitel schließt mit der Diskussion um eine mythische oder geschichtliche Begründung des Glaubens an Jesus (5). Hier steht die Position von Günther Bornkamm der von Eugen Drewermann gegenüber. Die Klärung dessen, was unter Symbolsprache und einem Mythos zu verstehen ist, schließt sich zur Vertiefung an. Der zusammenfassende Überblick von Hans Küng »Was uns die Evangelien über den historischen Jesus sagen …« (6) rundet das Kapitel ab.

Henri Matisse, Baum des Lebens, endgültige Maquette (dritter Zustand) für die sechs Fenster des Kirchenschiffs der Kapelle von Vence, 1949

1. Zwei Bilder von Jesus – einander widersprechende Sichtweisen?

Christus als Pantokrator, Herrscher über das All, Mosaik um 1100, Daphni, Griechenland
Die Gestalt Jesus Christus ist von einem runden Regenbogen umgeben – vom Erdboden ist ein solcher Regenbogen nicht wahrnehmbar, erst aus erhöhter Perspektive ist er in seiner Ganzheit sichtbar.

Rembrandt, Christuskopf, 17. Jh.

1. Analysieren Sie die Bilder, indem Sie die Vorstellung von Jesus herausarbeiten.
2. Vergleichen Sie die in den Bildern zum Ausdruck kommenden Vorstellungen von Jesus miteinander.

2. Zwei Perspektiven der Betrachtung Jesu

Auf der linken Seite des Fotos auf S. 23 scheint der »Oberkörper eines Mannes mit Hut« erkennbar, auf der rechten Seite im ovalen Spiegel kann – aus einer anderen Perspektive – das Artefakt als »Hase« identifiziert werden. Das gibt zu denken. Wie steht es mit unserer Wahrnehmung der Welt? Ist das, was wir objektiv zu erfassen meinen, tatsächlich ausschließlich so wahrzunehmen, wie wir es zunächst tun? Oder müssen nicht auch andere Perspektiven als möglich, vielleicht sogar als nötig, mit ins Kalkül gezogen werden? Die beiden folgenden Textausschnitte stammen von ein und demselben Autor, dem evangelischen Theologen Heinz Zahrnt. Und doch unterscheidet sich die Art und Weise, wie Jesus betrachtet wird, ganz erheblich voneinander.

a. Im Himmel von Ewigkeit her beschlossen, auf Erden von Propheten vorausgesagt und durch seltsame Zeichen angekündigt, wird der Christus von einer Jungfrau auf wunderbare Weise geboren. Engel sind von Anfang an um Ihn und werden Ihn Sein Leben lang begleiten. Gleich bei Seiner Geburt stürzen sie aus dem offenen Himmel hernieder und kündigen Ihn als den Retter der Welt an. Darauf eilen aus der Nähe Hirten herbei, um den künftigen Heiland anzubeten, und aus fernem Land kommen, von einem Stern geleitet, Magier gezogen, um vor dem neugeborenen Königskind ihre kostbaren Schätze auszubreiten. Lange Erwartetes geht mit alledem endlich in Erfüllung, wie sich auch später in jedem einzelnen Ereignis Schriftwort um Schriftwort erfüllen wird. Ein Engel weist die Eltern mit ihrem neugeborenen Kind auf die Flucht, um es vor dem Anschlag des bösen Königs, der um seinen Thron fürchtet, zu bewahren, und auch die Rückkehr geschieht auf göttlichen Befehl. Schon in Seiner Kindheit zeichnet Er sich durch besondere

Gaben aus und weist damit auf Seine künftige Bedeutung hin. Als Er zwölf Jahre alt ist, disputiert Er mit Theologen im Tempel, so dass diese sich über Seinen göttlichen Verstand wundern. Bei Seiner Taufe öffnet sich der Himmel über Ihm, und während der Heilige Geist auf Ihn herabschwebt, bekennt sich Gott selbst laut zu Ihm als zu Seinem Sohn. Er widersteht der Versuchung durch den Teufel, der Ihn von Seiner göttlichen Sendung abbringen will; stattdessen dienen Ihm die Engel. Darauf zieht Er predigend durch das Land. Seine Predigt wird begleitet von lauter Wundertaten. Er heilt Kranke aller Art: Aussätzige, Besessene, Gichtbrüchige, Lahme, Blinde, Taube, Stumme. Man braucht nur den Saum Seines Gewandes zu berühren und schon ist man gesund. Er verwandelt Wasser in Wein und speist Tausende von Menschen nur mit ein paar Broten und Fischen, wobei am Ende noch mehr übrig bleibt, als vorher da war. Sogar Wind und Wellen sind Ihm gehorsam. Er stillt einen Sturm und wandelt auf dem Wasser. Selbst Tote vermag Er wieder zum Leben zu erwecken. Mit allen diesen Worten und Taten erweist Er sich als der erwartete Messias und als Gottes Sohn. Die bösen Geister rufen es hinter Ihm her, einer von Seinen Jüngern spricht es im Namen der übrigen offen aus und zuletzt gibt Er es auf Befragen selbst zu. Am Ende Seines Weges geht Er an das Kreuz, auch darin nur den Willen Gottes erfüllend, wie er in der Schrift aufgezeichnet war. Dreimal sagt Er selbst voraus, dass Er leiden und sterben müsse, doch auch, dass Er am dritten Tage auferstehen und am Ende der Zeiten wiederkommen werde, um durch Totenauferstehung und Gericht hindurch das Reich Gottes endgültig heraufzuführen. Sein Tod geschieht zur Erlösung der Menschheit von ihren Sünden. Und so stirbt Er mit den Worten: »Es ist vollbracht.« Das Grab, in das man Ihn legt, wird versiegelt und mit einem schweren Stein verschlossen. Dennoch erweist es sich hinterher als leer. Leibhaftig erscheint Er Seinen Jüngern, geht zu ihnen durch verschlossene Türen, wandert, isst und trinkt mit ihnen. Am Ende versammelt Er sie noch einmal auf einem Berge und sendet sie von dort aus mit dem Befehl Seine Botschaft allen Völkern zu bringen und sie im Namen des dreieinigen Gottes zu taufen. Dann trägt Ihn eine Wolke empor, himmelwärts. So endet Seine Geschichte wieder dort, wo sie angefangen hat: in der Ewigkeit bei Gott im Himmel.

b. Da wird einer in einer Notunterkunft geboren, in der Ecke auf einer Strohschütte, und die Ersten, die sich für ihn interessieren, sind Landarbeiter, die Proletarier der Zeit. Dann muss er mit seiner Familie sofort in die Emigration. Seine Kindheit ist ohne jeden Glanz. Bevor er mit seiner öffentlichen Wirksamkeit beginnt, verzichtet er ausdrücklich auf alle jene Mittel und Attribute, die einem politischen Führer oder sozialen Revolutionär Erfolg versprechen: auf Macht, Brot und Spiele. Als sie ihn später dann noch einmal zu ihrem Führer machen wollen, entzieht er sich ihnen. Ohne einen Titel oder ein Amt für sich in Anspruch zu nehmen, will er nur die Sache Gottes in der Welt durchsetzen – dafür erscheint es ihm jetzt »höchste Zeit«. Aber mit dem Anfang ist im Grunde schon entschieden, dass seine Sache schiefgehen muss. Gleich sein erstes Auftreten in seiner Heimstadt endet mit einem Fiasko: Man treibt ihn aus der Stadt hinaus und will ihn umbringen. Darauf zieht er als Wanderprediger durch das Land, ohne Pass und ohne festen Wohnsitz. Er predigt denen, die es mit Gott schwer und von Theologie keine Ahnung haben. Er ist frei von allen Vorurteilen. Er hält sich zu denen, die die Gesellschaft ausgeschlossen hat, zu den moralisch Verdächtigen und den politisch Unzuverlässigen, und setzt sich mit ihnen zusammen an einen Tisch. Aber er geht genauso in die Häuser der guten Bürger, der Theologen und der Frommen. Ihm ist allein an den Menschen gelegen. Darum sind ihm die geltenden kirchlichen Vor-

Markus Raetz, Metamorphose II, 1991

schriften im Grunde gleichgültig; manchmal erfüllt er sie, manchmal setzt er sich über sie hinweg. Er hält sich an die Kinder, nicht an die Juristen. Seine eigene, sehr fromme Familie erklärt ihn für verrückt und das heißt für sie vom Teufel besessen. Mit den kirchlichen und politischen Behörden gerät er in Konflikt, sie suchen ihn in bewährter Zusammenarbeit zu liquidieren. Für eine Zeit lang setzt er sich noch einmal ins Ausland ab. Dann aber sucht er bewusst die Entscheidung in der Hauptstadt. Im ersten Augenblick scheint es sogar zu gelingen, die Menge fällt ihm begeistert zu – aber dann erfüllt sich an ihm doch das Todesverhängnis, das von Anfang an über ihm geschwebt hat. Einer aus seinem engsten Umkreis denunziert ihn, die Stimmung der Masse schlägt im Nu gegen ihn um und auch seine letzten Anhänger setzen sich von ihm ab. Von allen im Stich gelassen hat er Angst vor dem Sterben. Mit den üblichen Methoden geistlich-politischer Justiz wird der Prozess gegen ihn durchgepeitscht. Die Anklage lautet auf Gotteslästerung und Hochverrat, das Urteil auf Tod. Völlig verlassen geht er den Weg an den Galgen, sehr still, sehr gehorsam, aber eben doch an den Galgen. Er wird gehenkt zusammen mit zwei Verbrechern und stirbt mit den Worten: »Mein Gott, warum hat du mich verlassen?« *Heinz Zahrnt*

1. Vergleichen Sie die Unterschiede der Texte bei der Betrachtung der Person Jesu miteinander. Bei der Erarbeitung der inhaltlichen Differenzen können Sie sich an den Vergleichskriterien – »Ursprung?«, – »Kindheit und Jugend?«, – »Taten und Worte?«, – »Todesgrund?«, – »letzte Worte?«, – »Ende?« orientieren.
2. Untersuchen Sie, ob die verschiedenen Darstellungen miteinander vereinbar sind. Bedenken Sie in diesem Zusammenhang die Äußerung von Heinz Zahrnt: »Zwischen dem historischen Jesus und dem kerygmatischen Christus besteht… eine erkennbare Kontinuität. Die neutestamentliche Christusbotschaft hängt nicht in der Luft – der Glaube an Jesus Christus hat Anhalt an Jesus selbst.«
3. Beurteilen Sie, wie sich dieses Problem bei der Betrachtung der Bilder von Stephan Lochner und Max Ernst darstellt.

Das linke und das rechte Foto entstanden beide auf dem Vorplatz des Kölner Domes, nur der Blickwinkel ist anders.

Max Ernst, Die Jungfrau züchtigt das Jesuskind vor drei Zeugen: André Breton, Paul Elouard und dem Maler, 1926

Stephan Lochner (um 1410–1451), Anbetung des Kindes

GRUNDLAGEN

Die historische Fragestellung – Vom Umgang mit den Quellen

Einer der denkwürdigen Aussprüche des Rechtsgelehrten und Philosophen Francis Bacon lautet: Der Naturwissenschaftler müsse »der Natur durch die Folter die Antwort auf seine Fragen erpressen« (»put Nature to the question«). Dieser Ausspruch enthält die negative These, dass der Naturwissenschaftlicher sich nicht damit begnügen dürfe die Natur in respektvoller Aufmerksamkeit zu beobachten; er dürfe nicht auf ihre Offenbarungen warten und seine Theorien auf dem aufbauen, was sie ihm mitzuteilen gewillt sei. Außerdem enthält Bacons Satz zwei positive Feststellungen. Erstens: Der Naturwissenschaftler muss die Initiative ergreifen, er muss selbst entscheiden, was er wissen will, und seine Wünsche in Form einer Frage in seinem Geist formulieren. Zweitens: Er muss Mittel finden, die Natur zu einer Antwort zu zwingen, indem er sozusagen Foltermaßnahmen anwendet, die ihr die Antwort mit Gewalt entreißen. So hat Bacon hier in einem einzigen kurzen Ausspruch die richtige Methode der experimentellen Naturwissenschaft ein für allemal formuliert.

Dieser Ausspruch enthält zugleich – ohne dass Bacon sich dessen bewusst war – die richtige Theorie der historischen Methode. Die historische Schere-und-Kleister-Methode ist die Einstellung, die man vor Bacon hatte. Damals nahm der Historiker seinen Quellen, seinen »Autoritäten« gegenüber eine ehrfurchtsvoll abwartende Haltung ein (– das zeigt bereits das Wort: Autorität, authority –). Er wartet ab, was seine quellenmäßigen Autoritäten ihm zu berichten geruhen, und lässt sie erzählen, wie und wann es ihnen beliebt. Diese Haltung wurde im Grunde auch dann noch beibehalten, als die Methode der historischen Kritik Einfluss zu gewinnen begann und die Autoritäten nur noch als Quellen im eigentlichen Sinne fungierten. Eine Wandlung bedeutete das allerdings, aber sie war nur oberflächlich. Sie bestand lediglich darin, dass man eine Technik gefunden hatte, nach der man die Gewährsmänner in Schafe und Böcke trennen konnte. Die letzteren schieden als Quelle aus, die ersteren aber wurden genauso behandelt wie die Quellen zu der Zeit, da sie noch die Bedeutung von Autoritäten hatten. Aber in der wissenschaftlichen oder eigentlichen Geschichtsforschung ist der Baconsche Umwandlungsprozess endgültig vollzogen worden. Auch der auf dieser neuen naturwissenschaftlichen Methode fußende Geschichtsschreiber befasst sich noch ziemlich viel mit den gleichen Werken, die schon der Historiker der kompilatorischen Methode gelesen hatte – mit Herodot, Thukydides, Livius, Tacitus usw. –, aber er liest sie nun in einer ganz anderen geistigen Einstellung, nämlich im Geiste Bacons. Der Historiker der Schere-und-Kleister-Methode hatte solche Bücher in einer rein rezeptiven Haltung in sich aufgenommen. Er wollte lediglich ihren Inhalt feststellen. Der im Baconschen Sinn auf wissenschaftlicher Grundlage fußende Historiker hingegen tritt an die Lektüre bereits mit einer Frage heran; er nimmt von vornherein eine aktive Haltung ein, indem er sich vor der Lektüre die Fragen zurechtlegt, die er an die Werke zu stellen hat. Ferner: Der Schere-und-Kleister-Historiker liest in der Überzeugung, dass er von seiner Quelle über eine Frage, zu der sie nicht ausdrücklich und ausführlich Stellung nimmt, überhaupt keinen Aufschluss bekommen kann. Der auf die neue wissenschaftliche Methode gestützte Historiker aber unterzieht die betreffenden Werke einer gewaltsamen Befragung: Er presst aus einem Abschnitt, der offensichtlich von einem ganz anderen Thema handelt, als dem von ihm untersuchten, eine Antwort auf seine Frage heraus. Wenn der Schere-und-Kleister-Historiker in voller Überzeugung sagt: »Der und der Autor hat über das und das Thema nichts geschrieben«, dann wird der wissenschaftlich fundierte Historiker ihm entgegenhalten: »So? Siehst du nicht, dass man diesem Abschnitt, obgleich er von einem völlig anderen Gegenstand handelt, entnehmen kann, wie der Autor über das Thema dachte, von dem du behauptest, es werde nicht von ihm behandelt?«

Robin George Collingwood

1. Analysieren Sie, worin sich der Umgang des Historikers mit seinen Quellen nach der »Schere-und-Kleister-Methode« und nach der »wissenschaftlichen Methode« unterscheidet.
2. Untersuchen Sie die im folgenden Abschnitt zusammengestellten außerbiblischen Quellen von Jesus mit Hilfe »wissenschaftlicher Methoden« von Geschichtsforschung.

3. Außerchristliche Quellen über Jesus von Nazaret

Für die Frage des heutigen Historikers nach der geschichtlichen Gestalt Jesus von Nazaret ist die Quellenlage nicht besonders günstig. Fast unser gesamtes Wissen über Jesus entnehmen wir den vier kanonischen Evangelien, deren Eigenart darin besteht, nicht nüchterndistanzierte historische Schriften im neuzeitlichen Sinne, sondern engagierte, also »parteiische« Glaubens- und Bekenntnisschriften zu sein und sein zu wollen. Umso bedeutsamer ist es, dass uns wenigstens einige knappe Äußerungen nichtchristlicher Autoren über Jesus tradiert sind. Sie zeigen, dass Jesus kein Produkt der christlichen Phantasie darstellt und dass es keinem der überwiegend ablehnend eingestellten Verfasser eingefallen ist, die historische Existenz Jesu zu leugnen.

In den »Jüdischen Altertümern« des von Kaiser Vespasian geförderten jüdischen Historikers **Flavius Josephus** *(37–97) finden sich zwei Stellen, die auf Jesus verweisen.*

Ananos (der Hohepriester) berief eine Versammlung der Richter und ließ vorführen den Bruder Jesu, des sogenannten Christus, Jakobus mit Namen, und einige andere, erhob gegen sie als Gesetzesübertreter eine Anklage und überantwortete sie zur Steinigung.

Jüdische Altertümer, 20,200

Um diese Zeit (= während der Zeit des Aufstandes gegen Pilatus, der mit Hilfe der Tempelgelder eine Wasserleitung nach Jerusalem bauen lassen wollte) lebte Jesus, ein weiser Mann, wenn man ihn überhaupt einen Menschen nennen darf. Er war nämlich der Vollbringer ganz unglaublicher Taten und der Lehrer aller jener Menschen, die mit Freuden bereit sind die Wahrheit zu empfangen. So zog er viele Juden und auch viele Griechen an sich. Er war der Messias. Und obgleich ihn Pilatus auf Betreiben der Vornehmsten unseres Volkes zum Kreuzestod verurteilte, wurden doch diejenigen, die ihn von Anfang an geliebt hatten, ihm nicht untreu, wie gottgesandte Propheten dies und tausend andere wunderbare Dinge von ihm vorher verkündet hatten. Und noch bis auf den heutigen Tag besteht der Stamm der Christen, wie sie sich nach ihm nannten, fort.

Jüdische Altertümer, 18,63f.

Der **Talmud,** *das große Sammelwerk der rabbinischen Toraauslegung (2. bis 6. Jahrhundert), enthält einen Text, der – wenn auch in dunkler, schwer interpretierbarer Weise – auf den Prozess Jesu und seine Kreuzigung Bezug nimmt:*

Vorher ruft ein Herold aus. Also nur (unmittelbar) vorher, früher aber nicht. Dagegen wird ja gelehrt: »Am Vorabend des Pessachfestes hängte man Jesus«. 40 Tage vorher hatte der Herold ausgerufen: »Er wird zur Steinigung hinausgeführt, weil er Zauberei getrieben und Israel verführt und abtrünnig gemacht hat. Wer etwas zu seiner Verteidigung zu sagen hat, der komme und sage es.« Da aber nichts zu seiner Verteidigung vorgebracht wurde, hängte man ihn am Vorabend des Pessachfestes. Ula (ein Rabbi, Ende des 3. Jahrhunderts n. Chr.) erwiderte: »Glaubst du denn, dass man für ihn überhaupt eine Verteidigung zu suchen brauchte? Er war ja ein Verführer und der Allbarmherzige sagt: Du sollst seiner nicht schonen noch seine Schuld verheimlichen.« Vielmehr war es bei Jesus anders, da er der Regierung nahestand.

Traktat Sanhedrin 43a

In den »Annalen« des römischen Historikers **Cornelius Tacitus** *(55–120) ist folgende Erklärung für die Herkunft des Namens »Christen« zu lesen:*

Dieser Name stammt von Christus, den der Prokurator Pontius Pilatus unter der Herrschaft des Tiberius zum Tod verurteilt hatte. Dieser abscheuliche Aberglaube, der eine Weile verdrängt worden war, verbreitete sich von neuem nicht nur in Judäa, wo das Übel begonnen hatte, sondern auch in Rom, wo alles, was es auf der Welt Schreckliches und Schändliches gibt, zusammenströmt und zahlreiche Anhänger findet.

Annalen, 15,4

Der römische Kaiserbiograph **Sueton** *(etwa 70–150) erwähnt in seiner Lebensbeschreibung des Kaisers Claudius dessen Judenedikt des Jahres 49, das auch in Apg 18,2 bezeugt ist. Dabei verwechselt er aber nicht nur »Christus« mit dem verbreiteten Sklavennamen »Chrestos« (= der Brauchbare, Nützliche), sondern hat überdies Auseinandersetzungen in der römischen Judenschaft um die Messianität Jesu als von »Chrestos« selbst angestiftete Unruhen missverstanden:*

Claudius verjagte die Juden aus Rom, die auf Anstiften des Chrestos nicht aufhörten, Unruhen zu stiften.

Leben des Claudius, 25

Rogier van der Weyden, Der Evangelist Lukas die Madonna zeichnend, 1435–1440

Marc Chagall, Selbstbildnis mit Wanduhr, 1946

Aus den Jahren 112/113 stammt eine schriftliche Anfrage von **Plinius,** *dem Statthalter von Bithynien in Kleinasien, an Kaiser Trajan. Plinius will wissen, ob das von ihm bisher geübte Vorgehen gegen die Christen seiner Provinz das Wohlwollen des Kaisers findet, was ihm Trajan in einem Antwortschreiben bestätigt:*

Man legte mir ein anonymes Schreiben *(libellus sine auctore)* vor, das die Namen zahlreicher Personen enthielt. Doch diese leugneten zum Teil überhaupt jemals Christen gewesen zu sein, riefen nach der Formel, die ich ihnen vorsprach, die Götter an, opferten deiner Büste, die ich zu diesem Zwecke mit den Bildnissen der Götter hatte herbeibringen lassen, mit Wein und Weihrauch und lästerten außerdem Christus: alles Dinge, zu denen sich, wie es heißt, wahre Christen nicht zwingen lassen; diese glaubte ich freilassen zu können. Andere, die von dem Angeber mitgenannt waren, gestanden anfangs zu Christen zu sein, leugneten es jedoch dann wieder und behaupteten, sie seien es allerdings gewesen, aber wieder abgefallen, und zwar einige vor drei, andere vor noch mehr und manche sogar vor zwanzig Jahren. Alle diese haben ebenfalls deine Büste und die Bildnisse der Götter angebetet und Christus gelästert. Dabei versicherten sie jedoch, ihre Hauptschuld oder vielmehr ihr Hauptfehltritt habe darin bestanden, dass sie immer an einem bestimmten Tage vor Sonnenaufgang zusammengekommen seien, auf Christus wie auf einen Gott *(Christo quasi deo)* abwechselnd ein Lied gesungen und sich durch einen feierlichen Eid *(sacramento)* nicht etwa zu einem Verbrechen verpflichtet hätten, sondern dazu, dass sie keinen Diebstahl, keinen Raub, keinen Ehebruch begehen, kein Wort brechen und kein anvertrautes Gut unterschlagen wollten. Danach seien sie auseinander gegangen und hätten sich wiederum versammelt, um eine – jedoch gewöhnliche und unschuldige – Speise zusammen zu genießen. Aber auch das hätten sie nach meinem Edikt unterlassen, worin ich, deinen Befehlen entsprechend, alle geschlossenen Vereinigungen verboten hatte.

96. Brief an Trajan

Rudolf Laufen

1. Erläutern Sie, wie nach den vorliegenden außerbiblischen Quellen ein wissenschaftlich zu verantwortender Artikel für ein Geschichtslexikon aussehen müsste.
2. Vergleichen Sie die Art des Redens von Jesus, wie wir sie in den Evangelien finden, mit der außerbiblischer Geschichtsschreiber.
3. Analysieren Sie das Bild »Der Evangelist Lukas die Madonna zeichnend« von Rogier van der Weyden (1399–1464), indem Sie herausarbeiten, wie der Maler die Arbeit des Evangelisten bewertet. Vergleichen Sie das Bild mit demjenigen von Chagall (1887–1985).
4. Beurteilen Sie die historische Zuverlässigkeit der Evangelien.

4. Die Evangelien als historische Quellen einer Biographie Jesu?

a// Ein Beispiel für die Arbeit am Evangelientext: Die Salbung Jesu (Mk 14,3–9; Mt 26,6–13; Lk 7,36–50)

Mk 14,3–9

[3] Und als er in Bethanien im Hause Simons des Aussätzigen war, kam, während er bei Tische saß, eine Frau mit einer Alabasterflasche voll echter, teurer Nardensalbe; sie zerbrach die Alabasterflasche und goss sie ihm über das Haupt. [4] Da murrten etliche bei sich selbst: Wozu ist diese Vergeudung der Salbe geschehen? [5] Man hätte diese Salbe ja für mehr als dreihundert Denare verkaufen und [den Erlös] den Armen geben können. Und sie fuhren sie an. Jesus aber sprach: Lasset sie! Was betrübt ihr sie? Sie hat eine schöne Tat an mir getan. [7] Die Armen habt ihr ja allezeit bei euch, und sooft ihr wollt, könnt ihr ihnen wohltun; mich aber habt ihr nicht allzeit. [8] Was sie vermochte, hat sie getan; sie hat im Voraus meinen Leib zum Begräbnis gesalbt. [9] Und wahrlich, ich sage euch: Wo immer in der ganzen Welt das Evangelium gepredigt wird, da wird auch das, was sie getan hat, zu ihrem Gedächtnis erzählt werden.

Mt 26, 6–13

[6] Als aber Jesus in Bethanien im Hause Simons des Aussätzigen war, [7] trat eine Frau zu ihm mit einer Alabasterflasche voll kostbarer Salbe und goss sie ihm über das Haupt, während er bei Tische saß. [8] Als die Jünger das sahen, wurden sie unwillig und sagten: Wozu diese Verschwendung? [9] Das hätte man ja teuer verkaufen und [den Erlös] den Armen geben können. [10] Als es aber Jesus merkte, sprach er zu ihnen: Was betrübt ihr die Frau? Sie hat doch eine schöne Tat an mir getan. [11] Die Armen habt ihr ja allezeit bei euch, mich aber habt ihr nicht allezeit. [12] Denn, dass sie diese Salbe auf meinen Leib goss, das hat sie getan für mein Begräbnis. [13] Wahrlich, ich sage euch: Wo immer in der ganzen Welt dieses Evangelium gepredigt wird, da wird auch das, was sie getan hat, zu ihrem Gedächtnis erzählt werden.

Lk 7,36–50

[36] Es bat ihn aber einer der Pharisäer, mit ihm zu essen. Und er ging in das Haus des Pharisäers und setzte sich zu Tische. [37] Und siehe, eine Frau in der Stadt, die eine Sünderin war, hatte vernommen, dass er im Hause des Pharisäers zu Tische war, brachte eine Alabasterflasche voll Salbe [38] und trat hinten zu seinen Füßen, weinte und fing an seine Füße mit ihren Tränen zu benetzen, und trocknete sie mit den Haaren ihres Hauptes, küsste seine Füße und salbte sie mit der Salbe. [39] Als der Pharisäer, der ihn eingeladen hatte, das sah, sagte er bei sich selbst: Wenn dieser ein Prophet wäre, wüsste er, wer es ist und was für eine Frau, die ihn anrührt, dass sie [nämlich] eine Sünderin ist. [40] Und Jesus begann und sprach zu ihm: Simon, ich habe dir etwas zu sagen. Er erwiderte: Meister, sprich! [41] Ein Geldverleiher hatte zwei Schuldner. Der eine war fünfhundert Denare schuldig, der andre fünfzig. [42] Da sie nicht bezahlen konnten, schenkte er es beiden. Welcher von ihnen wird ihn nun am meisten lieben? [43] Simon antwortete und sagte: Ich denke, der, dem er das meiste geschenkt hat. Da sprach er zu ihm: Du hast recht geurteilt. [44] Und indem er sich zu der Frau hinwandte, sprach er zu Simon: Siehst du diese Frau?

Ich bin in dein Haus gekommen: Wasser für die Füße hast du mir nicht gegeben; sie aber hat meine Füße mir ihren Tränen benetzt und mit ihren Haaren getrocknet. [45] Einen Kuss hast du mir nicht gegeben; sie aber hat, seit sie hereingekommen ist, nicht aufgehört meine Füße zu küssen. [46] Mit Öl hast du mein Haupt nicht gesalbt; sie aber hat mit Salbe meine Füße gesalbt. [47] Deshalb sage ich dir: Ihre vielen Sünden sind ihr vergeben, denn sie hat viel geliebt; wem aber weniger vergeben wird, der liebt wenig. [48] Er sprach aber zu ihr: Deine Sünden sind dir vergeben. [49] Da fingen die Tischgenossen an, bei sich selbst zu sagen: Wer ist dieser, der sogar Sünden vergibt? [50] Er sprach aber zu der Frau: Dein Glaube hat dich gerettet; geh hin in Frieden!

Jean Béraud, Magdalena im Haus des Pharisäers, 1891 (Ausschnitt)

1.	Vergleichen Sie die Texte miteinander, indem Sie Unterschiede und Gemeinsamkeiten herausstellen.
2.	Arbeiten Sie heraus, inwiefern die jeweiligen Fassungen eigene theologische Akzente der jeweiligen Evangelisten erkennen lassen.
3.	Die Evangelien als historische Protokolle? Beziehen Sie Stellung aufgrund des synoptischen Vergleichs.

Der Künstler hat die biblische Szene in seine Zeit versetzt. Bei der Darstellung der Personen porträtierte er bestimmte Persönlichkeiten seiner Zeit: Der radikale Sozialist Albert Duc-Quercy ist in die Rolle Jesu geschlüpft, Maria Magdalena ist von der Pariser Prostituierten Liane de Pougy dargestellt, die – wie berichtet wird – in ihrem »richtigen Leben« tatsächlich Reue zeigte und ins Kloster ging … Wie hat der Künstler die »historische Frage« gelöst?

GRUNDLAGEN

Die Zwei-Quellen-Theorie – Zum Entstehungsprozess der Evangelien

Grundsätzlich gilt, dass es sich bei allen Evangelien um Glaubenszeugnisse der Gemeinde handelt, also um kerygmatische Texte, geschrieben aus der nachösterlichen Perspektive, und nicht primär um historische Dokumente. Die Texte sind häufig aus vielen Einzelstücken zusammengesetzt, deren Entstehen und Überlieferungsprozess meistens sehr genau rekonstruiert werden können. [...]

Im Sinne der Möglichkeit historischer Rekonstruktion kommen praktisch nur die synoptischen Evangelien (also Matthäus, Markus, Lukas = Mt, Mk, Lk) in Betracht (zum Johannesevangelium s. u.). Diese bilden gegenüber dem vierten Evangelium eine in Aufbau, Charakter und Traditionsgut z. T. bis in wörtliche Übereinstimmungen hinein zusammenhängende Gruppe.

Seit dem Ende des 18. Jh. hat man sich in der theologischen Forschung mit dem literarischen Zusammenhang dieser drei Evangelien untereinander befasst. Nach mancherlei im Laufe der Zeit geäußerten Hypothesen erklärt diesen am einleuchtendsten die heute allgemein anerkannte **Zweiquellentheorie:**

- Das **Markus-Evangelium** wurde von Mt und Lk als Quelle benutzt; fast sein gesamter Stoff findet sich bei ihnen wieder.
- Die Tatsache, dass Mt und Lk dort, wo sie über Mk hinausgehen, ebenfalls häufig in Sachfolge und Wortlaut übereinstimmen – und dies ist vor allem bei der Überlieferung der Worte Jesu der Fall –, lässt den Schluss zu, dass beiden eine weitere gemeinsame Quelle vorgelegen haben muss, die wegen ihres Inhalts die **Spruch- oder Logienquelle (Q)** genannt wird. Bei dieser Vorlage, die hauptsächlich Redenstoff aus Jesu Verkündung enthalten haben muss und daher auch den Wandlungsprozessen der mündlichen Tradition stärker ausgesetzt war, handelt es sich vermutlich um eine schriftliche, in griechischer Sprache verfasste Quelle, die allerdings als literarisches Werk nicht erhalten ist.
- Darüber hinaus besaßen Mt und Lk unabhängig voneinander eine eigene Überlieferung, das sog. Sondergut.

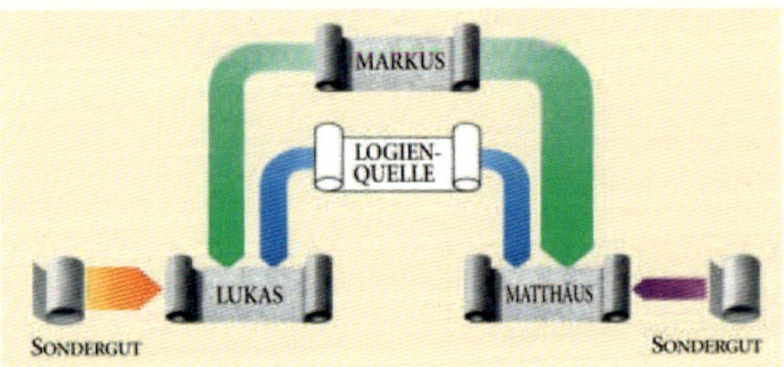

Auch das älteste Evangelium ist, abgesehen von seinem kerygmatischen Charakter, nur bedingt als historische Quelle zu betrachten, da sein zeitlicher und geographischer Aufbau nicht aus alter Überlieferung stammt, sondern einen später eingearbeiteten literarischen Rahmen darstellt.

Wenn auch schon die einzelnen Überlieferungsstücke – und nicht erst die Evangelien als ganze – als Glaubenszeugnisse angesehen werden müssen, so lassen sich doch bei allen Synoptikern bestimmte Merkmale historischer Echtheit erkennen:

- Dazu gehört, neben anderen Geschehnissen, die Passionsgeschichte, die schon sehr früh in fest umrissener Form überliefert wurde.
- Mit Sicherheit kann aus Jesu Lehre solches als echt gelten, was sich in das soziale und kulturelle Umfeld am wenigsten einfügen lässt, also das, was weder mit dem jüdischen Denken noch mit dem Glauben der späteren Gemeinde vereinbart werden kann. Dabei ist vor allem an solche Aussprüche Jesu zu denken, die unmittelbar aus einer bestimmten Situation heraus erwachsen sind.
- Auch der Grundbestand der Gleichnisse Jesu darf als historisch echt angesehen werden. Sie heben sich inhaltlich und stilistisch (erzählerische Form, Bildmaterial) deutlich ab von vergleichbaren jüdischen Texten. Auch zeigen sie das aus der Einheit von Wort und Tat (Wunder) resultierende unverwechselbare Selbstbewusstsein Jesu. [...]

  Gegenüber den Synoptikern ist das Johannesevangelium ein vom theologischen Verständnis und von seiner sprachlich-begrifflichen Konzeption her völlig eigenständiges Werk. Zwar kannte sein Verfasser die synoptischen Evangelien und natürlich hat auch er die geschichtliche Überlieferung verarbeitet, doch ist sein Evangelium im Ganzen eher ein literarisches Kunstgebilde, bestimmt von Ostern her, von der Schau des auferstandenen und verherrlichten Christus, und kommt daher als historische Quelle kaum in Betracht.

Aus den manchmal in die Diskussion gebrachten **außerkanonischen Evangelien** (z. B. Petrusevangelium, entstanden um 150), die schon aus zeitlichen und inhaltlichen Gründen (sie haben oft einen erbaulichen bzw. theologisch unorthodoxen Charakter) unberücksichtigt bleiben müssen, gewinnen wir für das Verständnis der Person und der Lehre Jesu nichts Wesentliches.

Uwe Stamer

b// Welchen Wert haben die Evangelien als historische Quellen? Oder: Im Medium der Evangeliensprache Jesus begegnen?

Die Antwort auf die Frage, wer Jesus von Nazaret war, scheint für denjenigen, der sich dieser Frage zum ersten Mal gegenübersieht, einfach zu sein. Zwar berichten, außer Tacitus (Annalen 15, 44; nach 100 nach Chr.), außerchristliche Quellen nichts Verlässliches über Jesus von Nazaret. Aber haben wir nicht das Neue Testament? Es macht außerhalb der Evangelien zwar nur kurze Angaben über Jesu Leben: Gott sandte ihn; er starb von den Römern hingerichtet; er wurde erweckt, er erstand nach dem Tode, er fuhr in die Himmelswelt. Diesen die Himmelswelt einbegreifenden Rahmen füllen die Evangelien dann ja aber mit Details aus. Man muss sich nur klar machen: mit diesem Rahmen haben wir ein Glaubensbekenntnis der Christen vor uns, die zu Jesus ja sagen. Wir können dieses Ja zu Jesus teilen. Aber es fällt uns schwer, die Form dieses Ja zu teilen, die auf antiken weltanschaulichen Voraussetzungen beruht. [...]

Hier aber bedeutet diese Einsicht in die bekennende Form der Evangelien: wir haben Quellen über das, was Jesus von Nazaret war, nicht als uninteressierte, objektive Berichte [...]. Die Quellen berichten über Jesus vielmehr in der Form, dass sie von vornherein seine Bedeutung aussagen, dass sie in christlichem Sinne belehren und missionieren wollen. Das ist ein Vorteil, denn Liebe sieht scharf. Es ist aber auch ein Nachteil, denn Liebe akzentuiert eigentlich bis zur Verzeichnung. Zudem ergeht dies Bekenntnis in einem Rahmen, der damals weltanschaulich üblich war, heute aber nicht übernommen werden kann. Kurz, die Evangelien werden von uns kritisch gelesen werden müssen, wenn überhaupt die Hoffnung bestehen soll, dass wir durch das *Jesusbild* der ersten Christen zu dem wirklichen Menschen Jesus auch nur einigermaßen verlässlich vordringen können. Welcher Art wird diese unsere Kritik sein müssen?

Für eine Rückfrage nach dem historischen Jesus entfällt das vierte, das Johannes-Evangelium, völlig. Denn dort spricht Jesus in lang ausgesponnenen monologischen Reden. Die Form dieser Reden ist unjüdisch, sie gehört in einen uns bekannten Redetyp nicht palästinischer, sondern hellenistisch-orientalischer Religion. Diese Redeweise steht zudem, schon der Form nach, in einem klaren Gegensatz zu der Art, wie die drei ersten Evangelien, die sogenannten Synoptiker, Jesus reden lassen. In den Synoptikern finden sich einzelne Sprüche Jesu; auch die langen Redekompositionen besonders des Matthäus und Lukas erweisen sich als eine Nebeneinanderstellung einzelner kleiner Sprucheinheiten. Der Mensch Jesus *kann* nicht gleichzeitig so gesprochen haben wie der synoptische *und* der johanneische Jesus; er sprach nicht wie der johanneische Jesus. Das wird bekräftigt durch den Inhalt der Reden. In den drei ersten Evangelien redet Jesus nur ausnahmsweise von sich selbst. Meist behandelt er Einzelheiten jüdischen Glaubens vor konkreten Einzelgruppen frommer Juden. Der johanneische Jesus dagegen predigt monologisch ohne Bezug zu den konkreten jüdischen Problemen: Das von ihm gebrachte Heil und die Gestaltwerdung dieses Heils eben in seiner Person, die Licht und Leben ist und gibt. Sofern die Welt ihn und das wahre Heil ablehnt, konzentriert sich diese Ablehnung in dem Nein der en bloc als feindlich gezeichneten »Juden«. Dies »Lebensbild« ist an einer menschlichen Konkretion Jesu souverän uninteressiert: in rückblickhafter Weise lässt der Evangelist Jesus den Glauben so predigen, wie nach der Überzeugung der christlich-johanneischen Kreise recht an Jesus geglaubt werden soll. Das vierte Evangelium entfällt als Quelle für die Beantwortung

Borislav Sajtinac

der Frage, wer der geschichtliche Jesus von Nazaret war.

So bleiben also die Synoptiker. Aber auch sie enthalten nicht eine von der Geburt und dem Auftreten Jesu bis zu seiner Auferstehung reichende historisch getreue Beschreibung des Lebens Jesu. Seit Jahrzehnten wissen wir dank der Arbeit der sogenannten Formgeschichte, dass auch hier der Ablauf des Lebens Jesu, im Großen wie im Detail der einzelnen Szenen – wir sagen in der Fachsprache: der Rahmen des Lebens Jesu –, keine konkrete Erinnerung an Begebnisse und Abläufe in dem wirklichen Leben Jesu darstellt. Dieser Rahmen ist vielmehr eine Arbeit der Tradition und in seiner Endfassung ein Werk des einzelnen Evangelisten. Jeder auch nicht vom Fach herkommende Leser kann sich das anhand einer deutschen Synopse, welche die Texte der drei ersten Evangelien nebeneinander druckt, klarmachen. Die einzelnen Szenen und das in ihnen enthaltene Spruchgut werden von den jeweiligen Evangelisten in verschiedenem Zusammenhang und zum Teil in erheblicher inhaltlicher Variation gebracht; vgl. nur die Salbung Jesu bei Markus (14,3–9) und Matthäus (26,6–13) mit der bei Lukas (7,36–50). Und diese Traditionsgeschichte hat nicht tendenzlos gearbeitet: auch die einzelnen Evangelisten haben deutlich umrissene theologische Absichten und Zielsetzungen, die sie dem mündlich oder schriftlich ihnen überlieferten Stoff aufprägen; das heißt, sie lassen Jesus in einer ihrer theologischen Überzeugung gemäßen Weise reden. Grundsätzlich sind sie darin also von dem vierten Evangelium nicht unterschieden: auch die Synoptiker bringen nicht einen geschichtsgetreuen Ablauf des Lebens Jesu. Auch sie zeichnen ihr *Bild* des Lebens Jesu. Daraus ergibt sich eine doppelte Feststellung. Zunächst: die drei ersten Evangelien setzen uns nicht in den Stand, den Verlauf des Lebens Jesu im Einzelnen zu kennen und darzustellen. Natürlich war Jesus palästinischer Jude; und sicher wurde er in frühem Mannesalter von der römischen Justiz hingerichtet. Aber sehr viele andere Einzelheiten gehen auf die darstellende Arbeit der Tradition und der Evangelisten zurück und liefern uns daher kein verlässliches Material, um ein in einzelnen Geschehnissen nacheinander ablaufendes Leben Jesu so darzustellen, wie es sich tatsächlich ereignet hat [...].

Neben den Schilderungen des Lebens Jesu stehen in den Synoptikern die Worte Jesu. Hier sind kompliziertere Erwägungen notwendig, weil die Sachlage komplizierter ist als in den erzählenden Partien der synoptischen Texte. Das ist die zweite Feststellung, die wir zu treffen haben. Die christliche Gemeinde war, bis in den Anfang des zweiten Jahrhunderts hinein, von der Überzeugung getragen vom heiligen Geist spezielle Sprüche und Worte als Weisungen zu empfangen. Der Geist wird aber nicht nur von Paulus (2. Kor 3,17) mit dem erhöhten Jesus gleichgesetzt; auch die nachpaulinischen Texte berichten von Weisungen des erhöhten Herrn (Apg 9,10) und daneben ohne Unterschied von Weisungen des Geistes (Apg 21,4; 21,11). Der urchristliche, im Geist redende Prophet sagt also Worte des erhöhten Herrn. Da es den ersten Christen aber auf den Inhalt der Worte ankam, machten sie keinen Unterschied zwischen Worten, die wirklich von dem geschichtlichen Jesus gesprochen wurden, und zwischen solchen Worten, die ein christlicher Prophet in einer konkreten Lage als Sprüche Jesu zu Gehör brachte. So werden wir uns nicht wundern, dass von dieser urchristlichen Grundeinstellung her in der Tradition in beträchtlichem Umfang Worte als Jesusworte überliefert werden, die auf diese zweite Quelle, den im Geiste sprechenden urchristlichen Propheten, zurückgehen. Die so von einem christlichen Propheten vorgebrachten »Worte Jesu« mögen die Grundeinstellung Jesu angemessen wiedergeben. Für uns aber, die wir hier nach dem fragen, was der geschichtliche Jesus wirklich gesagt hat, müssen sie als »unecht« gelten. Das ist kein Werturteil; es ist eine historische Feststellung. *Herbert Braun*

1. Beschreiben Sie den Wert der Evangelien als historische Quellen.
2. Welche Probleme historischen Forschens sieht Herbert Braun bezüglich der in den Evangelien anzutreffenden »Worte Jesu«?
3. Erörtern Sie, ob es wichtig ist, zwischen »echten« und »unechten« Jesusworten« zu unterscheiden.
4. Vergleichen Sie den Zugang Herbert Brauns zur Person Jesu mit dem folgenden von Fridolin Stier aus seinem Tagebuch und erörtern Sie, welcher Zugang Ihnen mehr zusagt.

Die Wirklichkeit Jesu ist für mich die Gegenwart eines Lebenden – nicht so, dass ich ihn mir »vergegenwärtigen«, die Phantasie einspannen müsste, um ihn mir über die historische Distanz hinweg lebendig vor Augen zu stellen. Jesus begegnet mir, lebend und gegenwärtig, im Medium der Sprache der Evangelien – vermittelt also, gewiss, gespiegelt in den Augen, gehört von den Ohren der ursprünglichen Zeugen, der späteren Tradenten und Redaktoren – dessen bin ich mir im Augenblick, wo ich dies hinschreibe, voll bewusst. Ich weiß, dass ich nicht dem historischen Jesus, sondern seiner »Erscheinung« begegne, die in den Evangelien lebt und leuchtet. Dieses kritische Bewusstsein fällt nicht in Ohnmacht, nur dass es ver-

Thomas Struth, National Gallery 1, London 1989

Begegnung mit Jesus – mehr als ein Museumsbesuch?

stummt, wenn mir Jesus aus den Evangelien entgegentritt. Dann höre und sehe ich ihn. Ich höre seine Botschaft, die mich aufschreckt aus meinem Sein in mir und für mich selbst, mich auf den Weg mit ihm, »hinter ihm her« ruft, den Weg der Lossage, der schweren, schmerzhaften Freiheit von mir selbst und den Sachen, an denen ich hänge, als wären sie das Leben. Und ich ahne die Herrlichkeit dieser Freiheit, die er mir, wie er sie fordert, auch ermöglicht. Ich sehe ihn im Umgang mit Menschen, Blinde und Aussätzige heilend, ich höre ihn im Gespräch mit Jüngern, im Disput mit Gegnern, ich sehe ihn am Ölberg, ich höre ihn stöhnen, ich sehe ihn am Kreuz, ich höre den Todesschrei. Sehen, hören – kein bloßes Zuschauen und Zuhören mehr, bei dem ich, wie aufmerksam auch immer, abseits stehe – unbetroffen, beobachtend, vielleicht zweifelnd an dem unerhörten Autoritäts- und Vollmachtsanspruch, »ich aber sage euch«. Diskutieren darüber? Es vergeht mir, eine Macht des Überzeugens geht von ihm aus, überwältigt mich, öffnet mir die Augen und ich sehe die Wahrheit des Unwahrscheinlichen, ich fühle die Aura des Numinosen um ihn, das Heilige; das Geheimnis des Göttlichen steht leibhaftig vor mir. »Mein Herr und mein Gott.« Es geschieht mir, ich weiß nicht wie …

Die Evangelien – Berichte über einen, der vor 2000 Jahren gelebt hat, aber in der Sprache dieser Berichte erscheint er mir lebend.

Ob ich ihn liebe? Ob ich mich von ihm geliebt glaube? »Fürchte dich nicht, ich bin's!« Ja, du bist es, Herr. Aber – bei aller Liebe – eben darum fürchte ich dich …

Die Bibel »ist weit mehr als ein Buch, für mich ist sie eine Stimme und eine Person« (Julien Green).

Fridolin Stier

5. Der Glaube an Jesus: mythisch oder geschichtlich begründet?

a// »Die urchristliche Jesus-Überlieferung (ist) randgefüllt von Geschichte« (Günther Bornkamm)

Wie aber steht es mit der [...] von der Wissenschaft gestellten Frage, ob denn eine Darstellung der Geschichte und Botschaft Jesu in Anbetracht unserer Quellen noch sinnvoll und durchführbar sei? Sollen wir rückfällig werden und doch wieder den Ablauf seines Lebens im Einzelnen biographisch und psychologisch zu beschreiben versuchen? Gewiss nicht. Alle solche Versuche, so oft sie unternommen werden, sind zum Scheitern verurteilt und nur mit dem Kapital einer alles historisierenden Kritiklosigkeit zu bestreiten und mit dem Aufwand einer nicht minder kritiklosen Phantasie, die willkürlich Lücken stopft und Verbindungen herstellt, wo die Evangelien gerade sich versagen. Sie täuschen nur darüber hinweg, wie brüchig und lückenhaft unser Wissen im Einzelnen ist, und vernebeln die Grenze zwischen historisch Gesichertem und Ungesichertem. Es kann darum auch nicht unsere vordringlichste Aufgabe sein die historische Möglichkeit oder Wahrscheinlichkeit dieser oder jener Wundergeschichte wieder zu behaupten, die die Kritik als Legende bezeichnet, und dieses oder jenes Wort für den historischen Jesus zu retten, das mit guten Gründen erst aus dem Glauben der späteren Gemeinde erklärt wird. Solche Manöver, selbst wenn sie hier und da geboten sind, können auch an der Lage im Ganzen nichts ändern.

Und doch geben uns die Evangelien kein Recht zu Resignation und Skepsis. Vielmehr lassen sie, wenn auch in völlig anderer Art als Chroniken und Geschichtsdarstellungen sonst, die geschichtliche Gestalt Jesu in unmittelbarer Mächtigkeit vor uns sichtbar werden. Zu deutlich ist, was die Evangelien über Jesu Botschaft, seine Taten und seine Geschichte berichten, noch immer gekennzeichnet durch eine Echtheit, eine Frische und eine auch vom Osterglauben der Gemeinde nicht bewältigte Besonderheit, die unmittelbar auf die irdische Gestalt Jesu zurückweisen.

Recht verstanden hat gerade die historische Kritik uns den Weg zu dieser Geschichte neu erschlossen, indem sie alle jene Versuche sich ihrer biographisch-psychologisch zu bemächtigen, zerschlug. Wir sehen jetzt deutlich: reden die Evangelien von der Geschichte Jesu auch nicht im Sinne eines nachzuzeichnenden Lebensablaufes mit seinen Schicksalen und Stadien, seiner äußeren und inneren Entwicklung, so reden sie doch von Geschichte als Geschehen und Ereignis. Von ihr geben die Evangelien überreichlich Kunde. Dieses Urteil darf kühnlich gewagt werden trotz der historischen Anfechtbarkeit noch so vieler Erzählungen und Worte im Einzelnen, trotz der Tendenzen, die unverkennbar in der Überlieferung wirksam sind, und trotz der Unmöglichkeit aus einem Mehr oder Weniger gesicherter Einzelheiten am Ende ein mehr oder weniger gesichertes Ganzes, das wir Leben Jesu nennen könnten, zu gewinnen.

Die Evangelisten erzählen, wie jeder weiß, Jesu Geschichte in »Perikopen«, kurzen anekdotischen Szenen, die nicht erst zusammengefügt seine Geschichte ergeben, sondern jede für sich Jesu Gestalt und Geschichte gleichsam im Ganzen enthalten. Keine bedarf einer Erklärung aus Geschehnissen, die vorangehen, keine zielt auf spätere Ereignisse, in denen sich Früheres erst entfaltet. Immer werden wir in dem Lichtkegel dieser und nur dieser Szene festgehalten. Immer ist der Lichtkreis scharf umgrenzt, die Charakteristik der Gestalten, die in

René Magritte,
Der falsche Spiegel, 1928

ihm erscheinen, auf das Nötigste beschränkt und die Begegnung Jesu mit bestimmten Menschen, die durch sein Wort und seine Tat zu einem Geschehen von höchster Spannung und Bedeutung wird, hell und scharf beleuchtet. Diese Art seine Geschichte zu erzählen hat ihre genaue Entsprechung auch in der Überlieferung seiner Worte. Wieder steht auch hier jedes Wort auf sich selbst, erschöpfend in sich, nicht erst durch einen Zusammenhang sinnvoll und eines Kommentars bedürftig, den erst ein anderes ihm geben müsste. Auch die sogenannten Reden der Evangelien – die Bergpredigt, die Aussendungsrede, die Gleichnisreden usw. – sind in Wahrheit ja keine »Reden«, sondern nur Sammlungen solcher Sprüche. Was spricht sich in diesem Stil der Jesus-Überlieferung aus? Sind das alles nicht Merkmale volkstümlicher, unhistorischer Tradition und Spuren und Zeichen dafür, dass die Evangelien-Überlieferung nach ihrem Ursprung und Zweck auf den praktischen Gebrauch der glaubenden Gemeinde angelegt ist, der die bloße Historie als solche herzlich wenig bedeutet? Nötigen sie nicht gerade den Historiker zur Kritik dieser Überlieferung, die oft genug schweigt, wo er Antwort sucht, naiv typisiert, so er nach dem Jeweilig-Individuellen fragt, und nicht selten die Grenze zwischen Geschichte und Deutung verwischt? Diese Fragen bestehen zu Recht. Und doch darf man sich den Blick nicht dafür trüben lassen, dass in, mit und unter gerade dieser Art zu überliefern und zu erzählen Jesu Gestalt und Wirken in ihrer unverwechselbaren Einmaligkeit und Besonderheit hier in einer Ursprünglichkeit sichtbar werden, die auch alles gläubige Verstehen und Deuten immer wieder weit überholt und entwaffnet. So verstanden ist die urchristliche Jesus-Überlieferung randgefüllt von Geschichte.

Günther Bornkamm

1.	Skizzieren Sie die Position von Günther Bornkamm zur Geschichtlichkeit der Jesus-Tradition.
2.	Erörtern Sie seine Auffassung und nehmen Sie einen begründeten Standpunkt ein.

René Magritte, Les mémoires d'un saint, 1960

b// »Wir sollten die Bibel wesentlich lesen … als etwas, was symbolisch Kunde gibt von dem, was uns zu allen Zeiten angeht« (Eugen Drewermann)

Die Bibel im Alten wie im Neuen Testament hat den Versuch unternommen sich vom heidnischen Mythos loszusagen und größten Wert darauf gelegt, dass, wenn Gott mit den Menschen in Verbindung tritt, das vornehmlich im Raum der Geschichte der Selbstauslegung des Menschen, in seinem Handeln und in seinem Dasein stattfinde. Von daher war es für die frühe Kirche sehr wichtig, die Bibel als ein Buch zu lesen, das auch von Historie Kunde gibt im Unterschied zu frei erfundenen Geschichten. Quer durch die Jahrhunderte der Kirchengeschichte ist dieser Anspruch weitervermittelt worden. Wir gründen uns mit unserer Botschaft auf historische Wirklichkeit. Es ist vom 16. Jahrhundert an, seit der Renaissancezeit, bei Spinoza zum ersten Mal zu greifen, in Konsequenz dieses Ansatzes notgedrungen zu einer erheblichen Kritik an der theologischen Behauptung von der Historizität ihrer Urkunden gekommen. Und spätestens, als zu Beginn des 19. Jahrhunderts auch die kirchlichen Theologen, damals fast noch fromm-gläubig, dem Anspruch der Historizität in den profanen Geschichtswissenschaften nachzukommen suchten und die Bibel

Was ist ein Symbol?

Zwei Freunde im alten Griechenland nehmen Abschied voneinander. Sie ritzen ihre Namen auf eine Tonscherbe und brechen sie in zwei Stücke. Jeder nimmt eine Hälfte mit; jeder weiß, dass er den Freund lange nicht sehen wird. Das Brechen von Ton und Namen drückt den Schmerz des Abschieds aus. Das sorgfältige Bewahren bringt Treue zum Ausdruck. Jede Hälfte verweist auf die Freundschaft, die gestern erlebt wurde, und ist zugleich ein Zeichen der Hoffnung auf die Freundschaft, die morgen neu erfahren werden kann. Der zerbrochene Teil der Tonscherbe (des Ringes oder der Schale) ist zwar selbst nicht Freundschaft, aber er ist ein sinnliches Erkennungszeichen, das abwesende Freundschaft vergegenwärtigen, in die Gegenwart hineinziehen kann. Nach langer Zeit treffen sich die Freunde wieder: Bei einer Schale Wein setzen sie die Tonstücke wieder zusammen. Ton und Namen ergänzen sich wieder. Sie feiern das Glück der Wiedervereinigung der Getrennten.

Das griechische Verb »symballein« heißt »zusammenwerfen, zusammenfallen, zusammenpassen oder vereinigen«; das entsprechende Substantiv **»symbolon«** heißt das **»Zusammengefügte«.**

Symbolisieren bedeutet etwas zusammenfügen, das zusammengehört, aber vorher getrennt war. Das wird an dem Ritual des Scherbenbrechens und -zusammenfügens anschaulich. War das Symbol ursprünglich ein hinweisendes Zeichen, dann könnte man im Blick auf die Etymologie **vorläufig** definieren: Ein Symbol ist ein »Zusammengeworfenes« aus einem sinnlichen Zeichen und dem Bezeichneten oder dem, was symbolisiert wird.

Wir können an dieser Szene zwei wichtige Kennzeichen verdeutlichen. Symbole haben (1) einen **Hinweis-Charakter.** Die Tonscherbe weist über sich hinaus auf eine Wirklichkeit, nämlich die Freundschaft, die nicht unmittelbar zugänglich ist. Symbole enthalten ein sinnliches Zeichen, einen »symbolischen Stoff« (die Hälfte der Tonscherbe) und als zweites Element das »eigentlich Gemeinte«, das Symbolisierte (die Freundschaft), das nur indirekt durch den symbolischen Stoff ausgedrückt werden kann. Symbole haben dadurch die Möglichkeit, auf eine verborgene, tiefere Wirklichkeit zu **verweisen.**

Das Symbol verweist nicht nur auf eine andere Wirklichkeit, sondern lässt sie (2) gegenwärtig sein; **es repräsentiert sie.** Repräsentation meint in seiner ursprünglichen Bedeutung nicht, dass etwas uneigentlich oder indirekt da ist, als ob es ein Ersatz wäre. »Das Repräsentierte ist vielmehr selber da und so, wie es überhaupt da sein kann.« Wenn es sich um Symbole der Kunst oder der Religion handelt, geht es nicht nur um ein bloßes Erinnerungszeichen, wie unser Beispiel nahelegen könnte, sondern um **»Realpräsenz«.** Es wird also nicht nur auf etwas verwiesen; sondern das, worauf verwiesen wird, wird zugleich **verkörpert** und **verbürgt.** In der symbolischen Repräsentation geht es nicht um Nachahmung von etwas schon Vorbekanntem, sondern es wird im Kunstwerk Ungesagtes oder in der Religion Unsagbares zur Darstellung gebracht, so dass es auf diese Weise in gebrochener, aber sinnlicher Gestalt gegenwärtig ist. In dieser Szene vollzieht sich die Vergegenwärtigung im Modus der **Erinnerung;** die Tonscherbe mit den beiden Namen vergegenwärtigt zurückliegende Freundschaft. Das Symbol kann jedoch auch Kommendes, Neues im Modus der **Antizipation** vergegenwärtigen. Symbole können also nicht mehr und noch nicht Anwesendes repräsentieren. [...]

Weitere Kennzeichen [...]: Symbole werden (3) erst zu Symbolen, wenn sie **von einer Gemeinschaft anerkannt** werden und damit **sozial eingebettet** sind. Dann können sie Kommunikation stiften, die Gemeinschaft integrieren und orientieren. [...] Symbole sind auf die Erfahrungen einer Gemeinschaft bezogen, verdienten und bündeln sie. So kann man sich – besonders in Situationen der Gefahr und Verfolgung – schnell über gemeinsame Erfahrungen verständigen. [...]

Symbole haben also (4) ihre Zeit, sind geschichtlich und gesellschaftlich bedingt. Schwindet die soziale Anerkennung, sterben sie ab. [...]

Symbole erschließen (5) tiefere Dimensionen der inneren Wirklichkeit und eröffnen damit zugleich neue Möglichkeiten des Umgangs mit äußerer Wirklichkeit. [...] **Symbole haben schließlich (6) eine ambivalente Wirkung;** sie können lebendig machen und sie können die Lebendigkeit blockieren; sie können ermutigen und Angst erzeugen.

Peter Biehl

Umbo, Träumende, 1928
Ein Gegenbild zum Verständnis des Träumens bei Drewermann?

mit vergleichbaren Methoden zu lesen versuchten, konnten sie noch hoffen, in der Tat historische Wirklichkeit zu entdecken ...

... die es darin auch gibt?

Die es *zweifellos* darin gibt. Die Frage wird nur sein, in welcher Weise. Am erschütterndsten ist für diese Frage vielleicht die Gestalt Albert Schweitzers gewesen, eines Mannes, der sich schon als Junge gefragt hat: Wie ist es denn möglich, dass man von der »Heiligen Familie« berichtet, sie sei arm gewesen in Nazaret, wenn doch Könige gekommen sind, die Gold gebracht haben? Oder wie war es möglich, dass man weiß, wie Jesus am Ölberg gebetet hat, wenn doch die Jünger schliefen? So etwas konnte sich ein Junge mit acht Jahren fragen und er hat darunter als Kind gelitten. Der Versuch seiner Leben-Jesu-Forschung beruhte auf dem Unterfangen, die Person Jesu von Nazaret in gewissem Sinn historisch dingfest zu machen. Und das Fiasko, das dabei herauskam, hat Albert Schweitzer so verzweifelt sein lassen, dass er sich schließlich sagte: Ich kann allenfalls als Arzt den ethischen Impuls des Christus *für mich selber* realisieren. Aber wer er selbst wirklich *war*, werde ich aus der Bibel kaum herauslesen können.

Nach Albert Schweitzer ist die Forschung noch viel weiter gegangen, zum Teil durch Bultmann viel radikaler geworden. Wir müssen heute sagen, dass sich die Suche nach dem historischen Jesus und den Fakten einzelner Worte und einzelner Taten gewissermaßen ständig in einem Nebel verliert, und das nicht durch Zufall. Ich möchte einmal so sagen: Je relevanter ein bestimmtes Ereignis in religiöser Hinsicht ist, desto unhistorischer im Sinn der modernen Kritik wird es überliefert. Das Problem für viele unserer Hörer wird sein, dass, wenn wir sagen: »unhistorisch« oder »womöglich nicht im äußeren Sinn dingfest zu machen«, dies sich anhört wie »nur noch phantasiert«, »nur noch frei erfunden«. Was wir brauchten – das ist der zweite Punkt, auf den ich nach dem offenen Fiasko der historischen Forschung Wert legen möchte –, ist, dass wir den Wirklichkeitsbegriff ändern müssen, dem wir in der Neuzeit unterliegen. Wir sind bis in die Gewohnheit des Denkens und des Fühlens dahin erzogen worden, unter Wirklichkeit *die* Dinge zu verstehen, die wir in Raum und Zeit objektiv beobachten und nach rationalen Gesetzen erklären können ...

... messen und wiegen ...

... möglichst physikalisch-chemisch. Wenn das geht, sind wir richtig zufrieden. Die Wahrheit ist, dass es Wirklichkeiten gibt, die so niemals unterzubringen sind – und *das* gerade sind die religiösen Wahrheiten. [...]

Das Erstaunliche ist ja, dass wir nur die Augen zu schließen brauchen, und wir werden merken: Das, was sich *wirklich* in uns abspielt, sind nicht einfach die Geschehnisse, die sich unter den nüchternen Augen einer Kamera objektiv feststellen ließen. Das, was sich abspielt, ist viel verschlungener, ist Teil unserer seelischen Vorgänge. Und darum geht es jetzt, glaube ich: dass wir zur Kenntnis nehmen müssen, dass die Wirklichkeit innen, die psychische Realität, sich kundtut in Form von Symbolen. Wenn wir des Nachts die *Bedeutung* dessen, was wir am Tag erlebt haben, uns vergegenwärtigen, verfügt ein jeder von uns über die wunderbare Fähigkeit sein Leben zu verdichten. Erzählt er das am anderen Morgen, so würde ein Dichter kaum besser sagen können, was sich *wirklich* abgespielt hat, wie er es erlebt hat, wie es seine Gesundheit beeinflusst, wie es seine Reaktionsweisen formt, wie es seinen Charakter zum Ausdruck bringt, wie er selbst als Kind schon groß geworden ist – kurz: seine ganze Person.

Diese Wirklichkeit, die sich in Symbolen ausdrückt, ist diejenige, die uns Menschen wirklich und unmittelbar betrifft. Und nun wird man sich sagen müssen: Die Bibel tut eigentlich nichts anderes. Sie unternimmt es, die wesentlichen Bedeutungsinhalte historischer Erlebnisse so zu überliefern, dass sie für alle Zeiten und an allen Orten Menschen zum Erlebnis werden können. Und ich schlage deshalb einfach vor, dass wir Texte, gerade die religiös wichtigen Texte, so lesen, wie wenn wir sie selber in der letzten Nacht geträumt hätten, wie wenn wir selber darinstünden und dieselbe Geschichte so erzählen könnten, dass sie zu uns spricht als etwas Ureigenstes. In diesem Sinne etwas kreativ verdichten, Existenz so formen, dass sie poetisch wird, bedeutet ja gerade nicht: willkürlich etwas dahinsetzen. Die Träume etwa der Nacht sind vollkommen geprägt nach inneren Gesetzen. Bis zum Alptraum hin erfinden wir sie ja nicht frei; sie zwingen sich uns auf. *Deshalb* kann die Bibel selber noch einmal hinstellen, davon sprechen, dass Träume Gottesbotschaften sind. Berührungen mit heiligen Mächten, Engeloffenbarungen. Träume sind der Weg in eine Tiefe vorzudringen, wo wir eine andere, für uns Menschen oft *wahrere* Form der Wirklichkeit entdecken. Um es abgekürzt zu sagen: Die äußere Realität können wir beherrschen, glauben wir. Cholera und Pest haben wir vollkommen im Griff, aber Hungersnot, Kriege, Ungerechtigkeit – kurz: was in uns selber liegt, überfällt uns viel schlimmer als alles, was wir in der äußeren Natur dingfest machen.

Die Religion müsste uns heilen in den Tiefen unserer Angst und deshalb müssen wir ihre Symbole verstehen. Und wir sollten die Bibel *wesentlich* lesen nicht als ein Historienbuch, sondern als etwas, was symbolisch Kunde gibt von dem, was uns zu allen Zeiten angeht.

Eugen Drewermann

Salvo, Acht Bücher, 1983

1. Geben Sie die Kritik von Drewermann an historisch-kritischer Forschung wieder.
2. Beschreiben Sie, wie sein eigener Zugang zur Bibel aussieht.
3. Setzen Sie sich mit seiner Position auseinander. Berücksichtigen Sie bei Ihrer Meinungsbildung auch die Gedanken von Rudolf Schnackenburg:

Die tiefste Kluft zwischen biblischer Exegese und tiefenpsychologischer Auslegung wird sichtbar, wenn man auf das jeweilige Offenbarungsverständnis und den darin implizierten Gottesgedanken achtet. [...] Die tiefenpsychologischen Einsichten Drewermanns können für die Überwindung menschlicher Ängste und für ein neues Vertrauen-Gewinnen befruchtend und hilfreich sein; aber er baut mit seinem Verständnis einen anderen Offenbarungsgedanken auf: Gott ist ohne die geschichtliche biblische Offenbarung in den Archetypen der Seele wirksam. Aber wir sahen, dass die biblischen Geschichten, die Worte der Propheten, die Aussprüche und Gleichnisse Jesu keineswegs »einmalig historisch« fixiert sind, sondern je und je ihre religiöse Sinnfülle entbergen. Sie sind aber nicht nur »Bilder einer inneren Wirklichkeit«, sondern vom geschichtlichen Offenbarungshandeln Gottes geprägt und davon nicht lösbar. Für Drewermann spricht Gott »in den ewigen Träumen unserer Seele, in denen er sich selbst träumt als Mensch, damit wir ihn schauen können als den einzigen Grund unserer Menschlichkeit«. Damit wird der Gott der biblischen Offenbarung seiner Einzigkeit und Besonderheit beraubt und aus der Welt und ihrer Geschichte in das Innere der Seele verwiesen. Das biblische »Gedenken«, das die vergangenen Geschehnisse in den gegenwärtigen Horizont hereinholt und ihre religiöse Sinnfülle erschließt, ist bei Drewermann anscheinend außer Sicht geblieben. Die ganze Heilsgeschichte bleibt für ihn belanglos, im Grunde überflüssig, weil sich Gott ubiquitär allen Menschen in allen Religionen gleichermaßen enthüllt, nämlich in den von ihm der Seele eingesenkten Archetypen. Diese Reduktion göttlicher Offenbarung auf die Archetypen der Seele ist äußerst folgenschwer ...

Rudolf Schnackenburg

GRUNDLAGEN

Was ist ein Mythos?

In unserer rationalen Geisteswelt mit dem Gegenstandspaar Physik und Metaphysik versuchen wir religiöse Phänomene durch logisches Kausaldenken zu erkennen, und unsere Theologie, der darin beheimatete Wissenschaftszweig der Gotteslehre, ist eine Auseinandersetzung **über** Gott. Mythisches Verstehen aber entspringt der allgemeinen Erfahrung Gottes selbst und wird aus der Vorstellung gestaltet zu Bild und Ereignis. Wie aber alles, was von den Göttern kommt, wenn es gebunden wird an irdisch-feste Form, sich der Zeit verhaftet, während es doch im Zeitlosen ruht und ohne Bewegung, schwebend, in sich seiend, ohne Geschehen und also ohne Historie, so auch wird das vom Mythos Umschriebene eine Geschichte mit Handlungscharakter und Zeitformen. Aber die mythische Zeit bleibt transparent für das Zeitlose und ist nicht eine wissenschaftliche Zeit. An ihrem Verhältnis zur Zeit unterscheiden sich der mythisch Verstehende und der geschichtlich Denkende, und hier auch entscheidet sich das Verständnis für die Evangelien. Wer misst und rechnet, hat keinen Zugang zu dem, was sich dem physikalischen Raum-Zeit-Begriff entzieht. Denn das mythische Wissen zielt nicht auf ein vorgegebenes, sondern auf jenen Gegenstand, der sich in Frage und Antwort selbst erschafft und bekundet.

Während die rationale Erkenntnis den Menschen braucht, der dem Gegenstand die Bedingung stellt, verkehren im Mythos die Gegenstände unter sich; sie begegnen sich in ihrer eigenen Welt, leben dort eingehüllt und den Fragenden außer Acht lassend stimmen sie miteinander und sind also wahr im Sinne des Unbedingten. So sehr sie einander begehren, so sehr sind Mythos und logische Erkenntnis einander feind. Aber der Mythos wohnt näher bei den Göttern.

Alle Gestalten und Geschichten entsprechen bestimmten Vorstellungen mythischen Denkens und lösen beim rechten Hörer die gemeinte Vorstellung untrüglich aus. Wir nennen diese Gestalten und Geschichten »Muster« und dürfen sie dem vergleichen, was in der rationalen Geisteswelt mit »Begriff« bezeichnet wird. Es gibt also in der mythischen Aussage eine Art Nomenklatur, wenn es auch zum Wesen des Mythos gehört, dass er spielt, immer wieder neue Formen findet und die gewohnten wandelt. Mit dieser seiner unvergleichlichen Wandelbarkeit und Spiellust gelingt es ihm, sich neuen Gegebenheiten lebendig anzupassen. Wie beim Begriff kann auch beim Muster die reale Verwirklichung die Grenze des Verkehrten erreichen. Viele Muster stehen nebeneinander und wollen nicht im Blick des Beschauers aufeinander bezogen sein; sie verhaften sich durch Gedankengesellung, aber sie ordnen sich nicht untereinander, so dass der Logiker darin Widersprüche erkennt. [...]

Für die Alten kann das Unsagbare gesagt werden, ohne dass es missverstanden wird. Aber schon wo sich das Misstrauen einschleicht und ein Verhülltes sich erklären soll, da ist die Keuschheit gefährdet, umso mehr, wenn das Geheimnis in dogmatische Form gebracht wird. Es wird in das Licht kritischen Prüfens und Zweifeins gestellt und in ihm erscheint es unwahr. Mythos ist nicht Definition und ist nicht Beweis, Mythos ist evident. Er ist voller Hoheit und Würde, machtvollkommen und gültig für das, was man nur im Glauben und durch Einwirkung auf die irdische Welt begreift, angemessene Sprache. Auch in uns ist er nicht überlebt. Allenfalls überschrien durch den Lärm der Tatsachen-Wissenschaft. Denn der Mythos, eine Art von Symbolsprache, teilt mit dem Zeichen die Schweigsamkeit. Das erkenntnismäßig nicht Erfassbare tendiert auf Vergegenwärtigung im Symbol, dem mythenmächtigen Zeichen, und dem Mythos.

Nun ist nicht erst **unser** Verhältnis zum Mythos gebrochen, auch zur Zeit der Evangelien steht der Mythos bereits im Zwielicht. Denn die Evangelisten leben am Umbruch der Zeiten und im Kreuzfeuer geistiger Kombattanten. Die Botschaft, die von uns aus gesehen am Anfang der Zeiten steht, bedient sich einer Sprache, deren Alter wir, wie gesagt, als 2000- bis 3000-jährig kennen.

Emma Brunner-Traut

Arnulf Rainer, Übermalung, 1985

Arnulf Rainers »Markenzeichen« sind seine Übermalungen. 1961 wurde der Künstler wegen der öffentlichen Übermalung eines prämierten Bildes sogar gerichtlich verurteilt. Was soll mit Rainers Übermalungen zum Ausdruck gebracht werden? Was steht zwischen den Betrachtern eines Kunstwerkes und dem Original? Kann es unmittelbar erfasst werden? Oder befinden sich »Schichten« dazwischen, die den klaren Blick verdunkeln? Nehmen wir tatsächlich, etwa wenn wir einem Menschen ins Antlitz schauen, dessen Wesen wahr? – Fragen, die sich stellen, wenn man sich mit Werk dieses Künstlers auseinandersetzt.

6. Was uns die Evangelien über den historischen Jesus sagen …

Der christliche Glaube redet von Jesus, aber auch die Geschichtsschreibung redet von ihm. Der christliche Glaube ist an Jesus als dem »Christus« der Christen interessiert. Die Geschichtsschreibung an Jesus als geschichtlicher Figur. Aufgrund des neuzeitlichen wissenschaftlichen Denkens und der Entwicklung des historischen Bewusstseins ist der moderne Mensch mehr als der des Mittelalters oder der Antike daran interessiert, die menschliche Person Jesu, wie sie wirklich war, kennen zu lernen. Inwiefern aber ist Jesus von Nazaret der Fragestellung und Forschung des Historikers zugänglich? Kommt der Historiker überhaupt an ihn heran?

Eine Einsicht hat sich – trotz zahlloser romanhafter Jesus-Bücher – durchgesetzt: … Eine Biographie Jesu von Nazaret lässt sich nicht schreiben! Warum? Es fehlen dafür einfach die Voraussetzungen.

Da sind die frühen römischen und jüdischen Quellen, die aber, wie wir sahen, über die Tatsache der historischen Existenz hinaus von Jesus kaum etwas Brauchbares berichten. Und da sind neben den in der Kirche von alters her offiziell akzeptierten Evangelien auch die erheblich später, mit allerlei seltsamen Legenden und fragwürdigen Nachbildungen von Jesus-Worten ausgeschmückten, öffentlich nicht benützten, »apokryphen« (= verborgenen) Evangelien, die abgesehen von ganz wenigen Jesus-Worten ebenfalls nicht historisch Gesichertes über Jesus beibringen.

So bleiben denn jene vier Evangelien, die nach dem »Kanon« (= Richtschnur, Maßstab, Liste) der alten Kirche als ursprüngliches Zeugnis des christlichen Glaubens für den öffentlichen Gebrauch in die Schriftensammlung des »Neuen Testaments« (analog zu den Schriften des »Alten Testaments«) aufgenommen wurden: eine Auswahl, die sich – wie der neutestamentliche Kanon überhaupt – in einer Geschichte von 2000 Jahren aufs Ganze gesehen, durchaus bewährt hat. Doch diese vier »kanonischen« Evangelien liefern nicht den Ablauf des Lebens Jesu in seinen verschiedenen Stadien und Ereignissen. Über die Kindheit wissen wir wenig Gesichertes. Über die Zeit dann bis zum dreißigsten Lebensjahr gar nichts. Und das Wichtigste: In den vielleicht nur wenigen Monaten oder bestenfalls drei Jahren der öffentlichen Tätigkeit lässt sich gerade das nicht feststellen, was Voraussetzung für jede Biographie wäre: eine Entwicklung. […]

Auch für die Nichttheologen ist wichtig und nicht uninteressant zu wissen, wie die Evangelien in einem Prozess von ungefähr 50–60 Jahren entstanden sind. Lukas berichtet in den ersten Sätzen seines Evangeliums davon. Erstaunlich genug: Jesus selber hatte ja kein einziges schriftliches Wort hinterlassen und hatte auch nichts für die treue Weitergabe seiner Worte getan. Die Jünger gaben seine Worte und Taten zunächst mündlich weiter. Wobei sie selber, wie jeder Erzähler, je nach Charakter und Zuhörerkreis verschiedene Akzente setzten, auswählten, interpretierten, verdeutlichten, erweiterten. Von Anfang an dürfte es ein schlichtes Erzählen vom Wirken, Lehren und Schicksal Jesu gegeben haben. Die Evangelisten – wohl alles nicht direkte Jünger Jesu, aber Zeugen der ursprünglichen apostolischen Überlieferung – sammelten alles sehr viel später: die mündlich überlieferten und nun zum Teil bereits schriftlich fixierten Jesus-Geschichten und Jesus-Worte, wie sie nicht etwa in Gemeindearchiven Jerusalems oder Galiläas aufbewahrt worden sind, sondern wie sie im gläubigen Leben der Gemeinden, in Predigt, Katechese, Gottesdienst verwendet wurden. Alle diese Texte hatten einen bestimmten »Sitz im Leben«, hatten bereits eine Geschichte hinter sich, die sie mitgeformt hatte, wurden bereits als Botschaft Jesu weitergegeben. Die Evangelisten – zweifellos nicht nur Sammler und Tradenten, wie man eine Zeit lang meinte, sondern durchaus originelle Theologen mit eigener Konzeption – ordneten die Jesus-Erzählungen und Jesus-Worte nach eigenem Plan und Gutdünken: Sie stellten einen bestimmten Rahmen her, so dass sich eine fortlaufende Erzählung ergab. Die Passionsgeschichte, auffällig übereinstimmend von allen vier Evangelisten überliefert, scheint schon verhältnismäßig früh eine Erzählungseinheit gebildet zu haben. Zugleich richten die Evangelisten, wohl auch selber in der missionarischen und katechetischen Praxis stehend, die überlieferten Texte auf die Bedürfnisse ihrer Gemeinden aus: Sie deuteten sie von Ostern her, erweiterten und passten sie an, wo es ihnen notwendig erschien. So erhielten die verschiedenen Evangelien von dem einen Jesus bei aller Gemeinsamkeit ein sehr verschiedenes theologisches Profil. […]

Aus all dem wird klar: wer die Evangelien als stenografische Protokolle liest, versteht sie falsch. Die Evangelien wollen von Jesus nicht historisch berichten, wollen nicht seine »Entwicklung« beschreiben.

Von Anfang bis Ende wollen sie ihn im Licht seiner Auferweckung als den Messias, Christus, Herrn, Gottessohn verkünden. »Evangelium« meint ja ursprünglich nicht eine Evangeliumsschrift, sondern, wie

Jean-Léon Gérôme, Golgatha. Consummatum est!, um 1868

Was bleibt historisch? Nur ein Schatten des Galiläers?

bereits in den Paulusbriefen deutlich, eine mündlich proklamierte Botschaft: eine gute, erfreuliche Botschaft (euangelion). Und das zuerst von Markus geschriebene »Evangelium Jesu Christi, des Sohnes Gottes«, will dieselbe Glaubensbotschaft nun in schriftlicher Form weitergeben.

Die Evangelien wollen also gar keine uninteressierten objektiven Dokumentarberichte und erst recht keine neutrale wissenschaftliche Geschichtsschreibung sein. Das hat man damals auch gar nicht erwartet, da mit der Schilderung geschichtlicher Ereignisse immer auch ihre Bedeutung und Auswirkung beschrieben wurde: Berichte also, die in irgendeiner Form auch ein Zeugnis darstellten, stark eingefärbt durch die Haltung des Verfassers, die dahinterstand. [...]

Die Evangelien nun sind noch in einem sehr viel tieferen Sinne echte Zeugnisse. Sie sind, wie dies nach dem ersten Weltkrieg die »formgeschichtliche Schule« durch Untersuchung der einzelnen Jesus-Worte und Jesus-Geschichten bis ins kleinste Detail hinein sichtbar gemacht hat, bestimmt und geprägt von den verschiedenartigen Glaubenserfahrungen der Gemeinden. Sie sehen Jesus mit den Augen des Glaubens. Sie sind also *engagierte und engagierende Glaubens-Zeugnisse:* Dokumente nicht von Unbeteiligten, sondern von überzeugten Glaubenden, die zum Glauben an Jesus Christus aufrufen wollen und deshalb eine interpretierende, ja bekennende Form haben. [...]

Wenn die Evangelien primär Quellen des nachösterlichen Christusglaubens der christlichen Gemeinden sind: können dann die Evangelien unter dieser Voraussetzung überhaupt noch Quellen für das sein, was der vorösterliche, geschichtliche Jesus selber gesagt und getan hat?

Heute zeichnet sich eine weitgehende Übereinstimmung der Forschung ab: Die Evangelien sind zwar Glaubenszeugnisse, Urkunden des Glaubens für den Glauben. Aber sie enthalten ebenso zweifellos auch historische Informationen. Jedenfalls kann man von ihnen aus auf den Jesus der Geschichte zurückfragen.

Hans Küng

KOMPETENZEN

Am Ende dieses Kapitels sollten Sie Fortschritte beim Erwerb folgender Fähigkeiten erworben haben:

Wahrnehmungs- und Darstellungsfähigkeit – religiös bedeutsame Phänomene wahrnehmen und beschreiben:	• religiöse Spuren und Dimensionen in der Lebenswelt aufdecken, etwa in Kunstwerken oder auch im Forschen von Historikern und dabei die eigene Fragehaltung schärfen • grundlegende religiöse Ausdrucksformen (Symbole, Mythen, Räume, Zeiten) wahrnehmen und in verschiedenen Kontexten wiedererkennen und einordnen • die Glaubensperspektive von der historischen Betrachtungsweise unterscheiden
Deutungsfähigkeit – religiös bedeutsame Sprache und Zeugnisse verstehen und deuten:	• religiöse Sprachformen analysieren und als Ausdruck existentieller Erfahrungen verstehen (Beispiele: Mythos, Symbole) und von der historischen Fragestellung abgrenzen • religiöse Motive und Elemente in Texten, ästhetisch-künstlerischen und medialen Ausdrucksformen identifizieren und ihre Bedeutung und Funktion erklären (Beispiele: biographische und literarische Texte, Bilder, Musik) • biblische Texte, die für den christlichen Glauben grundlegend sind, methodisch reflektiert auslegen, dabei die tiefenpsychologische Methode von der historisch-kritischen Methode abgrenzen • theologische Texte sachgemäß erschließen • Glaubenszeugnisse in Beziehung zum eigenen Leben und zur gesellschaftlichen Wirklichkeit setzen und ihre Bedeutung aufweisen.
Urteilsfähigkeit – in religiösen und ethischen Fragen begründet urteilen:	• Formen theologischer Argumentation z. B. hinsichtlich der Frage nach dem Ursprung von Kirche vergleichen und bewerten (»gründet auf Jesus« vs. »gegründet durch Jesus«) • im Kontext der Pluralität einen eigenen Standpunkt zu religiösen Fragen einnehmen und argumentativ vertreten.
Dialogfähigkeit – am religiösen Dialog argumentierend teilnehmen:	• bei der Frage nach Mythos und Geschichte jeweils die Perspektive der anderen Position einnehmen und in Bezug zum eigenen Standpunkt setzen • Gemeinsamkeiten von religiösen und weltanschaulichen Überzeugungen sowie Unterschiede benennen und im Blick auf mögliche Dialogpartner kommunizieren • sich aus der Perspektive des christlichen Glaubens mit anderen religiösen und weltanschaulichen Überzeugungen argumentativ auseinandersetzen • Kriterien für eine konstruktive Begegnung, die von Verständigung, Respekt und Anerkennung von Differenz geprägt ist, in dialogischen Situationen berücksichtigen.
Gestaltungsfähigkeit – religiös bedeutsame Ausdrucks- und Gestaltungsformen verwenden:	• typische Sprachformen der Bibel wie etwa den Mythos theologisch reflektiert transformieren • Aspekten des christlichen Glaubens in textbezogenen Formen Ausdruck verleihen • Ausdrucksformen des christlichen Glaubens erproben und ihren Gebrauch reflektieren

II. Das zentrale Anliegen Jesu: Die Gottesherrschaft in Wort und Tat

Das Tätigkeitswort, das Jesus am häufigsten verwendet, heißt »tun« und das bei ihm am häufigsten vorkommende Hauptwort heißt »Reich Gottes«. Das »Reich Gottes« ist keine jenseitige Größe, in die der Mensch durch Beachtung von Geboten und Verboten nach seinem Leben hineingelangen kann, vielmehr ist es hier und jetzt bedeutsam und beginnt hier und heute. Das »Reich Gottes« steckt den Rahmen seiner Ethik ab, die uns bei Matthäus in der Bergpredigt vorliegt (vgl. Band »Wegweisungen«). Hier geht es Jesus um den Inbegriff von Friede, Glück, Versöhnung, gelingendem Leben: humane Verhältnisse, die den Unterschied von »Himmel« und »Erde« aufheben würden.
Das »Reich Gottes« wird in diesem Kapitel von drei Seiten aus in den Blick genommen: von den Taten Jesu, von seiner Predigt, von seinem Beten her.

A. Zu den Wundern Jesu wird über die Erfahrung eines blinden Jungen hingeführt, die in einer Geschichte von Jaap ter Haar (1) zum Ausdruck kommt. Sodann wird die Heilung eines Blinden bei Betsaida nach Mk 8,22–26 (2) aus historisch-kritischer Perspektive (3) und in einer tiefenpsychologischen Deutung (4) vorgelegt. Hilfen zum Verständnis der Wunder (5) beenden das Kapitel, das grundlegende »Methoden der Bibelauslegung«, die historisch-kritische Auslegung sowie ergänzende Methoden zum Verständnis der Bibel thematisiert.

B. »Von den Gleichnissen« spricht Franz Kafka (1) im Abschnitt »Wie Sie einsteigen können« zum Verständnis metaphorischen Redens. Das Prinzip allegorischer Schriftauslegung wird beim Gleichnis vom Sämann (Mk 4,1–34) (2) deutlich, das inhaltlich in einem Textauszug von Eugen Drewermann tiefenpsychologisch gedeutet wird. Die Geschichte vom Pharisäer und Zöllner (Lk 18,9–14a) (3) steht exemplarisch für eine Parabel, Edward Schillebeeckx legt seine aktualisierende Interpretation dar. Die Exegese der Parabel vom gütigen Vater (Lk 15,11–32) (4) zeigt, wie eine linguistische Auslegung aussehen kann, hier die von Hans Weder. Bei der Beispielerzählung vom barmherzigen Samariter (Lk 10,30–37) (5) soll erkennbar werden, wie ein Schrifttext durch Verfremdung besser verstanden werden kann. Der zusammenfassende Überblick legt nochmals den Akzent auf Inhalt und Form der Gleichnisse Jesu (6).

C. Bevor im Einzelnen vom Vaterunser geredet werden kann, ist von den Schwierigkeiten und Möglichkeiten des Betens zu sprechen. So stehen am Anfang dieses Abschnittes Überlegungen von Horst Klaus Berg (1) zu »Dimensionen des Gebets«. Es folgt das Vaterunser im synoptischen Vergleich (2). Ein Exkurs zur Fragestellung »Vaterunser oder Mutterunser?« (3) macht mit der Methode feministischer Auslegung vertraut. Soll Jesus aus seiner Zeit und Welt heraus verstanden werden, ist es hilfreich, nach zeitgenössischen jüdischen Parallelen zum Vaterunser zu suchen. Eine Vaterunser-Fassung aus jüdischen Quellen – zusammengestellt von Pinchas Lapide – (4) führt hier weiter. Der Abschluss des Kapitels (5) versucht, im Vaterunser die Summe der Reich-Gottes-Botschaft Jesu aufzuzeigen.

Die Fülle der in diesem Kapitel aufgeführten Materialien erlaubt es in besonderer Weise, exemplarisch vorzugehen und eigene Akzente zu setzen.

»Allezeit treu bereit für des Reiches Herrlichkeit« – ein Denkmalspruch aus dem Deutschen Kaiserreich von 1870 (Bad Rothenfelde).
Sind die religiösen Assoziationen beabsichtigt?

1870
ALLEZEIT TREU BEREIT
FÜR DES
REICHES HERRLICHKEIT

A. Die Wunder Jesu als Hilfe oder Hindernis für den Glauben?

1. »O Gott, ich bin blind geworden!« – Ein Kind und sein Schicksal

Es gibt Dinge, die Kinder manchmal ganz plötzlich mit großer Bestimmtheit wissen; Gedanken, die aus dem Nichts auftauchen und deren Richtigkeit mit absoluter Gewissheit gefühlt wird. Wenn sie auch keinen einzigen Beweis liefern können, so erkennen sie doch die Wahrheit – mit einer Art Hellsichtigkeit, die den meisten Erwachsenen verloren gegangen ist.

Solch ein Moment der Sicherheit, solch ein Augenblick der Wahrheit, war für Berend Ligthart gekommen. Er erinnerte sich auf einmal, dass er in seinen Schmerzen und Traumbildern etwas gerufen hatte. Er hörte wieder seine ängstliche Stimme: »Meine Augen! Wo sind meine Augen!«

Und plötzlich begriff er mit unerbittlicher Klarheit, dass er die blonde Schwester Wil nie wirklich sehen würde. Dass er auch seine Eltern, Annemiek, die Schule und seine Freunde nie mehr sehen würde. Nie mehr würde er sich an einem Fußballspiel, am Fernsehen oder an einem Strauch in sanftgrüner Frühlingspracht erfreuen können. Die Sonne würde für ihn nie mehr aufgehen. Darüber gab es keinen Zweifel mehr, nur noch Sicherheit.

»O Gott, ich bin blind geworden«, flüsterte Beer entsetzt und er wusste nicht, wie er damit fertig werden sollte. Es dauerte eine geraume Zeit, ehe die Schwester zurückkam. So hatte Beer Gelegenheit in Ruhe zu verarbeiten, was er sich eben klargemacht hatte. Einfach war das nicht. In der dunklen Welt unter dem Verband flatterten alle möglichen Gedanken und Bilder wie ein Schwarm unruhiger Zugvögel durcheinander.

Blind! Er erinnerte sich des Mannes mit der dunklen Brille und dem Stock, der sich in einer engen Ladenstraße so hilflos vorwärts getastet hatte. Genauso würde er von nun an seinen Weg suchen müssen, zu Hause, in der Schule und wo auch immer. Für den Rest seines Lebens würde er von anderen abhängig sein. Beer ballte zornig die Fäuste, besann sich jedoch: War nicht jeder von anderen Menschen abhängig?

Blind! Plötzlich packte ihn Angst. Würden sie ihn in eine Blindenanstalt schicken? Nein, das konnte nicht sein. Beer dachte an Vater und Mutter und an ihre Streitereien, bei denen er manchmal zwischen ihnen gestanden hatte. War es nicht denkbar, dass sie für immer auseinander gingen, wenn er nicht mehr bei ihnen war? Dieser Gedanke war unerträglich. Und dann wurde ihm bewusst, wie schrecklich es für seine Eltern sein musste, dass er blind geworden war. Wussten sie es schon?

Blind! Verdammt, nein, er wollte nicht weinen. Er würde damit fertig werden. Er erinnerte sich eines Satzes, den er vor längerer Zeit einmal zu seiner Mutter gesagt hatte: »Wenn man das traurigste Kind der Welt ist, braucht man mit niemandem Mitleid zu haben!« Er war damals tief betroffen gewesen vom Anblick im Krieg verstümmelter Kinder. Oder von kleinen Knirpsen, die an Lepra litten. Vielleicht auch hatte er den Satz ausgesprochen, nachdem er die apathischen Opfer einer Hungersnot im Fernsehen gesehen hatte.

Blind! Das war schlimm, aber es gab noch schlimmere Dinge auf der Welt. Er hatte noch immer eine Zukunft. Er würde die Blindenschrift lernen müssen. Er würde sein Leben auf eine vollkommen neue Art leben müssen. Während er alles überdachte, wunderte sich Beer, dass er über seine Blindheit mit ziemlicher Ruhe nachzudenken vermochte. Schritte auf dem Korridor. Das leise Öffnen der Tür. Die Stimme von Schwester Wil: »Da bin ich wieder, Berend!«

Irgendetwas wurde auf das Tischchen – oder war es ein Schränkchen – neben seinem Bett gestellt.

»Schwester?«

»Ja?«

»Ich bin doch blind, nicht? Für immer!«

Einen Augenblick lang blieb es still. Beer hörte, wie die Schwester Luft holte. Er hoffte inständig, sie würde ihm eine ehrliche Antwort geben. Die Wahrheit war besser zu ertragen als Ungewissheit und falsche Hoffnung.

Glücklicherweise war Schwester Wil klug genug, um zu wissen, dass die meisten Kinder sehr tapfer sind und allerhand Umstände auf sich nehmen, solange sie nicht von Erwachsenen verwirrt werden.

»Ja«, sagte sie und Beer fühlte wieder ihre kühle Hand auf seinem Arm. »Deine beiden Augen sind so

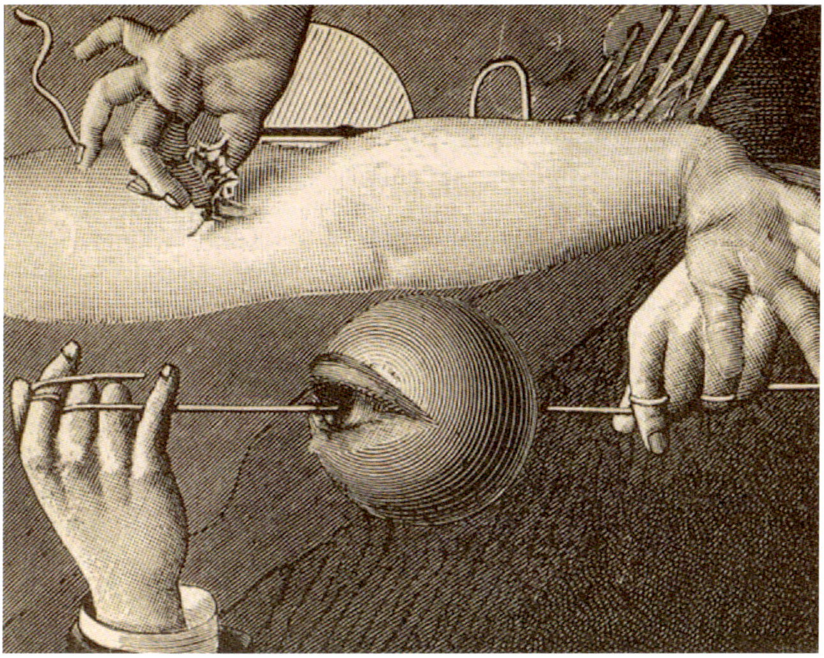

Max Ernst, Zerstörtes Auge, 1922

schwer verletzt, dass du wahrscheinlich nie mehr wirst sehen können.« »Ich danke Ihnen«, sagte Beer. Er war wirklich dankbar, dass sie keine Ausflucht versucht und ihn nicht mit einer halben Antwort im Ungewissen gelassen hatte. War es nicht merkwürdig, dass Schwester Wil in seinen Augen ein phantastischer Kerl war, obwohl er sie noch nie gesehen hatte?
»Ich hab' hier dein Frühstück. Ein Ei, Butterbrot und einen Zwieback mit Marmelade. Wollen wir mal versuchen, ob wir zusammen etwas runterkriegen?«
»Ja«, antwortete Beer. Es war gut zu wissen, dass das Leben – wenn man auch blind war – normal weiterging. Bald würden Vater und Mutter kommen. Er würde ihnen gleich die Wahrheit sagen. Ganz einfach, so, wie Schwester Wil es getan hatte. Vielleicht würde es sie dann nicht so schockieren.
Als die Tür aufging, war es wie das Geräusch eines leichten Windstoßes, an das sich Beer schon ein bisschen gewöhnt hatte. Die Stimme von Schwester Wil, noch immer hell und freundlich, noch immer ganz natürlich: »Berend, hier sind deine Eltern.« Jetzt war es an Beer tief Luft zu holen. [...]
»Wollt ihr mir jetzt erzählen, was mit mir passiert ist?«, fragte Beer. In seiner Erinnerung gab es noch viele weiße Flecke.
Jetzt war es Mutter, die ihm gegenüber mit gewohnter, ruhiger Stimme antwortete. Und so erfuhr Beer, dass er nach der Schule ohne nach links und rechts zu sehen vom Bürgersteig auf die Straße gerannt war, um einen Ball zu kriegen; er war gestolpert und in die spitzen Zinken einer Mistgabel gefallen, mit der ein Gärtner auf einem Mofa vorbeifuhr; der Gärtner hatte nicht mehr ausweichen können.
»Der Gärtner konnte nichts dafür«, setzte Vater hinzu. »Er war schon zweimal bei uns, um zu fragen, wie es dir geht. Ein sehr netter Mann.«
Die Bewusstlosigkeit nach dem Unfall. Der Transport ins Krankenhaus. Auf der Trage in die Klinik. Das endlose, quälende Warten der Eltern auf die Auskunft des Arztes. »Dann kamst du ziemlich bald zu Bewusstsein.« »Ja, das weiß ich noch.«
Beer erinnerte sich dunkel eines kurzen Augenblicks, der von der Angst erfüllt war sterben zu müssen. Gleich darauf war er wieder bewusstlos geworden. Mutter erzählte kurz von der Operation und den Fieberanfällen, die der Operation folgten. In ein paar Minuten war der entfallene Zeitraum von zwei Tagen und drei Nächten durch Worte überbrückt.
Glücklicherweise kam dann Schwester Wil und sagte, der Besuch hätte nun lange genug gedauert. Beer fühlte sich todmüde und das Dröhnen und der Schmerz in seinem Kopf waren beinahe nicht mehr auszuhalten. [...]

Jaap ter Haar

1.	Skizzieren Sie, welche Erfahrungen der zehnjährige Beer mit seiner Blindheit macht
2.	Erläutern Sie, wie er mit seinem Schicksal fertig zu werden versucht.
3.	Blindheit – nur ein medizinisches Problem? Nehmen Sie Stellung.

2. Die Heilung eines Blinden bei Betsaida (Mk 8,22–26)

1. Untersuchen Sie den Schrifttext in Hinblick auf Auffälligkeiten.
2. Analysieren Sie den Text, indem Sie herausarbeiten, welche der auf der folgenden »Motivtafel der Wundergeschichten« angegebenen Elemente hier wiederzufinden sind.

22 Und sie kamen nach Betsaida. Und sie brachten zu ihm einen Blinden
und baten ihn, dass er ihn anrühre.
23 Und er nahm den Blinden bei der Hand und führte ihn hinaus vor das
Dorf, tat Speichel auf seine Augen, legte seine Hände auf ihn und fragte
ihn: Siehst du etwas? 24 Und er sah auf und sprach: Ich sehe die Menschen,
als sähe ich Bäume umhergehen. 25 Danach legte er abermals die Hände
auf seine Augen. Da sah er deutlich und wurde wieder zurechtgebracht,
so dass er alles scharf sehen konnte. 26 Und er schickte ihn heim und
sprach: Geh nicht hinein in das Dorf!

Mk 8,22–26

3. Ein Zugang aus historisch-kritischer Perspektive

Einleitung Situationsschilderung (Ausgangslage)	Auftreten der beteiligten Personen	1. des Wundertäters 2. der Menge 3. von Hilfsbedürftigen 4. von Stellvertretern 5. von Gesandtschaften 6. von Gegnern 7. Motivation des Auftretens von Gegenspielern
Exposition Spannung Vorbereitung des Wunders (Notlage)	Annäherung an den Wundertäter Verhalten der Zwischen- und Gegenspieler Verhalten des Wundertäters	8. Charakterisierung der Not 9. Erschwernis 10. Niederfallen 11. Hilferuf 12. Bitten und Vertrauensäußerung 13. Missverständnis 14. Skepsis und Spott 15. Kritik 16. Gegenwehr des Dämons 17. Pneumatische Erregung 18. Zuspruch 19. Argumentation 20. Sich-Entziehen
Zentraler Teil Lösung Wunder (Eingriff des Wundertäters)	Wunder-handlung	21. Szenische Vorbereitung 22. Berührung (Heilsgeste) 23. Heilende 24. Wunderwirkendes Wort (Heilwort) 25. Ausfahrbefehl an Dämonen 26. Gebet 27. Feststellung des Wunders
Schluss (Auswirkung/ Reaktion auf das Wunder)	Gegenspieler Wundertäter Zwischenspieler	28. Demonstration 29. Entlassung 30. Geheimhaltungsgebot (Schweigegebot) 31. Staunen 32. Beifall (Chorschluss) 33. Ablehnende Reaktion 34. Ausbreitung des Rufes

Anton Steiner/Volker Weymann

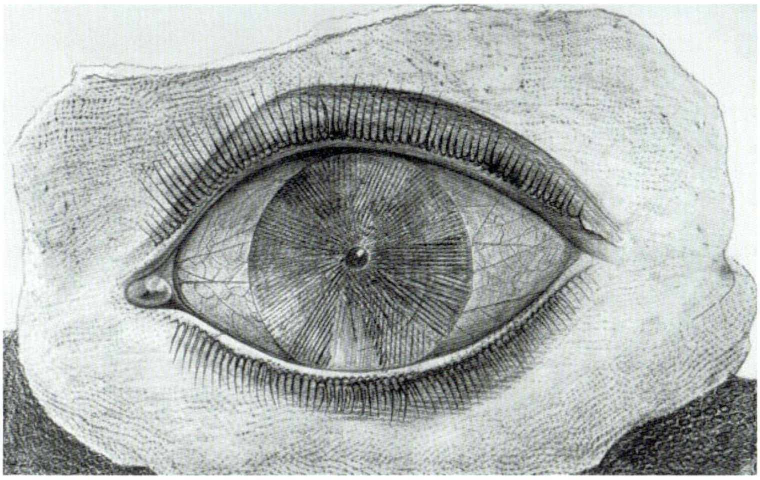

Max Ernst, Das Lichtrad, 1925/26

3. Erklären Sie, welchen Sinn es haben könnte nach allgemeinen Zügen von Wundergeschichten zu suchen.

4. Erläutern Sie Ihre eigene Deutung der Heilungsgeschichte und vergleichen Sie diese mit der historisch-kritischen Interpretation von Julius Schniewind.

Züge aller Wundergeschichten treffen wir wieder. Das Messiasgeheimnis ist es, das die Isolierung des Kranken, die Verborgenheit des Erfolges verlangt. […] Auffällig ist es […], dass Jesus den Geheilten nachträglich bedroht […]; er verbietet ihm, von dem Erlebten zu berichten. […] Dieser Zug gehört zum »Messiasgeheimnis Jesu«: Jesus ist schon auf Erden der Messias, der Gotteskönig, aber im Geheimen, Verborgenen. – […] Außen vor dem Dorf wird der Kranke geheilt und er soll sofort ins eigene Haus gehen, nicht erst im Dorf das Erlebte erzählen. Heilung durch Anrühren kennen wir seit 5,25 f; die nähere Parallele ist 6,56. Die langsame Heilung, die wir 7,31 ff beobachteten, wird in dieser Schwestergeschichte noch eingehender beschrieben; zur Heilung durch Speichel gibt es hier noch genauere außerbiblische Parallelen als dort, auch kennt man ähnliche Erzählungen von langsam geheilten Blinden. Hier ist offenbar vorausgesetzt, dass der Geheilte früher schon gesehen hat; denn er weiß, wie Bäume aussehen. […]

Wir beobachten also wieder, was uns seit 1,40 ff, zuletzt noch 7,31 ff, begegnete: Jesus tut seine Wunder nicht nach der Art eines Zauberers. Das Wunder fordert Jesu ganze Person, ja (Mt 8,17), es ist schon eine Spiegelung seiner Passion. In unserer Geschichte wird von Jesus kein wunderwirkendes Wort berichtet, kein Wort vom Glauben; nur die zweimalige Handauflegung, das betonte Geheimnis (s.o.). Man möchte es das Handeln eines Arztes nennen, ähnlich wie die Jünger 6,13 (Öl!) geschildert wurden. Was Handauflegung war, wussten die ersten Christen ja aus lebendiger Anschauung (Apg 9,12.17; 28,8; auch Mk 16,18; Apg 3,7; 9,41): sie geschah immer im Namen Christi, in der Kraft und Anrufung des erhöhten Herrn. Sie wird also auch hier nicht als sinnlose Kraft gedacht, sondern es ist die Kraft des »Herrn« (Lk 5,17), die in Jesu Wundern wirkt; s. zu 5,30; 6,56. So stellt sich unsere Geschichte in die lebendige Erfahrung der Urgemeinde, die gleichartige Heilungen im Namen des erhöhten Herrn vollbrachte: in der Reihe dessen, was damals medizinisch üblich war (Speichel, Handauflegung), aber in einem »Namen«, im Namen »Jesu«. – Diese Auffassung der Geschichte wird durch zwei weitere Beobachtungen unterstützt. Unsere Erzählung war das Gegenstück zur Heilung des Tauben 7,31 ff; sie wird unter dem gleichen Gesichtspunkt stehen, der dort V.37 ins Auge gefasst wurde: hier sind die Jes 35 aufgezeigten Zeichen der messianischen Zeit. »Die Blinden sehen« steht dort (wie Mt 11,5) voran; es steht hier ebenso nachdrücklich am Schluss. Die drei Typen von Heilungen, Blinde, Taube, Gelähmte, für die Jes 35 galt, kehren wiederholt in den Evangelien wieder (Mk 10,46 ff; Mt 9,27 f; Joh 9,9 ff; Mt 12,22; Mk 9,17.25; Mt 4,24; 15,30). Wenn endlich eine unserer Erzählung ähnliche Geschichte vom Kaiser Vespasian berichtet wird (der Kaiser heilt in Alexandria einen Blinden durch Speichel), so ist das wieder eine Bestätigung dafür, dass unsere Geschichte das Höchste besagen wollte. Vom Kaiser wurden solche Wunder erzählt, weil er die auf Erden »gegenwärtige« Gottheit sein sollte; er soll das goldene Zeitalter heraufführen, in dem alles gut wird und alle Schäden geheilt werden. Die Christen wissen, dass Jesus der Erfüller aller Welthoffnung ist; er ist aber der äußerste Gegensatz des Kaisers: der geheime Messias, der das Wunder verbirgt.

Julius Schniewind

1. Erklären Sie, inwiefern die historisch-kritischen Überlegungen von Julius Schniewind beim Verständnis der Heilungsgeschichte helfen.

2. Stellen Sie anhand des folgenden Textauszuges von Alfons Weiser dar, was Menschen in biblischen Zeiten unter einem »Wunder« verstanden, und erörtern Sie, inwiefern die Kenntnis der Geschichte hilfreich ist, um heute eine biblische Heilungsgeschichte besser zu verstehen.

Meister der Einsammlung des Manna, Die Heilung des Blinden von Jericho, um 1470

Der Künstler hat die Blindenheilung in seine Zeit transponiert und so seine Interpretation aktualisiert. Der erzählte Ablauf des Geschehens lässt die Akteure gleich mehrfach auftreten. – Überwindung der zeitlichen Differenz: auch heute noch eine gangbare Auslegungsmethode?

Der große Unterschied zwischen dem, was Menschen unserer Zeit als Wunder bezeichnen, zu dem, was man in der Antike Wunder nannte, besteht vor allem darin, dass die zwei Komponenten Erfahrung der Außerordentlichkeit und Erfahrung des Göttlichen in ihrer Bedeutung für das Wunder genau umgekehrt eingeschätzt werden: Bei uns steht die Außerordentlichkeit so beherrschend im Vordergrund, dass die Erfahrung des Göttlichen kaum eine Rolle spielt; in der Antike dagegen galt die Erfahrung der sich als wirkmächtig erweisenden Gottheit, ihr Erscheinen, ihre »Epiphanie« als das, was ein Wunder ausmacht, und die Frage der Außerordentlichkeit spielte dabei die geringere Rolle.

Diese verschiedenen Auffassungen haben ihre Wurzel in einer verschiedenen Betrachtung der Welt: im antiken und mittelalterlichen Weltbild gelten Gott, sowie gute und böse Geister als Mächte, die ständig und unmittelbar in das Weltgeschehen eingreifen – mindestens eingreifen können. Von ihrer Einwirkung, und nicht von berechenbaren Naturgesetzen sind die Ereignisfolgen abhängig.

Diese Betrachtungsweise wurde zu Beginn der Neuzeit durch ein grundlegend anderes Weltbild abgelöst. Es begann mit den Erkenntnissen der Forscher, welche die moderne Physik und damit die neuzeitliche Naturwissenschaft begründeten: Kopernikus, Kepler, Galilei und Newton. Sie wiesen nach, dass die Erde nicht Mittelpunkt der Welt, sondern selbst nur Teil des Sonnensystems ist, und sie erwiesen in je verschiedenen Bereichen der Natur die Gültigkeit des Kausalitätsprinzips, »wonach nichts, was geschieht, ohne einen zureichenden Grund dafür geschieht, dass es gerade so und nicht anders geschehen ist«. Die Ergebnisse der klassischen Physik sind durch die Erkenntnisfortschritte der Mikrophysik, auch durch die Heisenbergsche Quantentheorie nicht etwa überholt, sondern nur präzisiert worden.

Zu einem bedauerlichen Kampf zwischen Kirche und Naturwissenschaft, zwischen christlichem Wunderglauben und naturwissenschaftlichem Weltverständnis konnte es nur kommen, weil man zwei grundverschiedene Ebenen der Erfahrung, des Denkens und Sprechens nicht sorgfältig auseinander hielt. Man beurteilte vom naturwissenschaftlichen Standpunkt aus Texte der Antike, die überhaupt nicht unter naturwissenschaftlichem Gesichtspunkt geschrieben sind, und man erhob aus den antiken Texten Aussagen, die dem naturwissenschaftlichen Weltbild zu widersprechen schienen. Beides geschah zu unrecht. [...]

Wenn die Menschen der Antike die göttliche Wirkmacht in einem Ereignis deutlicher spürten als sonst, sprachen sie von einem Wunder. Das war auch bei den biblischen Schriftstellern nicht anders. [...]

Die Frage, ob »Naturgesetze durchbrochen« werden, stellt die Bibel ebenso wenig wie ihre Umwelt. Sie kann diese Frage gar nicht stellen, weil sie den Begriff neuzeitlicher Naturgesetzlichkeit nicht kennt. Andererseits sieht sie *alles* Geschehen im Zusammenhang mit Gottes Wirksamkeit und fürsorgender Nähe. Freilich gibt es mehr oder weniger deutliche Zeichen für die Wirksamkeit Gottes. Der biblische Wunderglaube besteht nicht schon in der Überzeugung, dass »bei Gott kein Ding unmöglich« sei. Er bekennt vielmehr, dass Gott das Heil der Menschen will, es bewirken kann und zu endgültiger Vollendung führen wird. Dafür sind die Wunder Zeichen.

Zwischen der Bedeutung des Wortes »Wunder« im heutigen Sprachgebrauch und dem, was in der Antike und in der Bibel als Wunder bezeichnet wird, besteht eine große Kluft. [...] Wir haben gesehen, dass diese Kluft vor allem durch die Wandlung des Weltbildes entstanden ist. Diesen geschichtlichen Entwicklungsprozess kann niemand rückgängig machen und man sollte sich auch nicht über ihn hinwegtäuschen. Heißt das aber, dass wir den Wundern der Antike und der Bibel vollkommen verständnislos gegenüberstehen oder sie gar als »erledigt« abtun müssen? Keineswegs! [...]

Drei Brücken führen über die Kluft, die zwischen unserem »modernen« Wunderverständnis und den Wundern, wie sie die Bibel bezeugt, besteht:

1. Die Einsicht, dass wir nicht den Wundern selbst, sondern immer nur Texten begegnen, die von den Wundern sprechen.
2. Die Einsicht, dass die Wundererzählungen der Bibel nicht in erster Linie ein historisches Erzählinteresse haben, sondern vor allem aufgrund des in der Vergangenheit Geschehenen den Blick für Gottes Heilshandeln in Gegenwart und Zukunft öffnen und somit zu persönlichem Engagement führen wollen.
3. Die Einsicht, dass sie nicht an naturwissenschaftlichen Aussagen interessiert sind, sondern bezeugen, dass und wie Gott Heil schafft.

Alfons Weiser

1.	Interpretieren Sie das Bild »Heilung des Blinden von Jericho« aus dem 15. Jahrhundert. Arbeiten Sie das zugrunde liegende mittelalterliche Wunderverständnis heraus.
2.	Vergleichen Sie dieses mittelalterliche Wunderverständnis mit dem modernen von Alfons Weiser aus dem vorliegenden Text und beziehen Sie Stellung.

GRUNDLAGEN

Methoden der Bibelauslegung – Die historisch-kritische Auslegung …

Allgemeine Charakteristik

Die historisch-kritische Auslegung ist die älteste Auslegungsart der biblischen Überlieferung. – In ihren Anfängen geht sie bis in die Zeit der Aufklärung zurück und wurde in ihren Methoden immer stärker differenziert und verfeinert. Sie ist die Basis jeder wissenschaftlichen Interpretation biblischer Texte.

Ihr Ziel ist es, die Entstehung eines Textes als historischen Prozess aufzuhellen und seine Bedeutung zur Zeit seiner Entstehung zu klären (»Historische Sinnbestimmung«).

Methoden

1. Textkritik

Wie lässt sich eine Fassung des (hebräischen bzw. griechischen) Textes feststellen, die dem Ur-Text möglichst nahe kommt?

2. Entstehungsgeschichte des Textes

a. Literarkritik: Sind sprachliche und sachliche Unstimmigkeiten im Text zu erkennen, die auf verschiedene Entwicklungsstufen (Bearbeiter) schließen lassen?
b. Überlieferungskritik: Ist ein **vor-schriftliches** Stadium des Textes wahrscheinlich? Lässt sich eine vor-schriftliche Version (in Umrissen) rekonstruieren?
c. Quellen und Redaktionskritik: Lässt sich eine Entwicklung des Textes **nach seiner Verschriftlichung** erkennen? Wie ist die Komposition des Zusammenhangs zu verstehen, in dem er steht?

3. Formales und inhaltliches Vorgaben-Repertoire des Textes

a. Form- und Gattungskritik: Welche geprägten sprachlichen Formen verwendet der Text?
b. Traditionskritik: Auf welche geprägten inhaltlichen Elemente (Motive, Bilder, Themen …) greift der Text zurück?

4. Bestimmung des historischen Orts

Lässt sich die Entstehung des Textes (einzelne Wachstums-Stufen) einer bestimmten historischen Situation zuordnen?

5. Klärung von Einzelaspekten

a. Begriffe: Welche wichtigen Begriffe sind erkennbar? Wie lassen sie sich philologisch und sachlich erklären?
b. Sachfragen: Welche Sachen (Personen; Handlungen; Orte; Namen …) müssen zum besseren Verständnis des Textes geklärt werden?

6. Historische Sinnbestimmung

a. Bestimmung der grundlegenden inhaltlichen Aussagen
b. Bestimmung der Intention des Textes zur Zeit seiner Entstehung.

Horst Klaus Berg

… und ergänzende Methoden zum Verständnis der Bibel

Grundsätzlich gibt es zahlreiche und völlig verschiedene Methoden das Verständnis eines Textes zu erarbeiten. Vergleichen wir die Bibel mit einem Berggipfel, wo ganz verschiedene Wege zum gleichen Ziel führen können, obwohl sich auf jedem dieser Wege der Berg von einer ganz anderen Seite zeigen kann. Zu beachten ist, dass jeder Weg, jede Methode, einerseits sinnvoll, andererseits auch beschränkt ist. In diesem Sinn ist die Überschrift unseres Abschnittes gemeint. So wurde gerade auch den nachdenklichen Meistern der historisch-kritischen Bibel-Exegese zunehmend deutlich, wo die Grenzen ihrer Forschung liegen. »Wenn ich recht sehe, liegt ein Hauptproblem historisch-kritischer Exegese heute darin, dass sie einen Text in seiner eigenen Ursprungssituation isoliert und ihn so daran hindert zur Gegenwart etwas zu sagen. Man versteht (noch nicht), was die Sache eines Textes bedeutet, wenn man versteht, was sie bedeutet **hat.**«
Neuere Kommentare ziehen daher die Auslegungs- und Wirkungsgeschichte biblischer Texte heran, um von daher Wege zum Verstehen zu erschließen. Sinnvolle Ergänzung, nicht Ersatz der historisch-kritischen Methode stellen u. E. die Literatursoziologie und vor allem die Tiefenpsychologie dar.

Helmut Kurz

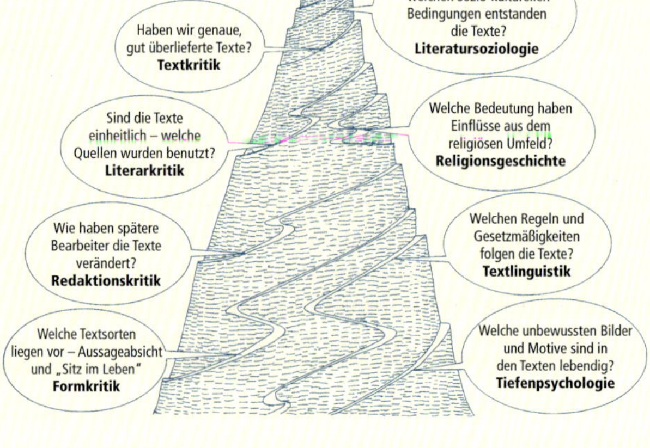

4. Eine tiefenpsychologische Deutung von Mk 8,22–26

Tiefenpsychologische Schrifterklärung oder -auslegung soll gerade *nicht* wieder ein neues Geschäft für Spezialisten sein. Ich möchte vielmehr daran appellieren, dass Märchen, Träume, Sagen, Mythen, auch Geschichten der Bibel, religiöse Überlieferungen zu verstehen eine Fähigkeit ist, die jeder in sich trägt. Und was er dazu tun sollte, sind zwei Dinge, die er im privaten Bereich ständig üben könnte und nach meinem Eindruck oft vielmehr müsste. Zum einem: Er sollte die Bibel so lesen, wie wenn die Texte, die sie enthält, von ihm in der vergangenen Nacht selber geträumt worden wären. Ich will nicht sagen, es ist alles in der Bibel Traum – ganz im Gegenteil. Wohl aber will ich zum Einstieg des Verständnisses sagen: Betrachte einen Bibeltext so, wie wenn er ganz persönlich zu dir spräche und wie wenn er die Vorgänge aus seinem eigenen Leben symbolisch adressiert an *dich* verdichtete und erzählte. Um zum anderen: Wir müssten im Umgang mit uns selbst und miteinander und dann auch im Umgang mit der Bibel dem Raum des Gefühls einen viel größeren Wert zumessen. Die Interpretationsvoraussetzung sollte sein: Achte nicht auf das, was äußerlich erzählt, was an Fakten berichtet wird, sondern was *in* Menschen vor sich geht, von denen die Bibel spricht. […]

In historisch-kritischer Absicht würde man zunächst den Text Mk 8,22–26 als Einheit bestimmen, also sagen, wo er anfängt, wo er aufhört. Dann würde man ihn formal analysieren und feststellen, dass diese Wundergeschichte besonders geformt ist, eine *zentral-betonte* Komposition darstellt, wobei der Handlungsvorgang zum Zwecke der Heilung besondere Wichtigkeit besitzt. Man würde den Text vergleichen mit anderen Erzählungen, die typischerweise ähnlich angeordnet sind; im nächsten Schritt müsste man dann Zweifel anmelden, ob dieser Text überhaupt aus dem Leben Jesu berichtet, *weil* er so stark typisch ist; und man würde sich dann fragen, was die Gemeinde, die ihn überliefert oder selber erzählt, produktiv erfunden hat und was sie damit hat sagen wollen. Sie wollte offensichtlich sagen: Jesus ist ein Wundertäter, größer als im Heidenland von vergleichbaren anderen Wundermännern berichtet wird.

Und Ihre Deutung, die tiefenpsychologische?

… beginnt damit, dass sie feststellt, dass uns diese Erklärungen überhaupt nichts nützen. Denn unser Problem ist *so* nicht gestellt. Wir möchten wissen, was *heute* Blindheit ist und wie wir *davon* geheilt werden und warum denn typischerweise solche Wunder in dieser Weise berichtet werden *müssen*. Es wird als Erstes sicher den Hörern aufgefallen sein, wie merkwürdig Jesus hier vorgeht.

Man würde sich heute bei einem Augenarzt schlecht behandelt fühlen, der einen mit Speichel berührt. Dennoch ist dieses Moment wichtig. In historisch-kritischer Absicht wird darauf verwiesen, dass der Speichel von Wundertätern besondere Heilkraft hat. Aber wieder muss man sich fragen: Warum? Und eben keine dieser Fragen lässt sich mit den Mitteln der historisch-kritischen Methode beantworten.

Tiefenpsychologisch ist vor allem bereits der Anfang von Bedeutung: Dass Jesus den Mann aus dem Dorf hinausführt, abseits von der Menge also. Mir scheint, dass die Krankheit, die hier geheilt wird, seelischer Ursache ist. Und wie das kommen kann, kennt jeder von uns mehr oder minder selbst. Es gibt Dinge in unserem Leben, die wir nicht sehen *möchten*, und es kann dann sein, dass unsere Sehkraft bis ins Physische hinein getrübt wird: Wir bekommen Kopfschmerzen, es werden uns die Augen bleischwer oder schwindelig, wir ziehen uns zurück, verdunkeln die Zimmer – und es kann ein solches Gefühl das ganze Leben dauern. Menschen, die schwer depressiv sind, tragen vielleicht wirklich eine Brille, die tief getönt ist,

Rémy Zaugg, Schau, ich bin blind, schau. 1999

weil einfach die Helligkeit des Lichtes von draußen sie beleidigt und stört. Wie viele Selbstmorde werden gerade im Frühling begangen, weil der Kontrast zwischen der Freundlichkeit der Welt, die uns umgibt, und der eigenen Seelenumdüsterung unerträglich wird. Blindheit – mit einem Wort – ist eine Seelenumhüllung der Perspektivlosigkeit. Wenn wir nicht mehr ein noch aus wissen, dann können wir sagen: Wir sind blind – zunächst seelisch, dann aber oft genug auch körperlich …

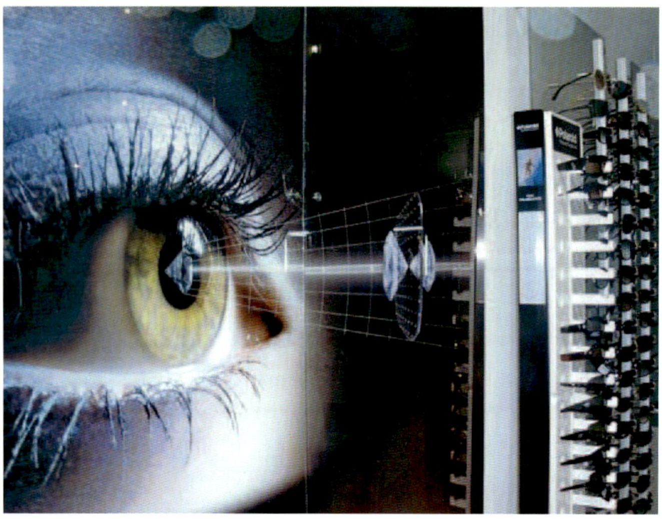

Kampf gegen Blindsein – in einem vordergründigen Sinne

Paul Gauguin, Frauen auf Tahiti / Am Strand, 1892
»Wer sehen will, muss die Augen schließen« (Paul Gauguin) – ein metaphorisches Verständnis von »Sehen«;
Antoine de Saint-Éxupéry hat es so formuliert: »Man sieht nur mit dem Herzen gut, das Wesentliche ist für die Augen unsichtbar.«

Also müsste der Hörer dieses Gleichnisses oder dieser Wundergeschichte zunächst einmal fragen: Wo bin ich *blind, wo habe ich in meinem Leben Blindheit erfahren? – und müsste dabei sozusagen die Augen schließen und sich das Dunkel vorstellen?*

Er müsste selber anknüpfen am Anfang, um die *Krankheit* zu verstehen. Was für Nöte in ihm selber liegen können, die bewirken, dass er nicht mehr ein noch aus weiß, dass er sich vorkommt wie im Tunnel, hineingestellt in eine Welt ohne Licht, ohne Aussicht und fremd gegenüber dem eigenen Leben. Das ist sehr deutlich verschieden von der historisch-kritischen Methode: In der Tiefenpsychologie gewinnt die Krankheit *selber* einen *Sinn;* es ist nicht beliebig, *wovon* geredet wird, sondern die Not damals ist dieselbe, spürbar die gleiche, die auch wir haben. Und dann ist es jetzt entscheidend und sogar zum Verständnis dieser Symptomatik, der Blindheit, *wichtig* zu hören, dass Jesus den Mann abseits nimmt von den anderen. Wir müssten ein Leben voraussetzen, in dem alle ringsum gewusst haben, worauf es ankommt: wie man die Welt betrachten muss, wie man sie richtig sieht. Und lange Jahre in der psychoanalytischen Behandlung können damit zugehen, dass man einen Menschen, abseits von der Menge, bei der Hand nimmt und wegführt, dass die Entfernung von der Fremdbestimmung wächst und er nach und nach in einen Raum tritt, in dem es darauf ankommt *selber* sehen zu dürfen und zu lernen. Die ersten Fragen, mit denen Leute in die Therapie kommen, werden immer sein: Was müssen wir jetzt tun? Wie machen wir es richtig. Ein ganzer Haufen von Anweisungen herrscht in ihren Köpfen, die abgeleitet sind aus den Redensarten von Vater und Mutter, von der Umgebung, von dem Milieu, in dem sie großgeworden sind … Es kostet oft ein Unendliches, Menschen so weit von den anderen zu entfernen, dass überhaupt die Chance besteht zu erreichen, dass sie die eigenen Augen aufschlagen …

Sie müssen wieder träumen lernen?

Zum Beispiel, Sie müssen, statt logisch zu denken, wie *man* muss, langsam eine Sensibilität dafür gewinnen, was in ihnen selber vor sich geht. Sonst wird es keine Einsicht geben. Es müssen Träume erlaubt sein, die im Raster der fremden Bewertung, der

Moral, wie ich eingangs sagte, oft genug verboten sind; aber sie *gehören* zur menschlichen Seele und müssen also akzeptiert werden. Wir müssten uns auch vorstellen, dass es Menschen gibt, die unter den Augen des anderen ständig die eigenen Augen niederschlagen mussten. Ein so großer Philosoph wie Jean-Paul Sartre hat dies ausführlich beschrieben: Wenn ein Mensch den anderen anblickt, mag es zugehen wie im Wolfsrudel. Man nimmt mit den Augen Maß, wer die Macht hat, den anderen in die Knie oder zu Boden zu zwingen. Menschen, die den Blick der anderen immer wieder fürchten müssen, weil sie sich schämen, weil sie sich unansehnlich vorkommen – solche Menschen werden am Ende blind, um niemanden mehr zu sehen, in der Hoffnung, *dann* in ihrer Hilflosigkeit ein gewisses Ansehen zu bekommen.

Helmut Federle, Innerlight (HRI), 1985

Das ist vielleicht ein erster Ansatz, wie man diese Wundergeschichte tiefenpsychologisch deuten kann. Fassen wir es noch einmal in einer Art Leitsatz zusammen – ich weiß nicht, ob ich es richtig mache, ergänzen Sie! Aber ich würde von mir aus sagen: Wichtig ist es in Ihrer Deutung, dass das einzelne Herz sensibilisiert wird…

… und zwar für die konkrete Not, die sich ausdrückt in seelischem und körperlichem Leid. Ich sehe überhaupt nicht, wie man Texte dieses Gewichts und dieser Art verstehen kann, ohne die Psychotherapie und Psychoanalyse mit hinzuzuziehen. Da ist das, was historisch-kritisch gesagt wird, ein hilfloses Gestammel. Nehmen Sie vor allem jenen Vers, in dem Jesus die Augen des Blinden mit Speichel berührt. In den Kommentaren finden Sie wirklich nichts weiter, als dass das ein magisches Rezept sei. Die Wahrheit ist, dass jede Frau im Grunde weiß, wovon die Rede ist. Nur spricht man sie darauf für gewöhnlich nicht an: Ihr Kind kommt von der Straße zu ihr gelaufen, es ist irgendwo hingefallen; und die Mutter wird es vermutlich auf den Arm nehmen und die Stelle mit Speichel bestreichen und sagen: Jetzt ist alles wieder gut. Was das Kind möchte, ist im Grunde zu spüren, dass es in seinem Schmerz nicht allein ist.

Zuwendung… ?

… dass es Geborgenheit gibt, ja. Und das vermittelt die Mutter durch die Wärme körpereigenen Speichels. Dahinter liegen – tiefenpsychologisch betrachtet – sehr tiefe Formen sich zurückzusehnen bis zum Mutterschoß, wo es warm war, dunkel war, ganz geborgen war. Und jetzt kommen wir auf etwas Interessantes: Wir verstehen die Blindheit mit einem Mal als eine tiefe Sehnsucht im Grunde gar nicht auf der Welt zu sein. Und Jesus antwortet auf diese Symptomkrise des Lebens, indem er ihr auf weite Strecken erst einmal Recht gibt. Er schafft einen Ort von Geborgenheit, von Wärme, von Akzeptation, in dem das, was sich in der Symptomatik als Lebensgefühl *berechtigterweise* ausdrückt, realisiert wird. Jesus ist wie eine Mutter zu diesem Mann. Und *nur* in einer Welt, die *so* warm ist, *so* vertraut ist, kann dieser Mann beginnen die Augen aufzuschlagen.

Eugen Drewermann

1. Skizzieren Sie, wie Eugen Drewermann die historisch-kritische Methode der Bibelauslegung bewertet. Hat er mit seiner Beurteilung Recht? Nehmen Sie Stellung.
2. Erläutern Sie Vorteile und Nachteile bei der tiefenpsychologischen Auslegung der Bibel.
3. Tiefenpsychologische Schriftauslegung – ein gangbarer Weg? Nehmen Sie einen begründeten Standpunkt ein. Sammeln sie vor einem Urteil Erfahrungen mit möglichen Spontanmethoden:
   Assoziieren/Amplifizieren: Einfälle, Eindrücke, Gefühle sammeln; Assoziationen zu Stichworten, einzelnen Sätzen, Redensarten; vergleichbare Motive in Märchen, Mythen, Kunst, Liedern, Gedichten.
   Identifizieren: Welche Person ist mir am nächsten? Geschichte an markanten oder »offenen« Stellen ausgestalten bzw. Fortsetzung ausdenken (auch in Form von Brief, Tagebuch, Zeitungsartikel …); Einfühlen durch Körperübungen.
   Interagieren: Rollengespräch/Streitgespräch; szenisches Spiel
   Eigene Bildschöpfungen: Malen; Modellieren (Ton); Körpersprache/Standbilder (Skulpturen).

5. Zum Verständnis der Wunder Jesu

Die Wunder Jesu werden oft *Zeichen* genannt. Sie sind also nicht in sich bedeutsam, sondern sie sollen darauf hinweisen, dass Gott Sieger über Krankheit und Leid, über den Tod und das Böse ist. Jesu Wunder sind ebenso wie seine Worte Verkündigung des anbrechenden Reiches Gottes: »Wenn ich aber durch Gottes Finger die bösen Geister austreibe, so ist ja das Reich Gottes zu euch gekommen« (Lk 11,20).

Jesus hat es stets abgelehnt, durch Wunder seine Macht zu beweisen und damit den Menschen das Glauben abzunehmen. Das Wunder als solches ist zweideutig, man kann es immer auch anders erklären, es kann darum kein Beweis für göttliches Wirken sein. Jesu Gegner haben Jesu Wunder nie geleugnet, sie sprachen davon, dass Jesus »die Teufel durch Beelzebub, ihren Obersten« (Mt 12,24) austreibe. Wo Menschen ein Zeichen forderten, um auf diesen Beweis hin zu glauben, hat Jesus kein Wunder getan. Er sah in dieser Wundersucht eine Herausforderung Gottes, die das Gegenteil von Vertrauen ist. Das zeigt die Geschichte von der Versuchung Jesu (Mt 4,1–11; Lk 4,1–13), in der Jesus es ablehnt durch Wunder sich selbst zu helfen oder seine Macht zur Schau zu stellen. »Du sollst Gott deinen Herrn nicht versuchen« (Mt 4,7) – so lautet die Antwort Jesu auf den Versuch das Wunder herauszufordern. Wer ein Zeichen fordert, bekommt nichts anderes als das »Zeichen des Jona« (Lk 11,29), nämlich die Verkündigung Jesu. (Jesus vergleicht hier seine Verkündigung mit der Bußpredigt des Propheten Jona, vgl. Jona 3.) Nur im Zusammenhang mit Jesu Wort kann man auch seine Wunder verstehen. Die meisten Wunder Jesu sind *Heilungen*. Sie beglaubigen sein vollmächtiges Wort, sie sind ein unbedingtes Ja zum Leben und ein Nein zur Krankheit, zum Tode. […] Das wahre Wunder, von dem Jesus sprach und handelte, war die erwartete Offenbarung Gottes, und alles, was er tat, sollte als »Zeichen« darauf hindeuten. […]

Was ein Wunder ist, brauchte man dem Menschen zur Zeit Jesu nicht zu erklären. Seit dem Entstehen der modernen Wissenschaft aber sind Wunder überhaupt fraglich geworden. Um die Wunder Jesu zu verstehen, müssen wir daher sehen, was die Bibel mit dem Wort Wunder meint: Ein Wunder ist ein unerwartetes, nicht berechenbares Ereignis, in dem der Mensch Gott handeln sieht. Häufig wird die Frage gestellt, ob Wunder eine Durchbrechung der Naturgesetze seien. Diese Frage kann aus der Bibel nicht beantwortet werden, weil sie damals unbekannt war. Die Betrachtung der Welt unter dem Gesichtspunkt von Naturgesetzen ist nur eine Weise die Wirklichkeit zu verstehen, aber nicht die einzige. Ein Gesetz erfasst ja immer nur das Gleichbleibende und Wiederholbare, nicht aber das Einmalige, Besondere. Das merken wir schon im alltäglichen Leben: Was eine menschliche Begegnung für mich bedeutet, das kann mir kein Naturwissenschaftler beweisen, das kann nur ich selber sagen. Ebenso ist es beim Wunder: Es kann unter der wissenschaftlichen Betrachtungsweise durchaus ein natürliches Geschehen sein und dennoch für den Glaubenden eine Bedeutung haben, die ihn für Gottes wunderbare Führung und Hilfe danken lässt. Die Naturwissenschaft […] beschränkt sich bewusst auf innerweltliche Faktoren, sie sieht daher von der Frage nach Gott ab. Dies ist für ihre Forschungen sicher hilfreich, aber damit erfasst man nicht die ganze Wirklichkeit. Diese ist tiefer und größer, als dass sie sich in Gesetze ganz einfangen ließe. Die Frage, ob Wunder möglich sind, ist daher letzten Endes eine Frage nach dem Wirklichkeitsverständnis: Ist die Welt in sich abgeschlossen, oder ist sie offen? Der Glaube an den Gott, der Neues, Unerwartetes schafft, lebt in einem *offenen Wirklichkeitsverständnis*. Der Glaubende erwartet, dass auch er die Erfahrungen mit Gott machen kann, die sich in den Wundergeschichten niedergeschlagen haben.

Evangelischer Erwachsenenkatechismus

KOMPETENZEN

Am Ende dieses Abschnitts sollten Sie Fortschritte beim Erwerb folgender Fähigkeiten erworben haben:

Wahrnehmungs- und Darstellungsfähigkeit – religiös bedeutsame Phänomene wahrnehmen und beschreiben:	• Krankheit, Blindheit, Leid als Situationen erfassen, in denen letzte Fragen nach Grund, Sinn, Ziel und Verantwortung des Lebens aufbrechen • religiöse Spuren und Dimensionen in der Lebenswelt aufdecken, etwa die Sehnsucht nach »Heilung« und Wohlergehen, nach der Hoffnung auf »Wunder« • grundlegende religiöse Ausdrucksformen (Symbole, Riten, Mythen, Räume, Zeiten) wahrnehmen und in verschiedenen Kontexten wiedererkennen und einordnen, etwa bei einer metaphorischen Betrachtungsweise von »Blindheit«, die über das Biologistische hinausgeht, oder der Charakterisierung von Jesus als »Arzt«
Deutungsfähigkeit – religiös bedeutsame Sprache und Zeugnisse verstehen und deuten:	• religiöse Sprachformen analysieren und als Ausdruck existentieller Erfahrungen verstehen (Beispiele: Mythos, Symbole) • religiöse Motive und Elemente in Texten, ästhetisch-künstlerischen und medialen Ausdrucksformen identifizieren und ihre Bedeutung und Funktion erklären (Beispiele: biographische und literarische Texte, Bilder) • biblische Texte, die für den christlichen Glauben grundlegend sind, methodisch reflektiert auslegen, etwa Wundererzählungen • den für die Jesusverkündigung zentralen Begriff »Gottesherrschaft« fachlich korrekt erläutern • theologische Texte sachgemäß erschließen • Glaubenszeugnisse in Beziehung zum eigenen Leben und zur gesellschaftlichen Wirklichkeit setzen und ihre Bedeutung aufweisen, etwa bei der Jesusgestalt als Spender von »Licht« und »Leben«.
Urteilsfähigkeit – in religiösen und ethischen Fragen begründet urteilen:	• Formen theologischer Argumentation – z. B. im Zusammenhang der Auseinandersetzung um Drewermanns tiefenpsychologische Auslegung – vergleichen und bewerten • im Kontext der Pluralität möglicher Auslegungsansätze und -methoden einen eigenen Standpunkt zu religiösen und ethischen Fragen einnehmen und argumentativ vertreten.
Dialogfähigkeit – am religiösen Dialog argumentierend teilnehmen:	• die Perspektive eines anderen – etwa sein Wirklichkeitsverständnis im theologischen Diskurs – einnehmen und in Bezug zum eigenen Standpunkt setzen • Gemeinsamkeiten von religiösen und weltanschaulichen Überzeugungen sowie Unterschiede benennen und im Blick auf mögliche Dialogpartner kommunizieren • sich aus der Perspektive des christlichen Glaubens mit anderen religiösen und weltanschaulichen Überzeugungen argumentativ auseinandersetzen • Kriterien für eine konstruktive Begegnung, die von Verständigung, Respekt und Anerkennung von Differenz geprägt ist, in dialogischen Situationen berücksichtigen.
Gestaltungsfähigkeit – religiös bedeutsame Ausdrucks- und Gestaltungsformen verwenden:	• typische Sprachformen der Bibel wie Wundererzählungen theologisch reflektiert transformieren • Aspekten des christlichen Glaubens , etwa den Aspekt des »Heilens« und »Heilwerdens« in textbezogenen Formen Ausdruck verleihen • Ausdrucksformen des christlichen Glaubens erproben und ihren Gebrauch reflektieren • religiöse Symbole und Rituale der Alltagskultur kriterienbewusst (um-) gestalten • religiös relevante Inhalte und Positionen medial und adressatenbezogen präsentieren.

Plakat einer kirchlichen Hilfsorganisation:
Was hat es mit »Wundern« zu tun?

B. Gleichnisse – oder: Wie Jesus vom Reich Gottes spricht

1. Von den Gleichnissen

Viele beklagten sich, dass die Worte der Weisen immer wieder nur Gleichnisse seien, aber unverwendbar im täglichen Leben, und nur dieses allein haben wir. Wenn der Weise sagt »Gehe hinüber«, so meint er nicht, dass man auf die andere Seite hinübergehen solle, was man immerhin noch leisten könnte, wenn das Ergebnis des Weges wert wäre, sondern er meint irgendein sagenhaftes Drüben, etwas, das wir nicht kennen, das auch von ihm nicht näher zu bezeichnen ist und das uns also hier gar nichts helfen kann. Alle diese Gleichnisse wollen eigentlich nur sagen, dass das Unfassbare unfassbar ist, und das haben wir gewusst. Aber das, womit wir uns jeden Tag abmühen, sind andere Dinge.

Darauf sagte einer: »Warum wehrt ihr euch? Würdet ihr den Gleichnissen folgen, dann wäret ihr selbst Gleichnisse geworden und damit schon der täglichen Mühe frei.«

Ein anderer sagte: »Ich wette, dass auch das ein Gleichnis ist.«

Der erste sagte: »Du hast gewonnen.«

Der zweite sagte: »Aber leider nur im Gleichnis.«

Der erste sagte: »Nein, in Wirklichkeit; im Gleichnis hast du verloren.«

Franz Kafka

Interpretieren Sie den Text von Kafka. Stellen Sie auch Bezüge zur Gleichnisrede Jesu her.

Gleichnishafte, metaphorische Rede begleitet unseren Alltag in unterschiedlichsten Kontexten. Erst wenn man den Charakter metaphorischer Rede durchschaut hat, kann man etwas vom Sinn des Gesagten verstehen.

2. Das Gleichnis vom Sämann (Mk 4,1–34)

a// Ein erster Zugang zum Schrifttext

Oft wird die Interpretation eines Gleichnisses erst durch seinen Zusammenhang möglich. Wie hat der Evangelist, die ihm vorliegenden Quellen in den Dienst seiner Verkündigungsabsicht gestellt? Gibt er Hinweise darauf wie er oder seine Gemeinde das Gleichnis verstehen? Beim Gleichnis vom Sämann (Mk 4,3–9) kann man eine interessante Entdeckung machen. Es gibt bereits wenige Verse hinter diesem Gleichnis eine allegorische Deutung (Mk 4,13–20). Zug um Zug gewinnt das Erzählte einen übertragenen symbolischen Sinn.

1. Erläutern Sie am Beispiel der altchristlichen Deutung von Mk 4,3–9, was unter einer »allegorischen« Auslegung zu verstehen ist.

Johannes Muggenthaler, Der gute Prediger, 1992

Redaktion des Markus (Rahmen)
Wachstumsgleichnis Jesu
Einzelsprüche Jesu
Altchristliche Deutung von Mk 4,3–9

1 Abermals fing er an am See zu lehren. Da sam-
melte sich sehr viel Volk zu ihm, dass er in ein Boot
stieg und im See sich setzte, während all das Volk
am See hin auf dem Land war. 2 Und er lehrte sie viel
in Gleichnissen. In seiner Lehrrede sprach er zu
ihnen:

3 Hört! Der Sämann zog zum Säen aus. 4 Und beim
Säen geschah es: Das eine fiel neben den Weg und
die Vögel kamen und fraßen es weg. 5 Anderes fiel
auf den Felsgrund, wo es nicht viel Erde hatte, und
gleich schoss es heraus, da es keine Tiefe in der
Erde hatte. 6 Doch als die Sonne aufging, ward es
verbrannt, und da es keine Wurzeln hatte, verdorrt.
7 Anderes fiel unter die Disteln und die Disteln stie-
gen und erstickten es und Frucht gab es keine.
8 Anderes fiel auf die gute Erde und es gab Frucht,
es stieg und wuchs und trug dreißigfach, ja sechzig-,
ja hundertfach. 9 Und er sagte: Wer Ohren hat zu
hören, höre!

10 Als er alleine war, fragten ihn, die mit den Zwölfen
um ihn waren, nach den Gleichnissen.

11 Und er sprach zu ihnen: Euch ist das Geheimnis
des Königtums Gottes gegeben, denen draußen aber
legt sich alles in Gleichnissen dar, 12 dass sie sehen
und sehen – und doch nicht schauen, hören und
hören – und doch nicht verstehen, sonst möchten sie
umkehren und würde ihnen vergeben.

13 Dann sagte er zu ihnen: Dieses Gleichnis versteht
ihr nicht? Wie wollt ihr dann überhaupt die Gleich-
nisse begreifen? 14 Der Sämann sät das Wort. 15 Die
am Wege – das sind die, bei denen das Wort gesät
wird, und sobald sie es gehört, sogleich der Satan
kommt und das eingesäte Wort wegnimmt. 16 Die auf
den Felsgrund Gesäten – das sind die, die das Wort,
sobald sie es hören, sogleich mit Freuden ergreifen,
17 aber keine Wurzel in sich haben, sondern Men-
schen des Augenblicks sind. Dann aber, wenn
Drangsal oder Verfolgung um des Wortes willen ent-
steht, straucheln sie sogleich. […]

33 In vielen Gleichnissen sprach er ihnen das Wort,
je, wie sie es hören konnten. 34 Ohne Gleichnis
sprach er zu ihnen nicht. Allein aber mit seinen Jün-
gern, löste er ihnen alles auf.

2. Erörtern Sie, inwiefern die folgende »Variation« von Franz W. Niehl zum besseren Verstehen des Sämannngleichnisses beitragen kann.

I. Und denken Sie nur! Ein Lehrer ging in die Schule, um zu lehren.
Und im Unterricht erging es ihm so:
Einige Schüler waren in Gedanken noch bei einem Fußballspiel; sie achteten nicht auf das, was der Lehrer ihnen sagte, und sie lernten nichts.
Andere taten zwar eifrig mit, weil sie aber kein Interesse am Thema hatten, vergaßen sie schnell wieder, was sie gelernt hatten.
Und wieder andere waren bedrückt, weil ihre Eltern im Streit miteinander lebten. Und sie konnten nicht davon loskommen. Und obwohl sie sich anstrengten, lernten sie nichts.
Andere aber nahmen auf, was der Lehrer ihnen erschloss, und sie eigneten sich an, was wichtig war, und behielten es ihr Leben lang.

II. Und Jesus sprach zu seinen Schülern:
Schaut auf den Sämann: Vergeblich müht er sich ab! Einige Körner gehen auf und tragen kümmerlich. Anderes fällt auf den Weg; die Leute gehen darüber und zertreten es. Andere Körner fallen unter die Dornen; wenn sie keimen, wachsen die Dornen schneller auf und ersticken die Saat. Anderes fällt auf steiniges Land, kaum wächst es in die Höhe, brennt die Sonne darauf, und weil das Korn keine tiefen Wurzeln hat, vertrocknet es.
So geht es auch euch! Da redet ihr von der frohen Botschaft, doch schon der Erste hält sich die Ohren zu, weil er nur das Geldverdienen im Sinn hat, und ihr redet umsonst. Der Zweite, den ihr trefft, baut sich ein Haus. Er hat Arbeit und Schulden und gewiss keine Zeit für euch. Der Dritte packt gerade die Koffer und reist in den Urlaub. Was wollt ihr bei ihm? – Also sage ich euch: Schlagt euch das Evangelium aus dem Kopf! Treibt Handel, macht ein Möbelgeschäft auf oder wenigstens eine Wirtschaft. Dann wird es euch gutgehen und ihr habt kein unnötigen Sorgen.

Franz W. Niehl

3. Vergleichen Sie den Auslegungsversuch Niehls mit dem folgenden von Eugen Drewermann. Beziehen Sie dann Stellung.

b// Ein tiefenpsychologischer Auslegungsversuch zu Mk 4,1–34

Wie jede große Dichtung, sind die Gleichnisse Jesu stets über die Situation ihres Anlasses hinaus in alle Zeit hinein gesprochen und speziell dieses Gleichnis von der vielfachen Saat wendet sich an jede Art von Mutlosigkeit, Verzweiflung, Resignation und Müdigkeit. Die Weltsicht jeder wirklichen Depression sieht so aus, wie Jesus sie hier schildert; bewundernswert aber ist, wie sehr Jesus in diesem Gleichnis das Gefühl der Niedergeschlagenheit selber zu Worte kommen lässt, um es gerade durch die Ausführlichkeit der Schilderung zu überwinden.
Wenn *wir* einander zu trösten versuchen, so meistens in der Weise, dass wir den anderen auffordern sich zusammenzunehmen, den Kopf nicht hängenzulassen und sein Problem »richtig« anzupacken. An seinen Charakter, an seinen Mut, an seine Entschlossenheit appellieren wir, und ob wir es wollen oder nicht, üben wir mit all unseren Ermahnungen und Ratschlägen letztlich nur neuen Druck auf ihn aus, d.h. wir machen falsche Bewegungen am Steilhang. Es ist das Wunderbare, dass Jesus in seinen Gleichnissen ganz im Gegenteil versucht der Not des menschlichen Herzens Ausdruck zu verleihen, indem er sie so einfühlsam darstellt, wie die Betroffenen selber es oft nicht besser auszudrücken vermögen. All dies, was Jesus in seinem Gleichnis vom Sämann und seinem Acker erzählt, passt gerade in die Perspektive eines Menschen, der von dunkler Entmutigung, von Aussichtslosigkeit und von endgültiger Verzweiflung heimgesucht wird. Er hat sich angestrengt und alles Mögliche schon unternommen; er hat versucht, es im Leben so gut zu machen, wie es irgend geht; alles, was er besaß, hat er aufs Spiel gesetzt und ausgeworfen, – und jetzt beginnt die Angst. Es ist in den Worten dieses Gleichnisses, wie wenn der Sämann ständig bebenden Herzens auf der Lauer läge, um seine Saat vor Schaden zu bewahren. […]
So kann man die Welt sehen, weiß Gott, mit dem ständigen Blick auf all das, was verloren ist, was zertreten wird, was erstickt wird. Es ist zum Verzweifeln, wenn man die Welt so sieht, doch scheint es fast, als wenn Jesus dieser Weltsicht mit geradezu quälender Geduld zunächst völlig recht geben wollte, so breit und so ausführlich schildert er sie, ganz als wollte er einem jeden seiner Hörer das Gefühl geben, dass er zunächst einmal ein Recht hat so zu empfinden; denn es gibt hundert Gründe seiner Lebenserfahrung, die ihn das Leben so zu sehen gelehrt haben, und all diese Gründe verdienen ernst genommen zu werden; eben deshalb

Vincent van Gogh, Sämann, 1888

muss seine Traurigkeit Worte finden, und seine Resignation muss auf Verständnis hoffen können, wenn man ihm wirklich helfen will.

Dennoch ist der unglaublich lange Atem Jesu in diesem Gleichnis vom Sämann ganz und gar getragen von dem Atemwind der Hoffnung Gottes. Denn dies ist es eigentlich, was Jesus sagen will: »Ihr könnt die ganze Welt immer wieder so betrachten; ihr könnt ständig darauf achten, wie viel es kostet, sie im Dasein zu erhalten, wie viel verlorene Mühe, wie viel an Scheitern, wie viel an Tragischem es in ihr gibt – ihr werdet schließlich, wenn ihr nur tief genug in den Abgrund schaut, noch einmal die Hand sehen, die alles trägt und alles schuf; *unterhalb* des dunklen Abgrunds werdet ihr noch einmal den Händen eures Vaters begegnen.

Wie Jesus zu dieser Zuversicht kommt? Im Grunde bricht die Evidenz der menschlichen Erfahrung an dieser Stelle ab. Wohl ist es wahr: kein Bauer in Galiläa (oder sonstwo auf der Welt) wird säen ohne die einigermaßen sichere Gewissheit, dass es sich rentieren wird. Aber was beweist diese Tatsache? Im menschlichen Leben *gibt* es das Scheitern, im menschlichen Leben *gibt* es die Tragik. Jesus leugnet das gewiss nicht. Und doch sieht er all die Vergeblichkeit des menschlichen Bemühens umgriffen von der unbedingten Zusage Gottes. Irgendwann muss man sich getrauen über den Abgrund zu springen. Selbst wenn unser eigenes Leben uns noch so winzig vorkommt, selbst wenn wir schon glauben, aus uns würde gewiss niemals mehr etwas werden, hält Jesus doch dagegen, es sei vielleicht das Wichtigste im Leben unverbrüchlich zu denken, dass Gott uns gar nicht erst geschaffen und dem »Acker« der »Erde« anvertraut hätte, wenn er nicht etwas Bestimmtes mit uns planen würde. Selbst wenn wir uns so fühlen, als könne es kaum irgendeinen Sinn haben, dass wir auf der Welt sind, und selbst wenn wir über viele Jahre hin so gut wie keinen Grund zu irgendeiner Zukunft sehen, so sollten wir Gott doch zutrauen, dass wir nicht ohne Absicht, ohne Plan und ohne eine unveräußerliche Würde dem Leben anvertraut worden sind. Den Händen Gottes, dem Sämann der Ewigkeit, dürfen wir zutrauen, dass er wusste, was er tat, als er uns dem Strom der Zeit auslieferte; bei ihm *hat* unser Leben Lohn, Ertrag, Berechtigung und Wert, oft hundertmal mehr, als wir ahnen. Jesus wollte, dass seine Botschaft vom Reich des Himmels uns so denken ließe: Saatgut der Unsterblichkeit sind wir, Aussaat des Himmels, dazu bestimmt, mit allem Reichtum dieser Welt zurückzukehren zu den Sternen.

An dieser Stelle hat die frühe Gemeinde, in *ihren* Zeiten der Mutlosigkeit und der Verfolgung, sich dieses Evangelium auf ihre Weise zu eigen gemacht. Sie hat sich gefragt, was wir denn selbst als »Gläubige« inmitten der Gemeinschaft Jesu für Menschen sind. Ist nicht unsere Seele selber wie ein solcher »Acker«, vielfältig gegenüber dem Schicksal der Saat? Und ist das Los der Kirche selbst, dieses Ackers Gottes in der menschlichen Geschichte, oft nicht eher entmutigend und beklagenswert infolge der *seelischen* Unfruchtbarkeit ihrer Mitglieder?

Eugen Drewermann

1. Geben Sie die tiefenpsychologische Deutung Drewermanns mit eigenen Worten wieder und erörtern Sie, ob Sie ihr folgen wollen.
2. Erläutern Sie Konsequenzen, die nach Drewermann aus dem Gleichnis vom Sämann zu ziehen sind. Nehmen Sie einen begründeten Standpunkt ein.
3. Setzen Sie sich mit dem Programm Jesu auseinander. Beziehen Sie die Ausführungen von Jürgen Moltmann mit in Ihre Überlegungen ein.

»Reich Gottes« – Zum Inhalt der Lehre Jesu

Wer sich auf Jesus einlässt, lässt sich auf das Reich Gottes ein. Das ist unausweichlich so, denn die *Sache Jesu,* das war und ist das »Reich Gottes«. Wer Gott sucht und nach dem Reich fragt, […] soll auf Jesus sehen und sich in die Geschichten vertiefen, die in seiner Gegenwart geschehen sind und in seinem Geist noch heute geschehen. Das legt sich nahe und ist wie mit Händen zu greifen, denn: Wer ist Jesus? Er ist nichts anderes als das *Reich Gottes in Person.* […]

Wieviel Unheil beginnt schon bei der Übersetzung, wenn Begriffe gewählt werden, die an etwas anderes denken lassen, als der Text im Sinn hat. »Basileia tou Theou« steht da im Griechischen. Wie sollen wir übersetzen? Sagen wir »Reich Gottes«, dann denken manche an das »Römische Reich«, an das »Deutsche Reich«, in jedem Fall an ein »Heiliges Reich«. »Das Reich« ist gewiss ein Raum, der durch ein gemeinsames Gesetz und eine gemeinsame Regierung geprägt ist und von Bürgern und Bürgerinnen als den »Reichsgenossen« bewohnt wird. Meint man einen begrenzten Raum, dann redet man vom »Reich des Guten« und vom »Reich des Bösen« und von den »zwei Reichen«, dem »geistlichen Reich« und dem »weltlichen«. Wird das Reich aber mit »Gott« verbunden, dann kann es nicht zwei oder mehrere Reiche geben, denn Gott ist einer und außer ihm ist keiner.

Anstelle von »Reich Gottes« hat sich seit etwa 100 Jahren die Übersetzung »Herrschaft Gottes« durchgesetzt. Das klingt dynamischer: Gott ist der Herr, weil er herrscht, und alles, was er beherrscht, ist sein Reich. So weit, aber nicht so gut, denn wir haben persönlich, beruflich und politisch so viele Formen von »Machtergreifung« erlitten, dass wir in der Sehnsucht nach einer »Gottesherrschaft« vorsichtig geworden sind. Man möchte doch erst wissen, auf welche Weise denn Gott herrscht im Vergleich zu allen diesen anderen Herrschaften […].

Dass Gott nur »der Herr« sein soll, mag *Männern* vielleicht gefallen, sensibel gewordene Frauen empfinden dieses Attribut als Zumutung und ihre Sehnsucht nach weiterer Be-Herr-schung ist verständlicherweise minimal. Auch immer mehr Männer lehnen es ab »Herren« zu sein. Sie wollen als Brüder und Freunde akzeptiert werden. […]

Schlagen wir das Neue Testament auf, dann finden wir dort keine Definition des »Reiches Gottes«. Jesus hat den »Begriff« des Reiches nirgends ausdrücklich erklärt. […] Jesus hat überhaupt keinen alten oder neuen »Begriff« des Reiches Gottes geliefert, er hat das Reich Gottes selbst gebracht. Das ist ein großer Unterschied: Eines ist es, die richtigen Begriffe vom Leben zu definieren, ein anderes, richtig zu leben. Eines ist es, einen Begriff vom Glück zu lernen, ein anderes, glücklich zu sein. Und so ist es eine Sache, das Reich Gottes »auf den Begriff zu bringen«, und eine andere Sache, das Reich Gottes zu erfahren, es zu fühlen, es zu sehen und zu schmecken. Nicht der Begriff darf die Erfahrung bestimmen, sondern die Erfahrung muss den Begriff bestimmen.

Jürgen Moltmann

GRUNDLAGEN

Tiefenpsychologische Auslegung

Allgemeine Charakteristik

Auch die tiefenpsychologische Auslegung setzt sich das Ziel, einen lebensbezogenen Dialog zwischen Überlieferung und heutigem Leser anzubahnen. Sie stützt sich dabei auf die Tiefenpsychologie, vor allem auf die Grundsätze und Methoden von Carl Gustav Jung. Das Konzept geht davon aus, dass die Menschheit in ihrer Frühgeschichte gute, heilvolle Erfahrungen mit ganzheitlichem, integriertem Leben machte. Diese Erfahrungen haben sich im »Kollektiven Unbewussten« versammelt. Sie formieren sich in »Archetypen«, symbolischen Bildern, Mythen und auch biblischen Texten. Diese Erfahrungen können mit Hilfe geeigneter Methoden erschlossen werden und orientierend und heilend zu einem gelingenden Leben beitragen. Die Methoden basieren letztlich auf der folgenden hermeneutischen Differenzierung: Texte geben nicht nur äußere Ereignisse wieder, die auf der »Objektstufe« der Interpretation zu erfassen sind, sondern spiegeln auch Vorgänge innerhalb der Psyche; sie sind auf der »Subjektstufe« zu beschreiben.

Methoden

1. Informelle Methoden

Eine tiefenpsychologisch orientierte Textinterpretation kann auf alle Methoden zurückgreifen, die Texte erfahrungsbezogen und ganzheitlich erschließen, z. B. freie Assoziationen – kreative Nachgestaltungen – Zugang im Spiel.

2. Ein Vorschlag zur wissenschaftlich reflektieren Interpretation (in Anlehnung an Drewermann)

a. Amplifikation (»Anreicherung«): Welche archetypischen Bilder enthält der Text? Auf welche Mythen nimmt er Bezug? Welche kreativen Gestaltungen hat der Text in seiner Gebrauchsgeschichte erfahren?

b. Symbolische Deutung: Wie lassen sich die im Text geschilderten Ereignisse (Objektstufe) unter intrapsychischer Perspektive verstehen?

c. Erkennen der grundlegenden Konstellation und des Konflikts: Welche psychische Konstellation eröffnet der Text (meist aus dem Anfang erkennbar).

d. Wahl der zentralen Figur(en): Welche Person ist die »ICH-Figur«?
Gerade der intrapsychische Interpretationsansatz erfordert es, eine Person aus dem Text als »ICH-Figur« zu wählen; die anderen Personen und Vollzüge sind dann als verschiedene Aspekte dieser einen Person zu deuten.

e. Beobachtung der inneren Entwicklung: Wie lassen sich die Ereignisse als intrapsychische Entwicklungen interpretieren?

f. Die »Verdichtungs- und Zeitrafferregel«: Die Texte drängen oft komplexe und andauernde psychische Entwicklungen in einer Erzählung auf wenige Augenblicke zusammen (z. B. werden Heilungsprozesse in der Regel als spontan ablaufende Geschehnisse dargestellt). Dies muss durch die tiefenpsychologische Auslegung erkannt und »dechiffriert« werden. Darum ist zu fragen: Wie lassen sich die Geschehnisse als Prozesse (in einem Menschenleben, in der Geschichte …) verstehen?

g. Beziehung auf das eigene Leben: Welche Impulse zur Erkenntnis oder Veränderung der eigenen Lebensverhältnisse gehen vom Text aus?

Horst Klaus Berg

3. Die Parabel vom Pharisäer und Zöllner (Lk 18,9–14a)

a// Erste Annäherungen

[9] Er sagte aber zu einigen, die sich anmaßten fromm zu sein, und verachteten die andern, dies Gleichnis: [10] Es gingen zwei Menschen hinauf in den Tempel, um zu beten, der eine ein Pharisäer, der andere ein Zöllner. [11a] Der Pharisäer stand für sich und betete so: Ich danke dir, Gott, dass ich nicht bin wie die andern Leute, Räuber, Betrüger, Ehebrecher oder auch wie dieser Zöllner. [12] Ich faste zweimal in der Woche und gebe den Zehnten von allem, was ich einnehme. [13] Der Zöllner aber stand ferne, wollte auch die Augen nicht aufheben zum Himmel, sondern schlug an seine Brust und sprach: Gott, sei mir Sünder gnädig! [14] Ich sage euch: Dieser ging gerechtfertigt hinab in sein Haus, nicht jener.

Lk 18,9–14a

1. Entfalten Sie Elemente einer eigenen Deutung dieses Gleichnisses.
2. Stellen Sie anhand des folgenden Textes die geschichtlichen Hintergründe zum Verständnis der in der Parabel genannten Personen dar. Der Text über die Pharisäer stammt von einem jüdischen Theologen.

Das Pharisäer-Problem ist deshalb so unendlich kompliziert, weil hier seit nunmehr 2000 Jahren gewisse Vorurteile herrschen, und aus Gründen, über die wir noch reden werden, ein Bild über die Pharisäer entstanden ist, das der Geschichte und den geschichtlichen Tatsachen nicht entspricht. Das Schlimme daran ist, dass die Leute, seien es Autoren von Schulbibeln, Katechese-Büchern, wissenschaftlichen Büchern u. dgl., oder Prediger, die sich über die Pharisäer äußern, in keiner Weise das Gefühl haben irgendetwas Tatsachenwidriges mitzuteilen.

Seit etwa zwanzig Jahren weiß jeder evangelische oder katholische Pfarrer, dass er die Stereotype *»Die* Juden haben Jesus ans Kreuz gebracht« oder *»Die* Juden haben Jesus getötet« in dieser Weise schlechthin nicht mehr sagen kann, und er sagt es auch nicht. Bei den Pharisäern ist das Problem weithin komplizierter. [...]

Gott galt als Wirklichkeit – darüber wurde nicht diskutiert! Der Offenbarungsbegriff war sehr weit gefasst. Offenbarung sind nicht nur die 10 Gebote vom Sinai, sondern man hat im rabbinischen Judentum den Offenbarungsbegriff auch auf die Tradition ausgedehnt. Die Thora war Richtschnur, weil die Thora einmal bedeutet: das jüdische Traditionsgut als Ganzes, dann natürlich die 5 Bücher Mose. Aber, und das ist sehr entscheidend für die Pharisäer: die Thora ist nicht Gesetz, sondern Richtschnur, weil die Thora ausdeutbar war. Sie war kein feststehendes Gesetzesgebäude. [...]

Die Lehrer konnten doch nicht im 1. Jh. v. Chr. nach bzw. mit Gesetzen leben, die aus dem 8., 7., 6. Jh. v. Chr. stammten, Gesetze, die damals schon 800 Jahre alt gewesen waren! Diese Gesetze mussten der Zeit angepasst werden! Die Thora wäre ein totes Buch geblieben, hätte man dies nicht getan!

Die Pharisäer stellten eine jüdische Volksbewegung dar, die etwa am Ende des 2. Jh. v. Chr. entstanden ist. Sie unterscheiden sich von den priesterlichen Gruppen, weil sie eine Volksbewegung waren, sowie vor allem von den Sektierern der verschiedenen Richtungen, weil sie inmitten des Volkes wirken wollten. Das Entscheidende im NT, was die Pharisäer betrifft, ist, dass sie überhaupt im NT vorkommen; die Essener und Sadduzäer kommen nicht vor! Die Sadduzäer erscheinen nur an einer Stelle.

Die Pharisäer kommen vor in der Polemik; das ist

Das Getränk nennt sich »Pharisäer«. Es sieht aus wie Kaffee mit Sahnehaube, hinter diesem Schein verbirgt sich allerdings ein kräftiger Schuss Alkohol. – Wird man den Pharisäern historisch gerecht, wenn man sie als »scheinheilig« charakterisiert und den Zöllner für einen »Ehrenmann« hält?

allerdings die Schwierigkeit, dass es keine normale, sondern eine polemische Situation ist. Es handelt sich hier um einen Familienkonflikt. Die Diskussion konnte nur deshalb so heftige Formen annehmen, weil die Basis die gleiche gewesen ist und Menschen der Urgemeinde sich in den entscheidenden Dingen mit Pharisäern sehr viel zu sagen hatten, was offensichtlich mit den Essenern und Sadduzäern nicht der Fall gewesen ist. [...]

Quellen, die uns etwas über die Pharisäer sagen können, sind die Schriften des jüdischen Historikers Flavius Josephus. Hier müssen wir bedenken, dass sie in gleicher Weise wie die Evangelien Tendenzschriften sind. Was waren die Evangelien? Das wird beim Pharisäer-Problem nicht gesehen. Was die Autoren der Evangelien beabsichtigen, das sagen sie. Man sollte genauer hinsehen! Mk 1,1: »Das ist das Evangelium Jesu Christi«, nicht: »Das ist der Geschichtsbericht über den Juden Jesus von Nazaret«. Die Evangelien sagen von Anfang an, dass sie eine Absicht haben, sie wollen nämlich ein Zeugnis geben von diesem Jesus, nicht als dem Juden von Nazaret, sondern als dem Christus, d.h.: der das schreibt, der weiß ja schon nach seinem Glauben, dass Jesus auferstanden ist, als er das angefangen hat zu schreiben. Unter dieser Sicht von dem Glauben, nicht an diesen Juden, diesen Zimmermannssohn aus Nazaret, sondern den auferstandenen Herrn und Christus – aus dieser Sicht ist das geschrieben, und insofern sind es natürlich Tendenzschriften, weil sie etwas Bestimmtes aufweisen wollen und müssen: In dieser Sicht sind sie ganz bewusst Missionsschriften.

Missionsschriften aber sind auch die Schriften des Flavius Josephus, dessen Karriere recht bunt gewesen ist und der als Offizier im jüdischen Krieg kapituliert hat. Er hat das Bewusstsein, dass sein Leben, das ihm erhalten worden ist, dazu dienen soll Zeugnis von der Größe des Judentums abzulegen. [...]

Was Josephus über die Pharisäer sagt, ist kurz Folgendes: Im Gegensatz zu den Sadduzäern, die sich der Unterstützung der Wohlhabenden erfreuten, hatten die Pharisäer die Masse der Juden auf ihrer Seite. Sie konnten daher die Sadduzäer zwingen pharisäisches Gesetzesgut durchzusetzen. Während die Sadduzäer nur das geschriebene Gesetz als bindend anerkannten, verwandten die Pharisäer auch die mündliche Tradition. Die Sadduzäer leugneten, dass die Vorsehung das Universum regierte; die Pharisäer erkannten zwar an, dass die Vorsehung in menschlichen Angelegenheiten eine Rolle spiele, aber sie glaubten an die menschliche Freiheit bei der moralischen Entscheidung. Die Pharisäer glaubten an die Auferstehung der Seele nach dem Tode und an die Wiederbelebung der Gerechten, an die ewige Bestrafung der Seele der Bösen. Diese eschatologische Anschauung leugneten die Sadduzäer, weil sie dafür in der Heiligen Schrift keine Anhaltspunkte fanden und eine über das geschriebene Schriftwort hinausgehende Ausdeutung nicht anerkannten. Die Sadduzäer nahmen also eine Verengung und unzeitgemäße Auffassung in Kauf, weil sie fürchteten, jede Ausdeutung der Schrift könnte die priesterlichen Vorrechte einengen.

Die Sache mit der Auferstehung der Toten ist so, dass sie sich effektiv erst in Daniel 12 eindeutig findet; datierbar rund 166 v. Chr. Das ist sehr spät.

Die Sadduzäer hatten aus naheliegenden Gründen keinerlei Interesse an einer Ausdeutung der Heiligen Schrift, weil sie fürchteten, das könnte ihre aristokratisch-priesterlichen Vorrechte unterminieren, so dass sie strikt am Buchstaben festhielten. [...]

Ich behaupte, dass [...] die Pharisäer in ihrer Zeit und Situation etwas gegen die etablierte Regierung, gegen den Klerikalismus der Sadduzäer vollbringen wollten. Sie wollten Gott in diese Welt bringen, für diese Welt leben, in ihr hoffen. Und sie wandten sich gegen eine griesgrämige, unzeitgemäße Religion, indem sie den ungeheuren Mut hatten, das geschriebene Gotteswort für ihre Zeit in Jahrhunderten weiter zu entwickeln.

In diesem Sinne rufen wir noch einmal unsere Definition der pharisäischen Bewegung in Erinnerung:

Es gab nur wenige allgemein anerkannte Glaubenssätze, innerhalb dieses Rahmens herrschte umfassende Denk- und Lehrfreiheit. Gott galt als Wirklichkeit, die Offenbarung als Tatsache, die Thora als Richtschnur, die Hoffnung auf Erlösung als Erwartung für die Zukunft.

Ernst L. Ehrlich

3.	Geben Sie den Text mit eigenen Worten wieder.
4.	Stellen Sie dar, worin sich die historische Darstellung der Pharisäer von dem in der Umgangssprache verwendeten abwertenden Begriff »Pharisäer« unterscheidet.
5.	Beschreiben Sie nun auch die Zöllner zur Zeit Jesu.

Die berufliche Stellung eines Zöllners [...] ist mit der Position eines heutigen Zollbediensteten nicht vergleichbar. Schon eine Übersicht über das sprachliche Wortfeld, in dem der Ausdruck »Zöllner« vorkommt, bekundet unmissverständlich die soziale Rangstufe dieses Berufes. Diese war letztlich eine Auswirkung der römischen Besatzungspolitik. Nur die staatliche Kopf- und Grundsteuer wurde von Beamten erhoben. Hingegen waren die Zöllner, die eine Stelle als Zoll-

pächter besaßen, freie Unternehmer. Darüber hinaus gab es noch deren »Angestellte«, die Zollbediensteten. Der Erwerb und das Betreiben einer solchen häufig sehr lukrativen Steuereinnahmestelle geschah nach bewährtem Muster: Der Meistbietende erhielt den Zuschlag, musste allerdings die vereinbarte Pachtsumme der römischen Behörde im Voraus bezahlen. Nun galt es natürlich, nicht nur diese Summe wieder einzutreiben, sondern durch mancherlei List und Betrug an den Händlern und Reisenden möglichst viel Geld hereinzuwirtschaften. Dieses Geld durfte der Steuerpächter behalten. Er kam so oft zu einem ansehnlichen Vermögen.
Doch war auch diese ehrenwerte Gesellschaft nicht ohne Berufsrisiko. Verlustgeschäfte drohten; behördliche Nachforschungen bei allzu großzügiger Gebührenbemessung waren zu befürchten, die bürgerlichen Ehrenrechte, z.B. die Zeugenschaft vor Gericht, blieben versagt. Und die gesellschaftliche Verachtung war überall zu spüren.

Uwe Stamer

1. Arbeitern Sie eine Deutung heraus, welche die ursprüngliche – zur Zeit Jesu gegebene – Situation vor Augen hat.
2. Vergleichen Sie diese mit Ihrer ersten spontanen Deutung.
3. Beurteilen Sie, ob die folgende kleine Geschichte aus der zweiten Hälfte des 20. Jahrhunderts ein gelungener Aktualisierungsversuch der Parabel darstellt.

Ein Farbiger wünschte in eine New Yorker Gemeinde aufgenommen zu werden. Der Pfarrer war reserviert. »Tja«, sagte er, »da bin ich nicht sicher, Mr. Jones, ob es unseren Gemeindegliedern recht sein würde. Ich schlage vor, Sie gehen erst mal nach Hause und beten darüber und warten ab, was Ihnen der Allmächtige dazu zu sagen hat.« – Einige Tage später kam Mr. Jones wieder. Er sagte: »Herr Pfarrer, ich habe Ihren Rat befolgt. Ich sprach mit dem Allmächtigen über die Sache und er sagte zu mir: ›Mr. Jones, bedenke, dass es sich um eine sehr exklusive Kirche handelt. Du wirst wahrscheinlich nicht hineinkommen. Ich selbst versuche das schon seit vielen Jahren, aber bis jetzt ist es mir noch nicht gelungen.«

H. L. Gee

b// Ein altes Gleichnis – neu gelesen: Gedanken zu Lk 18,9–14a

Ein sehr populäres, uns allen sympathisches Gleichnis; vor allem deshalb, weil wir uns selbst spontan mit der Haltung des Zöllners identifizieren. Jesus hatte aber Zuhörer im Auge, die sich praktisch spontan mit dem Pharisäer identifizierten. Deshalb war gerade für sie dieses Gleichnis schockierend. Für uns fällt dieses Schockierende schon von vornherein weg, weil wir uns in der christlichen Tradition eher mit dem Zöllner identifizieren. Wir gehen also in einem weiteren Bogen an der Schockwirkung vorbei, die auch für uns gemeint ist. Haben wir damit die Pointe der neutestamentlichen Spiritualität, wie sie hier und jetzt für uns gemeint ist, dann richtig verstanden? Ich glaube nicht; denn dieses Gleichnis will keineswegs eine Lobrede und Seligpreisung des Durchschnittschristen des 20. Jahrhunderts sein, der es, wie damals der Zöllner, mit Gottes Willen nicht so genau nimmt.
Während wir moderne Leser uns spontan mit dem Zöllner identifizieren, identifizierten sich die Hörer des Gleichnisses Jesu damals mit dem frommen Pharisäer. Denn dieser suchte Gottes Thora oder seinen Willen, wie er im Gesetz manifestiert war, mit viel Anstrengung und frommem Einsatz zu erfüllen. Und doch wird dem Zöllner Heil zugesagt, während dieses Heil am Pharisäer vorbeigeht. Das stimmt zum Nachdenken. Nicht um den nach dem Gesetz Guten (den Pha-

Ein schwarzer und ein weißer Pastor halten gemeinsam Gottesdienste für sudanesische Christen in Dallas.

risäer) und den nach dem Gesetz Schlechten (den Zöllner) geht es hier eigentlich. Der habgierige Zöllner, zur Zeit Jesu außerdem Kollaborateur der römischen Besatzungsmacht, ist grundsätzlich durchaus im Unrecht. Das Gleichnis unterschlägt dies keineswegs. Aber Jesus geht über die menschlichen Klassifizierungen von ›Gutsein‹ und ›Schlechtsein‹ hinweg und bringt eine dritte, ganz andere Perspektive, nämlich vom Kern seiner Botschaft aus, die Paulus später so formulieren wird: *»Er, Gott, liebte uns, als wir noch Sünder waren«* (Röm 5,8). Das Reich Gottes wird in dem eigentlichen Lebensweg Jesu unter uns sichtbar. Und dieses Reich Gottes ist ein auf Kommunikation unter Menschen bedachter Gott, der also niemand aus der Gemeinschaft ausschließt, niemand ›exkommuniziert‹, sondern für alle, Gute und Böse, Kommunikation erschließen will. Weil alle von Gott zur Kommunikation berufen sind, sucht Jesus mit Vorliebe die aus Israels Gemeinschaft Ausgestoßenen auf: Zöllner und Sünder. Nach der Meinung Jesu war der Pharisäer keineswegs schlecht in seiner Spiritualität oder Frömmigkeit. Aber es geht neutestamentlich um *einen bestimmten Typ* von Pharisäer: gewiss um einen tatsächlich frommen, der aber die eigene Spiritualität verdorben hat, indem er jeden, der nicht wie er lebt, ausstößt. Dieser Fromme versagt sich jeder Kommunikation mit dem Sünder, der aus seiner Gemeinschaft ausgestoßen wird. Der Sünder wird marginalisiert und dadurch noch tiefer in das Elend der völligen Entfremdung von den eigenen Volksgenossen gedrückt. Die Geschichte trifft keineswegs den frommen Pharisäer, der in allem, sogar mit einer gewissen Radikalität, Gottes Willen tut; sondern jenen Pharisäer, der dabei heimlich denkt (»er betete bei sich«): »Ich bin nicht so wie die anderen Menschen.« Dieser Pharisäer (allerdings wird dieser Pharisäer zu einem neutestamentlichen Klischee für alle Pharisäer) will keine Gemeinschaft mit sündigen Menschen, gerade von ihm wird der sündige Mitmensch ausgestoßen. Und gerade das ruft bei Jesus, dem Zeugen des Handelns Gottes, einen radikalen Widerstand hervor. Gerade aus diesem Widerstand heraus sucht Jesus Kontakt mit Zöllnern und Sündern, isst und trinkt mit ihnen, um die Kommunikation mit Ausgestoßenen und Marginalisierten wiederherzustellen. Das ist auch die Pointe des Gleichnisses.

Aber wie ergeht es dem Zöllner selbst in dieser Geschichte? Er lässt sich die durch die öffentliche Meinung ihm zubedachte Rolle und Identität in doppelter Verdemütigung gefallen. Er fühlt sich denn auch als Ausgestoßener: ›Ich bin nur ein Sünder.‹ Unter der Kraft der Ausstoßung durch andere wagt er nicht einmal seine Augen zu Gott zu erheben: Er ist der Ausgestoßene, er weiß und fühlt es. In seinem Leben und am eigenen Leib erfährt er die Ausstoßung, die andere ihm ansagen und aufdrängen. Der Zöllner glaubt daher, dass er im Gegensatz zum Pharisäer, nicht gerechtfertigt weggehe; aber er bekennt Gott gegenüber doch seine Sündigkeit und verlässt als Verstoßener wieder den Tempel.

Nicht der Zöllner denkt oder sagt etwas über das Heil, das ihm widerfährt. Jesus selbst, der wie Gott auf Kommunikation unter allen Menschen bedacht ist, teilt dem Zöllner mit: ›Dieser hat Gottes Heil empfangen; der andere, der Pharisäer, hat durch seine Ausstoßung des Sünders sich selbst von allem Heil ausgestoßen.‹

Uns heutigen Lesern sagt das Gleichnis also etwas anderes (und doch dasselbe) als das, was das Gleichnis den damaligen Hörern sagte. Auch bei uns muss es eine Schockwirkung hervorrufen, wenn die Geschichte uns dasselbe sagen will, was Jesus meinte, und uns, die Christen, also zur Einkehr und Umkehr bringen will. Wer heute dieses Gleichnis liest, ist selbst der Adressat desselben. [...]

Die Wiederherstellung der Kommunikation für den, der von Menschen ausgestoßen wird, ist der Kern der Botschaft Jesu, aller seiner Gleichnisse und Wunderzeichen, schließlich auch seines eigenen Todes als Hinrichtung; Jesus wurde, wegen seiner Botschaft der Kommunikation, selbst von Mitmenschen aus der Menschengemeinschaft ausgestoßen. Ausstoßung wird hier für den Ausgestoßenen sogar ein Weg zum Heil. Wenn wir bürgerlichen Christen aus dem 20. Jahrhundert mit diesen Augen dieses Gleichnis, das Jesus selbst ist, hören, wird nicht der jüdische Pharisäer von damals davon tödlich getroffen, sondern wir selbst. In unserer spontanen Identifizierung mit dem Zöllner spielen wir eigentlich ›den Pharisäer‹. Denn durch unsere fortschrittliche oder konservative Spiritualität stoßen wir oft die anderen aus. Das sollte bei allen Betrachtungen über Spiritualität vornean stehen, nicht als ›Sittenlektion‹ vorab, sondern weil wir hier den Kern des christlichen Evangeliums zu packen bekommen, der alle christliche Spiritualität aktivieren muss: Gemeinschaft stiften.

Edward Schillebeeckx

4. Erörtern Sie, ob es sich bei der Auslegung der Parabel durch Edward Schillebeeckx um eine »ursprungsgeschichtliche Auslegung« (siehe näher: S. 68) handelt.
Begründen Sie Ihre Auffassung.

Ursprungsgeschichtliche Auslegung

Allgemeine Charakteristik

Dieser hermeneutische Ansatz verfolgt das Ziel die geschichtlichen Verhältnisse zu klären, unter denen ein Bibeltext entstanden ist. Dabei soll nicht in erster Linie nach der Geschichte der religiösen Anschauungen oder der Glaubensauffassungen, sondern nach den realen Lebensverhältnissen gefragt werden. Das Interesse ist, die Produktionssituation eines Textes soweit zu erhellen, dass er als Antwort auf die »Provokation der Situation« kenntlich wird. Diese Fragestellung untersucht also die mögliche Funktion eines Textes in einer geschichtlichen Situation; der Text wird als Dialog zwischen dem Produzenten (Sender) und Adressaten (Empfänger) aufgefasst. Es kann erwartet werden, dass mit der Klärung der Produktionssituation auch die Bedeutung des Textes in der heutigen Rezeptionssituation klarer zu erkennen ist. Die für die Beschreibung der Ursprungssituation nötigen Informationen sind in der Regel den Texten nicht direkt zu entnehmen, sondern müssen aus verschiedenen historischen Quellen erschlossen werden.

Methoden

1. Untersuchung nach pragmatischen Gesichtspunkten (Sender-Empfänger-Modell)

- Welche Absichten des Textproduzenten sind erkennbar?
- Welche Normen werden bevorzugt?
- Gibt der Text (direkt oder indirekt) Verhaltensanweisungen?
- Welcher Art sind die Sprechakte (z. B. befehlen; werben; raten; bitten …)?

2. Geschichtliche »Sprechzeiten« identifizieren

Diese Untersuchung setzt nicht beim Einzeltext ein, sondern fragt nach Anlässen in der Geschichte Israels und des Urchristentums, in denen besonders intensive Aktivitäten der Textproduktion zu beobachten sind (z. B. die Zeit der ersten Könige Israels; das 8.–9. Jahrzehnt nach Chr. als Entstehungszeit der synoptischen Evangelien).

3. Erschließung der Sprechzeiten als »ursprungsgeschichtliche Felder«

- Welche realen Lebensverhältnisse sind zu beobachten?
- Welche Zustände, Entwicklungen oder Konflikte könnten einen Autor zum »Sprechen« stimuliert haben?
- Welche Ziele könnten einen Autor geleitet haben?

4. Einen Bibeltext ursprungsgeschichtlich untersuchen

- Welche Funktion hat der Text wohl in dem erschlossenen ursprungsgeschichtlichen Feld?
- Auf welche Fragen will der Autor wohl eine Antwort geben? In welchem Konflikt nimmt er Stellung?
- Welche Absichten lassen sich erkennen?
- Welche realen oder gedachten Gesprächspartner könnte der Text im Auge haben?
- Welche Mittel setzt der Autor ein, um seine Hörer/Leser anzusprechen?

Horst Klaus Berg

4. Die Parabel vom gütigen Vater (Lk 15,11–32)

a// Zwei Texte im Vergleich

[1] Es nahten sich ihm aber allerlei Zöllner und Sünder, um ihn zu hören. [2] Und die Pharisäer und Schriftgelehrten murrten und sprachen: Dieser nimmt die Sünder an und isst mit ihnen. [3] Er sagte aber zu ihnen dies Gleichnis und sprach: [...]

[11] Ein Mensch hatte zwei Söhne. [12] Und der jüngere von ihnen sprach zu dem Vater: Gib mir, Vater, das Erbteil, das mir zusteht. Und er teilte Hab und Gut unter sie. [13] Und nicht lange danach sammelte der jüngere Sohn alles zusammen und zog in ein fernes Land; und dort brachte er sein Erbteil durch mit Prassen. [14] Als er nun all das Seine verbraucht hatte, kam eine große Hungersnot über jenes Land und er fing an zu darben [15] und ging hin und hängte sich an einen Bürger jenes Landes; der schickte ihn auf seinen Acker die Säue zu hüten. [16] Und er begehrte seinen Bauch zu füllen mit den Schoten, die die Säue fraßen; und niemand gab sie ihm. [17] Da ging er in sich und sprach: Wie viele Tagelöhner hat mein Vater, die Brot in Fülle haben, und ich verderbe hier im Hunger! [18] Ich will mich aufmachen und zu meinem Vater gehen und zu ihm sagen: Vater, ich habe gesündigt gegen den Himmel und vor dir. [19] Ich bin hinfort nicht mehr wert, dass ich dein Sohn heiße; mache mich zu einem deiner Tagelöhner! [20] Und er machte sich auf und kam zu seinem Vater. Als er aber noch weit entfernt war, sah ihn sein Vater und es jammerte ihn; er lief und fiel ihm um den Hals und küsste ihn. [21] Der Sohn aber sprach zu ihm: Vater, ich habe gesündigt gegen den Himmel und vor dir; ich bin hinfort nicht mehr wert, dass ich dein Sohn heiße.

[22] Aber der Vater sprach zu seinen Knechten: Bringt schnell das beste Gewand her und zieht es ihm an und gebt ihm einen Ring an seine Hand und Schuhe an seine Füße. [23] Und bringt das gemästete Kalb und schlachtet's; lasst uns essen und fröhlich sein! [24] Denn dieser mein Sohn war tot und ist wieder lebendig geworden; er war verloren und ist gefunden worden. Und sie fingen an fröhlich zu sein. [25] Aber der ältere Sohn war auf dem Feld. Und als er nahe zum Hause kam, hörte er Singen und Tanzen [26] und rief zu sich einen der Knechte und fragte, was das wäre. [27] Der aber sagte ihm: Dein Bruder ist gekommen und dein Vater hat das gemästete Kalb geschlachtet, weil er ihn gesund wieder hat. [28] Da wurde er zornig und wollte nicht hineingehen. Da ging sein Vater heraus und bat ihn. [29] Er antwortete aber und sprach zu seinem Vater: Siehe, so viele Jahre diene ich dir und habe dein Gebot noch nie übertreten und du hast mir nie einen Bock gegeben, dass ich mit meinen Freunden fröhlich gewesen wäre. [30] Nun aber, da dieser dein Sohn gekommen ist, der dein Hab und Gut mit Huren verprasst hat, hast du ihm das gemästete Kalb geschlachtet. [31] Er aber sprach zu ihm: Mein Sohn, du bist allezeit bei mir, und alles, was mein ist, das ist dein. [32] Du solltest aber fröhlich und guten Mutes sein; denn dieser dein Bruder war tot und ist wieder lebendig geworden, er war verloren und ist wiedergefunden.

Lk 15,1–3; 11–32

Johannes Muggenthaler, Verlorenes Taschentuch, 1989

Johannes Muggenthaler, Lotto hilf, 1992

Ein Mann hatte zwei Söhne. Der Jüngere begehrte eines Tages gegen seinen Vater auf und sagte: Er habe das Sohnsein satt. Er fühle sich zu Hause eingeengt und wolle endlich sein eigenes Leben leben. Dann verzichtete er auf das Erbe, das ihm zustand, und brach in die Fremde auf.

Dort kam er unerwartet schnell zu Ansehen und Wohlstand. Alle, die ihn kannten, beneideten ihn, weil er sich schier alles leisten konnte, was das Leben angenehmer macht. Er aber war trotz seines Wohlstandes unzufrieden, denn es quälten ihn Langeweile und das Gefühl der Leere. Wie sehr er auch darunter litt, er war entschlossen, lieber zugrunde zu gehen als in sein Vaterhaus zurückzukehren, um sich mit seinem Vater auszusöhnen.

Nach langer Zeit geschah es nun, dass der ältere zufällig seinen jüngeren Bruder traf, als er in der Stadt Besorgungen zu machen hatte. Dieser fing gleich an vom Vater zu erzählen: Das Zusammenleben mit ihm sei immer schwieriger geworden. Er habe dem Alten nicht klar machen können, dass es für ihn das Beste wäre sich zurückzuziehen. Alles Zureden habe nichts genützt, so dass er sich gezwungen sah ihn mit Gewalt in ein Altersheim zu bringen. Seitdem habe er nicht mehr von ihm gehört. Die Geschäfte machten es unmöglich den Kontakt mit ihm aufrechtzuerhalten. Er könnte daher nicht mit Gewissheit sagen, ob der Vater noch am Leben sei.

Der Jüngere hatte teilnahmslos und schweigend zugehört, dann sagte er zu seinem älteren Bruder: Ob der Vater noch lebe oder nicht, sei für ihn schon lange keine Frage mehr. Er solle ihm lieber auf eine andere Frage eine Antwort geben: Welchen Sinn das Leben habe? – Für ihn sei es nicht wert gelebt zu werden!

Da begann der ältere seinem jüngeren Bruder Vorhaltungen zu machen:

Schon zu Hause habe er es sich viel zu leicht gemacht, weil der Vater zu nachsichtig gewesen sei. Er habe nie gelernt selbstständig zu sein, er brauche immer einen, der ihn stütze. Jetzt, da der Vater nicht mehr da sei, versuche er sich an seinen Bruder anzulehnen. Aber jeder müsse allein mit seinen Problemen fertig werden. Er sei sein Bruder und denke nicht daran auch noch die Vaterrolle anzunehmen.

Walter Rupp

1. Untersuchen Sie die Parabel, indem Sie diese mit der Geschichte vom »verlorenen Vater« von Walter Rupp konfrontieren! Berücksichtigen Sie dabei das Stilmittel der »Verfremdung« (vgl. S. 79).
2. Vergleichen Sie Ihre bisherige Deutung mit der linguistischen von Hans Weder.

Rembrandt, Die Rückkehr des verlorenen Sohnes, 1636

b// Wie man Lk 15,11–32 linguistisch deuten kann …

In einem ersten Interpretationsschritt ist die *Parabelerzählung* für sich zu betrachten. Nach einer kurzen *Exposition* (V.11 f), die die Ausgangslage schildert und mit der Teilung des väterlichen Besitzes die Handlung in Gang bringt, folgt der *erste Teil* (V.13–24), der vom Geschick des *jüngeren* Sohnes erzählt. Sein *Abstieg* (V.13–15) beginnt mit seiner Auswanderung ins Ausland, wo er sein Vermögen verliert. Der Abstieg setzt sich fort: der Sohn leidet Mangel; er verliert demzufolge seine jüdisch-religiöse Reinheit, als er die Schweine eines Heiden hüten muss. Der Abstieg erreicht den Höhepunkt, als der Sohn – um seine nackte Existenz kämpfend – nicht einmal mehr mit Schweinefutter seinen Hunger stillen kann. Die Erzählung geht jetzt zur *Peripetie* (V.17–19) über, in welcher der Sohn vernünftig nachdenkt und seine Lage mit dem Los der Tagelöhner seines Vaters vergleicht. Der Vergleich zeigt ihm, dass es das Naheliegendste ist heimzukehren und sich beim Vater um eine Stelle als Taglöhner zu bewerben. Der Sohn erkennt, dass er kein Recht mehr hat Sohn zu heißen, da er gegen den Himmel und gegen den Vater gesündigt hat. Die *Ereignisse bei seiner Rückkehr (V.20–24) sind unerwartet: der Vater kommt* seinem Schuldbekenntnis *zuvor*, indem er den Sohn umarmt und küsst.

George Grosz, Schwimme, wer schwimmen kann, und wer zu plump ist, geh unter, 1922

So überholt der Vater die Vergangenheit seines Sohnes. Er setzt ihn erneut an Sohnes Statt und veranstaltet ein Freudenfest. Der Sohn hat gar keine Gelegenheit mehr seine Bitte um Anstellung als Taglöhner vorzubringen, denn schon ist er wieder der Sohn geworden, und das Fest duldet keinen Aufschub.

Der *zweite* Teil (V.25–32) nimmt den *älteren Sohn* in den Blick: Vom Felde heimkehrend hört er Musik und Tanz; irritiert erkundigt er sich, was da los sei. Der Bericht des Knechts ist so wiedergegeben, dass die *Selbstverständlichkeit* des väterlichen Handelns suggeriert wird. Der ältere Sohn kann die Sache nicht mit den Augen seines Vaters sehen; verärgert bleibt er draußen. Der Vater kommt ihn zu bitten. Der Sohn aber beharrt auf seiner Gerechtigkeit, er kann den jüngeren nicht mehr als Bruder akzeptieren (deshalb spricht er von »diesem, deinem Sohn«, V. 30). Der Vater geht auf seine Argumente ein und entkräftet sie. Noch einmal bittet er seinen Sohn zum Fest, damit dieser im Mitfeiern wieder Sohn und Bruder werde.

Die *Zentralfigur* der Erzählung ist (auch wenn er nicht durchwegs Handlungsträger ist) der *Vater*. Er vereinigt die Geschichte beider Söhne; seine überströmende Liebe kommt dem jüngeren zuvor und bittet auch den älteren von seiner Gerechtigkeit abzukommen und mitzufeiern. Das Hauptinteresse dieser Liebe ist die Rekonstitution des Ganzen. Der Vater dieser Parabel verweist auf *Gott*. Genauer: die Liebe, die sich in dieser Parabel ereignet, ist die Liebe Gottes. Insofern kommt in ihr »die Gottesherrschaft als die sich ereignende Liebe zur Sprache«. Von dieser Liebe her gesehen ist es selbstverständlich, dass der Vater den heimkehrenden Sohn mit Wohltaten überschüttet. Die Liebe Gottes überholt *als Vergebung* die Vergangenheit des Menschen und sie überholt *als Bitte* zum Mitfeiern auch die Gerechtigkeit des Menschen. Indem die Parabel den Verlorenen lehrt das Naheliegende zu tun und umzukehren zum Vater, ist sie selbst, wenn sie zum Ziel kommt, ein Ereignis jener göttlichen Liebe. Und indem es ihr gelingt den Verärgerten von seiner Gerechtigkeit abzubringen, ist sie auch für diesen *Evangelium*. Die Liebe Gottes ist darauf aus *beide* Verlorenen zum Fest der Liebe zu vereinigen. In dieser Parabel tritt demnach die Gottesherrschaft dem Menschen so nahe, dass er einerseits sich selbst näher (indem er sich als Sohn verstehen lernt) und andererseits in die Nähe des Andern kommt (indem er jenen als seinen Bruder akzeptieren lernt). Das Ereignis einer solchen Liebe irritiert die Welt, denn Vergebung ist in ihr nicht vorgesehen. Aber gerade als eine irritierende Liebe macht sie alles neu.

Wenn die Parabel also die Nähe der Gottesherrschaft als Ereignis der Liebe zur Sprache bringt, so muss sie im *Kontext des Lebens Jesu* interpretiert werden. Der Vater der Parabel verweist, weil er an Gott erinnert, auf Jesus selbst. Die Parabel belehrt ja nicht über die Liebe Gottes im Allgemeinen – dazu hätte es keiner Parabel bedurft –, sondern sie macht die Liebe Gottes *zum Ereignis*. Eben dies tut die Geschichte Jesu, sofern sein das Vergangene überholender Ruf in die Nachfolge und seine Mahlgemeinschaft mit vielen Ausdruck jener Liebe Gottes sind. »Jesus begeht in seinem Mahl das als Gottesherrschaft freilich erst kommende Fest.« Jesus verankert demnach sein Verhalten im Verhalten Gottes, das er in der Parabel zum Ereignis werden lässt. Das Verhalten Jesu und die Parabel sind streng aufeinander bezogen: »Zuerst empfängt das Gleichnis von Jesu Mahl seine *Verständlichkeit*. Dann aber empfängt Jesu Mahl durch das Gleichnis seine *Wahrheit*.« Den Zusammenhang zwischen dem Verhalten Jesu und der Parabel hat *Lukas* zumindest dadurch gewahrt, dass er die Parabel in den jetzigen Kontext stellt (V.1–3). Dass Lukas die beiden andern Gleichnisse vom Verlorenen (V.4–7.8–10), in welchen er die *Freude* am Wiedergefundenen besonders unterstreicht (V.6!), mit unserer Parabel zusammenstellt, mag ein Hinweis darauf sein, dass es Lukas im Besonderen um die Einladung an seine Leser geht die Freude Gottes (und Jesu) über die Umkehr eines Sünders zu teilen. Wieweit Lukas *hier* die Buße als Bedingung des Heils versteht, ist nicht auszumachen. Die Parabel jedenfalls lehrt das Umgekehrte: *das Heil kommt der Buße zuvor.*

Hans Weder

Johannes Muggenthaler, Die Rückkehr des Verlorenen, 1989.

Linguistische Auslegung

Allgemeine Charakteristik

Die linguistische Auslegung greift literaturwissenschaftliche Verfahren auf und wendet sie auf die Interpretation biblischer Texte an. Sie fragt nicht nach der Entstehung oder dem historischen Ort eines Textes, sondern betrachtet ihn als in sich abgeschlossenen sprachlichen Organismus (»Textwelt«), der in sich verständlich ist. Sie fasst einen Text als ein System von Beziehungen zwischen verschiedenen sprachlichen Elementen auf, die sich in immer wiederkehrenden Strukturen erfassen und beschreiben lassen. Der Leser ist eingeladen sich in diese Textwelt einzuleben, eigene Erfahrungen in ihr zu entdecken und neue Sichtweisen wahrzunehmen.

Methoden

1. Analyse der Erzählperspektiven

a. Raum-Charakteristik
Aus welcher Perspektive spricht der Erzähler? Verändert diese sich im Text?

b. Zeit-Charakteristik
Aus welcher Zeit-Perspektive wird erzählt (z. B. verlangsamend oder summarisch – retrospektiv oder synchron?)

c. Innenwelt-Charakteristik
Spricht der Erzähler aus der Perspektive (eines) der Beteiligten? Oder erzählt er aus der Sicht des »Zuschauers«?

d. Rede-Charakteristik
Lassen sich charakteristische Sprachmuster erkennen? Geben wechselnde Stilebenen Auskunft über die Beziehungen der Personen zueinander?

e. Werte-Charakteristik
Welche Wertmaßstäbe sind im Text zu erkennen? Welche leiten den Erzähler? Kommt es zu Veränderungen innerhalb des berichteten Geschehens?

2. Analyse der Akteure

a. Der Text als »Rollenspiel«
Welche typischen Muster der Beziehungen zwischen den Personen lassen sich erkennen? (Zuwendung und Hilfe – Unterordnung – Gegnerschaft – Ausgeglichene wechselseitige Beziehung)

b. Das Aktantenmodell
Welche Stellung nehmen die Personen in einer folgenden Grundkonstellation ein:

Subjekt	– Objekt (einer Handlung)
Adressant	– Adressat (einer Handlung)
Adiuvant (Helfer)	– Opponent (Gegner) (in einer Handlung)?

Horst Klaus Berg

5. Die Beispielerzählung vom barmherzigen Samariter (Lk 10,30–37)

a// Erste Zugänge zur Interpretation

Die Beispielerzählung erzählt von einem Musterfall. Der Samariter im Lukas-Evangelium steht exemplarisch für vorbildliches Handeln, das zum Nacheifern anregen soll.

25 Und siehe, da stand ein Schriftgelehrter auf, ver-
suchte ihn und sprach: Meister, was muss ich tun, dass
ich das ewige Leben ererbe? 26 Er aber sprach zu ihm:
Was steht im Gesetz geschrieben?
Was liest du? 27 Er antwortete und
sprach: »Du sollst den Herrn, deinen Gott, lieben von ganzem Herzen, von ganzer Seele, von allen Kräften und von ganzem Gemüt, und deinen Nächsten wie dich selbst«

(Dtn 6,5; Lev 19,18)

28 Er aber sprach zu ihm: Du hast
recht geantwortet, tu das, so wirst
du leben. 29 Er aber wollte sich
selbst rechtfertigen und sprach zu
Jesus: Wer ist mein Nächster? 30 Da
antwortete Jesus und sprach: Es war ein Mensch, der ging von Jerusalem hinab nach Jericho und fiel unter die Räuber; die zogen ihn aus und schlugen ihn und machten sich davon und ließen ihn halbtot
liegen. 31 Es traf sich aber, dass ein
Priester dieselbe Straße hinabzog; und als er ihn sah, ging er gleich
vorüber. 32 Desgleichen auch ein
Levit: als er zu der Stelle kam und
ihn sah, ging er vorüber. 33 Ein
Samariter aber, der auf der Reise war, kam dahin; und als er ihn sah,
jammerte er ihn; 34 und er ging zu
ihm, goss Öl und Wein auf seine Wunden und verband sie ihm, hob ihn auf sein Tier und brachte ihn in eine Herberge und
pflegte ihn. 35 Am nächsten Tag zog er zwei Silbergroschen heraus, gab sie dem Wirt und sprach: Pflege ihn; und wenn du mehr ausgibst, will ich dir's bezahlen,
wenn ich wiederkomme. 36 Wer von diesen dreien,
meinst du, ist der Nächste gewesen dem, der unter die
Räuber gefallen war? 37 Er sprach: Der die Barmher-
zigkeit an ihm tat. Da sprach Jesus zu ihm: So geh hin und tue desgleichen!

Lk 10,25–37

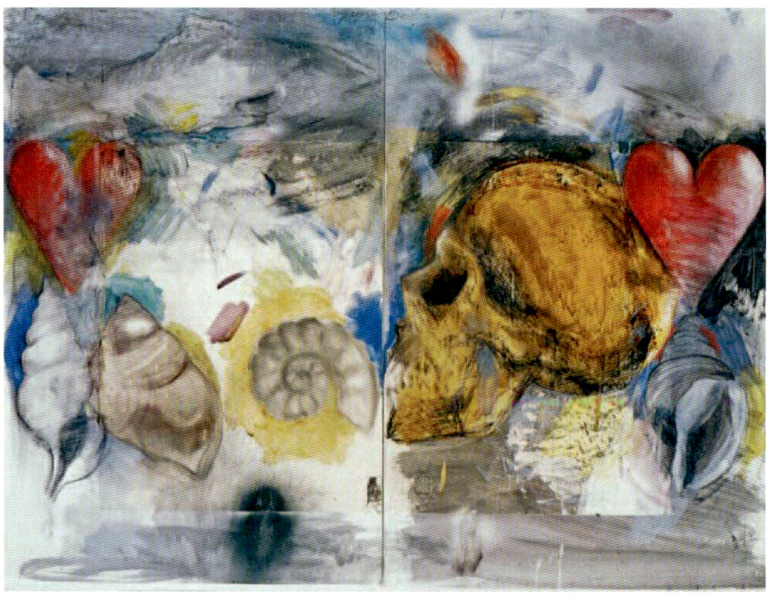

Oben:
Jim Dine, Atheism No. 3, 1987
Unten:
Jim Dine, Atheism No. 13, 1986

In der Beispielerzählung wird neben dem Samariter auch ein Levit erwähnt. Informieren Sie sich über »Leviten« und »Samariter« anhand der folgenden knappen Darstellungen:

Die ***Leviten*** werden in den Kapiteln der Bibel, die auf die Priesterschaft […] zurückgehen, als die Männer des Stammes Levi bezeichnet. Im Sprachgebrauch der israelitisch-jüdischen Organisation wird nur die levitische Familie Aaron zur Priesterfamilie bestimmt, während alle anderen Leviten den Priestern als »Leviten« dienen sollen. Aus dem Stammesnamen wäre demnach eine Amtsbezeichnung für die Gehilfen der Priester geworden. Die Leviten hatten verschiedene Heiligtumsdienste zu verrichten: sie sollten die Opfer vorbereiten, die Lade tragen, auch das Volk segnen. Sie hatten gemeinsam mit den Priestern richterliche Funktionen, waren aber vor allem dazu bestimmt, die Beobachtung der Gesetze zu überwachen (Polizeifunktion); vielleicht war ihre eigentliche Aufgabe deshalb mehr die Erhebung der Anklage und die Zurechtweisung als die des Richtens (»die Leviten lesen«). Dies sind die Dienste, die man »den Leviten« zuschreiben muss, wie aus dem Gesetzesbestand und dem Erzählungsbestand der biblischen Texte hervorgehen.
Die Erforschung der Stammesgeschichten und die des Levitenstandes hat jedoch gegenüber dieser einfachen Darstellung, die zum größten Teil den nachexilischen Zustand meint, eine sehr komplizierte Entstehungsgeschichte dieses Priestergehilfenstandes zutage gebracht. […]

Die ***Samarit(an)er*** waren ein Mischvolk, das sich aus den zurückgebliebenen Israeliten – nach der Zerstörung des Nordreichs und der Deportation der tragenden Bevölkerung Samarias (725–722 v. Chr.) – und den vom assyrischen König im alten Gebiet Israels angesiedelten babylonischen Kolonisten bildete. Da die Kolonisten zunächst im Land schwere Zeiten durchmachen mussten, glaubte man dies auf die Vernachlässigung der Verehrung JHWHs zurückführen zu können […]. Deshalb sandte der assyrische König einen verbannten israelitischen Priester, um den JHWH-Kult neu aufzurichten; so wurden die Samaritaner gläubig. Neben JHWH behielten die Kolonisten aber auch ihre eigenen Götterkulte bei.
Als knapp dreihundert Jahre später die Juden – nicht die Einwohner Israels – aus ihrem babylonischen Exil zurückkehrten, neigten die Samaritaner zunächst einer Sammlung um Jerusalem zu, gemeinsam mit den Juden. Aber die sehr strenggläubigen jüdischen Volksführer lehnten diese Vereinigung ab. Nehemia

Die Samaritaner: Heute kleinste religiöse Minderheit in Nahost – vom Verschwinden bedroht, zu Zeiten Jesu bereits von Juden wenig geachtet

gelang es sogar die persische Provinz Samaria, zu der auch Jerusalem gehörte, teilen zu lassen […].
So wurden die Samarit(an)er die Feinde der Juden und die Juden die Feinde der Samarit(an)er. Die Samarit(an)er sind in den Augen der Juden unrein, Ketzer und Menschen mit einem bösen Geist (Joh 8,48); die Juden aber sind in den Augen der Samarit(an)er hochmütig und streitsüchtig. Das ist auch noch die Ansicht zur Zeit Jesu. Erst daraus kann man die Kühnheit ermessen, die hinter Jesu Gleichnis vom barmherzigen Samariter steht (s. bei Lk 10,25–37). […]
Die gläubigen Samarit(an)er hatten bei weitem nicht das Exklusivbewusstsein wie die Juden. Deshalb waren unter den römischen Soldaten […] auch viele Samarit(an)er.
[…] Noch heute gibt es in Nablus (Samaria) eine kleine Samaritanergemeinde.

Heinrich A. Mertens

1. Erläutern Sie, warum Jesus wohl in seiner Erzählung den Leviten vorüberziehen lässt und den Samariter als Beispiel darstellt.
2. Arbeiten Sie das Beispielhafte am Handeln des Samariters – auch für andere Zeiten und für die heutige Zeit – heraus. Beziehen Sie sich dabei gegebenenfalls auch auf das folgende Foto.

Eine provozierende Aufnahme: Zur Zeit des Verfalls Jugoslawiens, als von allen Seiten schwere Verbrechen begangen wurden, haben 1993 in dem kleinen Ort Seniza kroatische Milizen alle muslimischen Einwohner – die religiöse Minderheit – getötet und deren Moschee zerstört. Die Kroaten – die Mehrheit – sind traditionell katholisch. – Gedankenexperiment: Was würde Jesus sagen?

»Da geht der Samariter ein zweites Mal nach Jericho, fand einen zweiten Verwundeten, las ein zweites Mal auf. Ging ein drittes, ein viertes, ein fünftes Mal den gleichen Weg und fand jedes Mal einen Verwundeten. Er ging hundertmal und fand hundertmal. Er ging tausendmal und fand tausendmal ... Und immer an der gleichen Stelle. Als er zum 2333. Male von Jerusalem nach Jericho ging, dachte er bei sich: Es liegt bestimmt wieder einer da ... und stolperte darüber ..., holte dann, wie üblich, den üblichen Vorrat aus der Satteltasche und begann mit üblicher Sorge, diesen neuesten, 2333. Verwundeten übungsgemäß zu salben und zu wickeln. Um ihn abschließend – weil Übung den Meister macht – mit einem einzigen Ruck auf den Esel zu verladen ..., der auch sofort davonlief, in üblicher Richtung auf die Herberge. Und dort auch richtig ankam, der Esel mit dem Verwundeten ..., diesmal bloß zu zweit, ohne den Samaritaner. Der Samaritaner war nämlich in der Wüste geblieben, um dort zunächst einmal das Räubernest auszuspionieren ... Als er über seinen 2333. Verwundeten stolperte, war ihm nämlich plötzlich die Erleuchtung gekommen ..., dass es eine bessere Qualität von Barmherzigkeit sei sich vorsorglich, und zwar resolut, mit dem Räubernest zu befassen, statt nachträglich Heftpflaster auszuteilen ... Er merkte sich das Rezept. Und war von da ab mit immer weniger Arbeit ein immer besserer und noch besserer barmherziger Samaritan ...«

Ernst Schnydrig

1. Vergleichen Sie die biblische Beispielerzählung mit der folgenden Geschichte von Ernst Schnydrig! Kann der Vergleich zu neuen Einsichten führen? (Berücksichtigen Sie bei Ihren Überlegungen gegebenenfalls auch den Grundlagentext »Auslegung durch Verfremdung«, S. 79)
2. Erörtern Sie, ob sich die Pointe der biblischen Beispielerzählung durch die Geschichte von Ernst Schnydrig überholt hat.
3. Diakonie/Caritas, Johanniter-Unfallhilfe/Malteser-Hilfsdienst: organisierte Nächstenliebe der Kirchen im Sinne Ernst Schnydrigs? Erörtern Sie diese Frage.
4. Vergleichen Sie die Gedanken Schnydrigs mit denen von Schalom Ben Chorin im folgenden Text.

Am tiefsten ging mir die Bedeutung dieses Gleichnisses am 16. Mai 1961 auf bei der 41. Sitzung des Eichmann-Prozesses in Jerusalem, wo Propst D. Dr. Heinrich Grüber aus Berlin, der sich selbstlos für die verfolgten Juden eingesetzt hatte und im Konzentrationslager dafür büßen musste, über seine Zusammenkünfte mit Eichmann aussagte: »Eichmann sagte

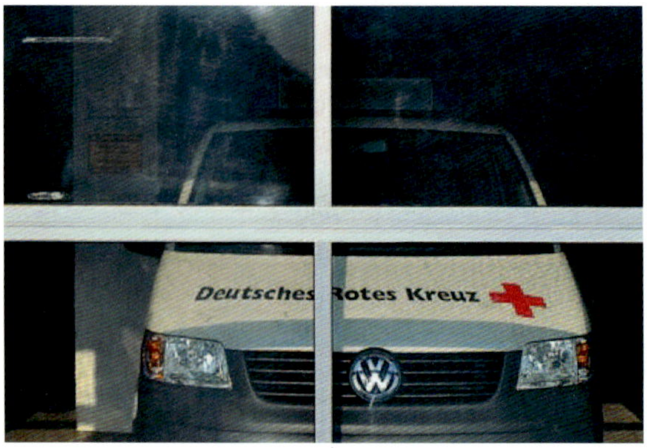

mir: ›Was kümmern Sie sich überhaupt um die Juden? Sie werden keinen Dank für diese Arbeit haben. Warum denn diese ganze Tätigkeit zugunsten der Juden?‹ Ich sagte darauf, weil ich glaubte, er hätte als ehemaliger Templer dieses Land (Israel) gekannt: ›Sie kennen die Straße, die von Jerusalem nach Jericho führt?‹ Dann sagte ich: ›Auf dieser Straße lag einmal ein Jude, der unter die Räuber gefallen war. Da kam einer vorbei, der kein Jude war, und hat geholfen. Der Herr, auf den allein ich höre, er sagte mir: ›Gehe du hin und tue desgleichen. Das ist meine Antwort.«

Die Quintessenz des Gleichnisses ist, dass wir den Nächsten in demjenigen Menschen sehen, mit dem wir realiter zu tun haben. Es stellt sich dabei gar nicht die Frage, ob er ein Volksgenosse oder ein Angehöriger derselben Religion ist. Deshalb wird wohl in diesem Gleichnis von einem *Menschen* gesprochen, der unter die Räuber gefallen ist. Es steht hier nicht, dass es ein Jude war, wenngleich dies aus dem Zusammenhang anzunehmen ist. Aber der leidende Mensch ist unser Nächster, dem wir zu helfen haben, und das kann man auch von einem Samariter lernen. Wer eine Seele aus Israel rettet, ist wie einer, der eine ganze Welt gerettet hat, lehren die Rabbinen. Hier, in unserem Gleichnis, ist nun bewusst die volksmäßige Begrenzung aufgehoben: Wer eine Seele rettet, wer ein Menschenleben rettet, der hat damit eine ganze Welt gerettet, und das ist der Vollzug des Liebesgebotes.

Hermann Cohen hat einmal gesagt, die Nächstenliebe ist die Fernstenliebe. Der mir fernste Mensch, der nicht zu meinem Volke gehört, nicht zu meiner Religion, nicht zu meinem Sprachkreis, kann in einer bestimmten Situation mein Nächster sein, nämlich dann, wenn er mein bedarf. Auch das ist in unserem Gleichnis mit umfasst. Nicht aber meint die Nächstenliebe »Seid umschlungen, Millionen«, das die Menschheit pauschal und daher unverbindlich umfasst. Gemeint ist jeweils der konkrete Mensch in der konkreten Situation, die mir zur Bewältigung aufgegeben ist. Deshalb antwortet Jesus auf die Frage des Schriftgelehrten: »Wer ist denn mein Nächster?« mit diesem Gleichnis und beendet es nicht mit der Lösung der Frage, sondern mit einem auf die Tat ausgerichteten Imperativ.

Schalom Ben Chorin

Vincent van Gogh, Der barmherzige Samariter, 1890

1.	Fassen Sie ihre bislang gewonnene Deutung der Beispielerzählung zusammen.
2.	Vergleichen Sie Ihr Verständnis nun mit der Auslegung durch Martin Petzoldt auf der folgenden Seite.
3.	Bewerten Sie die verschiedenen Elemente einer Auslegung dieses Gleichnisses und entwerfen Sie eine eigene Interpretation.

Die »Bundesarbeitsgemeinschaft Erste Hilfe« wurde 1988 von den vier Hilfsorganisationen Arbeiter-Samariter-Bund e.V., Deutsches Rotes Kreuz e.V., Johanniter-Unfall-Hilfe e.V. und Malteser Hilfsdienst e.V. gegründet. 1994 wurde die Deutsche Lebens-Rettungs-Gesellschaft e.V. einbezogen. Nur beim ASB, dem Arbeiter-Samariter-Bund, wird bereits im Namen ausdrücklich auf die Gestalt des barmherzigen Samariters Bezug genommen.

b// Ein Auslegungsversuch von Lk 10,30–37

Die Interpretation Gottes, die Jesus in diesem Gleichnis zur Sprache bringt, hat ihren stärksten Anhalt an dem betonten Unterschied zwischen den beiden Tempeldienern einerseits und dem Samariter andererseits. [...]

Das Ziel, das er vor Augen hatte, war ja keineswegs die geschilderte hilfreiche Tat an einem Geschlagenen. Er plante seinem Beruf nachzugehen, seiner Familie und sich den Unterhalt zu garantieren, sich selbst an vielleicht nebensächlichen Dingen zu erfreuen. Dieser Plan wird nun nicht einfach durchgestrichen, sondern er wird in seiner konsequenten Durchführung relativiert. Als Mann, der sichtlich sich selbst für mögliche Eindrücke offen hält, geht er auf die neue Lage ein; er antwortet einem Anruf, er beantwortet die Infragestellung (als radikalisierte Annahme oder als beanspruchend) entsprechend seinen Möglichkeiten. Er entscheidet sich als Mensch für einen Menschen: jetzt, unmittelbar, ungeplant, unberechnet, ohne Umschweife und ohne Entschuldigungsgründe, die er genauso zur Hand hätte, wie die beiden anderen. Je weiter die Erzählung fortschreitet, umso unwichtiger wird seine volksmäßige Herkunft. Dieses Problem verblasst zugunsten der Schilderung der Haltung dieses Mannes: Neben all den lobenswerten Qualitäten (einsatzbereit, umsichtig, selbstlos usw.) ist das Wichtigste, dass der Samariter nicht nur einen Geschlagenen, sondern auch sich selbst findet; nicht nur die Barrieren zum anderen Menschen, der ihm, obwohl er ihm unbekannt und fremd ist, nahe rückt, ja so nahe, dass er sich seiner nur in unmenschlicher Haltung entziehen könnte, sondern ebenso die eigenen Seins- und Lebensschranken fallen. So wie ihm der andere als Mensch Gottes, d.h. als der mit allen Vor- und Nachteilen von Gott grundsätzlich Angenommene, in den Blick kommt, so sieht er sich selbst in dieser Situation vor Gott gestellt, aber radikal neu, eben jetzt, als Mensch Gottes. Es findet eine eigentümliche Vertauschung der Rollen statt: Eben war der Geschlagene noch der Hilfsbedürftige, nun ist er, der Samariter, auf einmal der, dem geholfen wurde, geholfen zu sich selbst. Hier hat der christlich verstandene Begriff des Nächsten – den haben wir bisher absichtlich vermieden – seinen Ort. Nächstenschaft ist immer zweiseitig oder, besser gesagt, reziprok: Wem ich Nächster werde, der wird auch mir Nächster, aber merkwürdigerweise nicht durch irgendeine nachweisbare Aktivität. Aus der Infragestellung des Samariters durch den im Wege liegenden Geschlagenen, d.h. aus der Beanspruchung, der er entspricht, kann er ein veränderter Mensch werden, weil ihm die Möglichkeit dazu geboten wird. Er kann – er muss nicht –, wie die Beispiele Priester und Levit zeigen.

Jesus benutzt beide, den Samariter und den Geschlagenen, für seine Interpretation Gottes.

Martin Petzoldt

Ich **Dich!**

Wie würden Sie den Freiraum füllen?

Auslegung durch Verfremdung

Allgemeine Charakteristik

Die Verfremdung geht von der Beobachtung aus, dass die biblische Überlieferung für viele Menschen die Fähigkeit verloren hat, sie als eine Nachricht anzusprechen, die sie betrifft. Als Ursachen können Gewöhnung an die Bibel und die Einordnung in festgelegte Wahrnehmungsmuster gelten.

Durch Verfremdungen soll erreicht werden, dass Bibeltexte in neuer Sicht aufscheinen, wieder frag-würdig werden.

Da Verfremdungen verhärtete Perspektiven aufbrechen wollen, wirken sie häufig stark provokativ; dies muss als produktiv erkannt und akzeptiert werden, wenn die Dynamik der biblischen Überlieferung wieder freikommen soll.

Methoden

1. Der methodische Dreischritt

(1) Welche Grundaussagen enthält der Bibeltext, auf den sich die Verfremdung bezieht?

(2) Wie wird der Bibeltext heute gewöhnlich wahrgenommen?

(3) Welche neue Sicht bietet die Verfremdung an? Was will sie erreichen?

2. Techniken der Verfremdung

(1) Veränderungen am Bibeltext
- Verkürzt oder verlängert die Verfremdung die Vorlage?
- Verlegt die Verfremdung das Geschehen in andere Räume oder Zeiten?
- Werden die Personen verändert? Werden Akteure weggelassen oder hinzugefügt?
- Nimmt die Verfremdung die Aussageabsicht des Bibeltextes auf oder verändert sie sie (z. B. »**Selig sind die Reichen …**«)?

(2) Veränderungen im Umfeld des Textes
- Stellt die Verfremdung den Text in einen neuen Rahmen? Was verändert sich dadurch?
- Wird der Text mit anderen kombiniert? Welcher Zug tritt dadurch deutlicher hervor? Was verwischt sich?

(3) Veränderungen im Blick auf die heutige Situation
- Stellt die Verfremdung den Text in eine neue gegenwärtige Erfahrungs- und Konfliktsituation (z. B. in problemorientierte Einheiten in Religionsbüchern oder thematischen Gottesdiensten)? Welche Aspekte werden dadurch betont?

3. Die visuelle Verfremdung

- Bildende Kunst
- Karikatur
- Visuelle Montage

Horst Klaus Berg

6. Die Gleichnisse Jesu

Es ist das Besondere an Jesus, dass er das Reich Gottes in Gleichnissen aus der Natur- und Menschenwelt zur Sprache bringt. Wir nehmen in ihnen das Reich Gottes wahr, wie es kein Begriff geben könnte. […]
Im Markusevangelium, Kapitel 4, finden wir eine Gruppe von Gleichnissen, die aus dem Umgang der Menschen mit der Natur genommen sind: das Gleichnis vom Sämann, von der Saat und vom Senfkorn. Es sind Bilder des Anfangens, Lebensvorgänge der Hoffnung. Der da »ausgeht zu säen …« streut die Samen auf die Erde, weil er hofft, dass sie aufwachsen und Frucht bringen. So ist es mit dem Reich Gottes: Die Samen werden in unser Leben gestreut, damit sie wachsen und in uns Frucht bringen. Die Anfänge sind klein, sind es aber Anfänge »aus Gott«, dann werden die Wirkungen groß und wunderbar sein. Die Keime des Reiches sind wie die Senfkörner, »die Kleinsten unter allen«, wenn sie aber aufwachsen, entstehen aus ihnen Bäume so groß, dass die Vögel unter dem Himmel Platz darin finden. Die Saat wächst automatisch, von selbst, tags und nachts. Ihre innere Kraft entfaltet sich zum Halm und zur Ähre und zum Weizenfeld. Blickt man nicht nur auf den übertragenen Sinn, sondern auch auf den ursprünglichen Sinn, dann sieht man das »Reich Gottes« als die Wiederbelebung der Natur. Markus 13,28f. vergleicht das Reich Gottes darum mit »der Sommerzeit«. Die Natur selbst wird zum Gleichnis: Wie im Frühling die Bäume grün werden, die Blumen hervor sprießen und die Saat auf den Feldern wächst, so ist das Reich Gottes der endgültige Frühling der Schöpfung. Neues Leben beginnt, alle Geschöpfe werden lebendig und fruchtbar. Es fällt auf, dass die Gleichnisse aus Frühling und Sommer, aber nicht aus Herbst und Winter genommen sind. Aus dem Kreislauf der Natur von »Werden und Sterben« wird nur das Werden zum Gleichnis für das Reich Gottes genommen. Warum? Weil das Reich Gottes nichts anderes als die Neuschöpfung aller Dinge zum ewigen Leben ist. […] Bei Lukas, Kapitel 15, haben wir eine andere Gruppe von Gleichnissen: die Verloren- und Gefunden-Gleichnisse: verlorenes Schaf, verlorener Groschen, verlorener Sohn. Da ist Freude im Himmel über einen »Sünder, der Buße tut« (15,7), mehr als über 99 Gerechte, so wie der Hirte sich freut, wenn er das verlorene Schaf wiederfindet und seine 99 Schafe stehen lässt. Es ist schön, dass als zweites ein weibliches Gleichnis folgt, das Gleichnis von der Frau, die ihren verlorenen Silbergroschen sucht und findet. Wieder heißt es: »Es wird Freude sein vor den Engeln Gottes über einen Sünder, der Buße tut.« Dann folgt das Gleichnis vom verlorenen Sohn. Hier ist die Freude des Vaters so groß, dass er sagt: »Dieser mein Sohn war tot und ist wieder lebendig geworden, er war verloren und ist gefunden.« (15,24) […]
Was also heißt nach diesen Gleichnissen »Reich Gottes«? Es ist nichts anderes als die Freude Gottes über das Wiederfinden seiner verlorenen Geschöpfe. Und was ist die »Buße, die der Sünder tut«? Sie ist nichts anderes als »Gefundenwerden« und »Heimkehren« aus der Entfremdung, als »Wieder lebendig werden« und Einstimmen in die Freude Gottes. Das Reich Gottes wird erfahren, wo so etwas mit uns geschieht, wo wir blühen und grünen wie die Blumen und Bäume im Frühling und wieder lebendig werden, weil wir die große, unerschöpfliche Liebe spüren, aus der alles Leben hervorgeht. Wo wir die Lebenslust Gottes in seiner Freude über uns erfahren und unsere Lebensgeister wieder erwachen, da ist das »Reich Gottes« keine fremde Herrschaft, sondern die Lebensquelle. Da ist das Reich Gottes der weite Raum, in dem wir uns entfalten können, weil es in ihm keine Bedrängnis mehr gibt. Erfahren wir das Reich Gottes so, dann nehmen wir die Fülle unserer Lebensmöglichkeiten wieder wahr.

Jürgen Moltmann

KOMPETENZEN

Am Ende dieses Abschnitts sollten Sie Fortschritte beim Erwerb folgender Fähigkeiten erworben haben:

Wahrnehmungs- und Darstellungsfähigkeit – religiös bedeutsame Phänomene wahrnehmen und beschreiben:	• Situationen erfassen, in denen letzte Fragen nach Grund, Sinn, Ziel und Verantwortung des Lebens aufbrechen, etwa Gefühl des Verloren-Seins und der Wiederaufnahme, von Schuld und Vergebung, von Vergeblichkeit und Erfolg, von Hochmut und Demut, von Gleichgültigkeit und Nächstenliebe • religiöse Spuren und Dimensionen in der Lebenswelt aufdecken • grundlegende religiöse Ausdrucksformen (Symbole, Riten, Mythen, Räume, Zeiten) wahrnehmen und in verschiedenen Kontexten wiedererkennen und einordnen • ethische Herausforderungen in der individuellen Lebensgeschichte sowie in unterschiedlichen gesellschaftlichen Handlungsfeldern wie Kultur, Wissenschaft, Politik und Wirtschaft als religiös bedeutsame Entscheidungssituationen erkennen.
Deutungsfähigkeit – religiös bedeutsame Sprache und Zeugnisse verstehen und deuten:	• religiöse Sprachformen analysieren und als Ausdruck existentieller Erfahrungen verstehen (Beispiele: Gleichnis, Allegorie, Parabel, Beispielerzählung) • religiöse Motive und Elemente in Texten, ästhetisch-künstlerischen und medialen Ausdrucksformen identifizieren und ihre Bedeutung und Funktion erklären (Beispiele: biographische und literarische Texte, Bilder der Kunst, Fotografie) • biblische Texte wie die Gleichnisse Jesu, die für den christlichen Glauben grundlegend sind, methodisch reflektiert auslegen, etwa historisch-kritisch, aber auch tiefenpsychologisch • theologische Texte sachgemäß erschließen • Glaubenszeugnisse in Beziehung zum eigenen Leben und zur gesellschaftlichen Wirklichkeit setzen und ihre Bedeutung aufweisen.
Urteilsfähigkeit – in religiösen und ethischen Fragen begründet urteilen:	• Formen theologischer Argumentation vergleichen und bewerten • Gemeinsamkeiten von Konfessionen und Religionen sowie deren Unterschiede erklären und kriteriengeleitet bewerten • im Kontext der Pluralität einen eigenen Standpunkt zu religiösen und ethischen Fragen einnehmen und argumentativ vertreten.
Dialogfähigkeit – am religiösen Dialog argumentierend teilnehmen:	• die Perspektive eines anderen einnehmen und in Bezug zum eigenen Standpunkt setzen • Gemeinsamkeiten von religiösen und weltanschaulichen Überzeugungen sowie Unterschiede benennen, z. B. anhand der historischen Betrachtung der Pharisäer und im Blick auf mögliche Dialogpartner kommunizieren • sich aus der Perspektive des christlichen Glaubens mit anderen religiösen und weltanschaulichen Überzeugungen argumentativ auseinandersetzen • Kriterien für eine konstruktive Begegnung, die von Verständigung, Respekt und Anerkennung von Differenz geprägt ist, in dialogischen Situationen berücksichtigen.
Gestaltungsfähigkeit – religiös bedeutsame Ausdrucks- und Gestaltungsformen verwenden:	• typische Sprachformen der Bibel theologisch reflektiert transformieren • Aspekten des christlichen Glaubens in textbezogenen Formen Ausdruck verleihen • Ausdrucksformen des christlichen Glaubens erproben und ihren Gebrauch reflektieren • religiöse Symbole und Rituale der Alltagskultur kriterienbewusst (um-) gestalten • religiös relevante Inhalte und Positionen medial und adressatenbezogen präsentieren.

C. Das Vaterunser – oder: Vom richtigen Beten

1. »Wozu soll Beten gut sein?« – Dimensionen des Gebets

Der schärfste Einwand gegen das Beten ist wohl, dass es sich mit einem bestimmten Gottesbild verbindet, der Vorstellung eines allwissenden, allmächtigen himmlischen Vaters, der sich als »Deus ex machina« allzeit bereit hält, den Weltenlauf ebenso zu lenken wie das Schicksal des Einzelnen. Dorothee Sölle hat diesen Gott – in Anspielung auf das bekannte Lied von Paul Gerhardt – den »Wolken-Luft-und-Winde-Gott« genannt.

Diesen Gott kann man ansprechen und (vielleicht) beeinflussen. Für viele Menschen ist ein solches Beten wohl Ausdruck einer Beziehung, die Sigmund Freud als »infantile Abhängigkeit« bezeichnete. Der Beter sieht sich ganz und gar auf das Wohlwollen eines überirdischen Wesens angewiesen. Es wundert nicht, wenn eine solche Beziehung abgelehnt wird – und mit ihr das Beten.

Eng mit dieser Vorstellung sind drei weitere Ansichten über das Beten verknüpft.

Da ist einmal die Erfahrung, dass Gott Gebete nicht »erhört«: Da man alles von ihm erwartet, ist man maßlos enttäuscht, wenn die Erwartungen ins Leere gehen.

Und dann wird auch als Kritik formuliert, dass Beten einschläfert, aktives eigenes Tun blockiert, Unselbstständigkeit einschleift. Dieser Zusammenhang zeigt sich besonders drastisch in der Wirklichkeitsferne und Folgenlosigkeit christlichen Betens. Jugendliche müssen es als unwahrhaftig empfinden, wenn im Gottesdienst Gott mit bewegten Worten angefleht wird, den Armen in aller Welt beizustehen ... und anschließend für den Bau einer neuen Kirche in der eigenen Gemeinde gesammelt wird. Sie reden – mit Recht! – von Heuchelei, wenn um Frieden gebetet, aber nicht erkennbar für ihn gearbeitet wird.

Schließlich ist nicht selten von Jugendlichen zu hören, dass sie es problematisch finden Gott nur in Notsituationen anzurufen, während sie ihn sonst wenig beachten. Darum unterlässt man das Beten lieber.

Dies sind wohl die grundlegenden Einwände gegen das Gebet; sie formulieren letztlich den Widerspruch gegen eine Gottesbeziehung, die sich in bestimmten Gebetspraktiken manifestiert.

Dazu kommt, dass überlieferte Gebete Schülern sprachlich kaum zugänglich sind. Das bezieht sich nicht nur auf unverständliche Ausdrücke oder nicht mehr zeitgemäße Vorstellungen, sondern meint, dass die Sprache der biblischen Bilder und der überkommenen Gebete sich kaum noch in ihrer symbolischen Bedeutsamkeit und Kraft erschließt. Damit haben die Bilder auch die Fähigkeit verloren Erfahrungen Sprache zu geben; wer es beispielsweise nicht gelernt hat, dass archaische Tierbilder Symbole sind, die helfen können, elementare Ängste zu artikulieren und zu bearbeiten (vgl. Ps 22,13 ff), muss eine solche Sprache als »überholt« abweisen.

Damit ist die Verbindung zwischen erfahrener Wirklichkeit und Gebet zerrissen, das Gebet gerät in die Enge isolierter Frömmigkeitstradition.

Dies verstärkt sich noch durch die Ritualisierung des Betens in der Schule: Meist hat es seinen Ort in einer Andacht, die immer zum gleichen Zeitpunkt nach immer dem gleichen Schema mit stets wiederkehrenden althergebrachten Texten und Liedern abläuft. Damit verliert das Beten jede spontane Aussagekraft und situative Konkretheit. [...]

Beten kann im biblischen Sinn als ein Prozess in vier Dimensionen verstanden werden:

a) Beten als Anrufung Gottes: Invokative Dimension

Dies ist die allgemein vertretene Ansicht: Ein Mensch breitet seine Lage »vor dem Angesicht Gottes« aus; er ruft ihn an: »Schaue her, erhöre mich, o JHWH, mein Gott« (Ps 13,4).

Die Bibel betont immer wieder, dass Gott diesen Anruf »hört«, den Beter in seiner Situation »sieht«; »hören« und »sehen« drücken in diesem Zusammenhang nicht eine beobachtende Informationsaufnahme aus, sondern meint das leidenschaftlich-tätige Interesse Gottes am Schicksal seiner Menschen: »Ich habe das Elend meines Volkes in Ägypten gesehen, ich habe ihr Schreien ... gehört«, heißt es im zentralen Text Ex 3.

Das stärkt den Beter und erfüllt ihn mit der Zuversicht, dass er in einem guten, heilvollen Lebenszusammenhang aufgehoben ist.

Ed Ruscha, Words Without Thoughts Never to Heaven Go, 1987

b) Beten als Bedenken der Wirklichkeit vor Gott: reflexive Dimension

Indem der Beter ausspricht, was er erfahren hat, beginnt er seine Erfahrungen zu reflektieren und zu verarbeiten.

Im Dank eröffnet sich ihm vielleicht eine neue, sensiblere Wahrnehmung seiner Welt; er wird auf viele Erfahrungen achten lernen, die ihn erfreuen und ermutigen.

In der Klage wird die dumpfe Angst sagbar und damit greifbar. Der klagende Mensch kann erkennen, was ihn beschwert, wird für sich selbst und im Gespräch bedenken, ob sein Leben zum Guten gewendet werden kann.

c) Beten als Austausch in der Gemeinschaft: Kommunikative Dimension

Der Blick auf die biblische Überlieferung zeigte den intensiven Gemeinschaftsbezug, ja den Öffentlichkeitscharakter des Gebets. Das hat nichts mit einer Zurschaustellung frommer Leistung zu tun, wie Jesus sie kritisiert (Mt 6,5), sondern beschreibt eine selbstverständliche Praxis im Alten und Neuen Testament. Diese Dimension muss heute dringend wiederentdeckt und -belebt werden. Beispiele:

- Wenn Schüler eine »Klagemauer« in der Klasse hätten, an der sie – mit oder ohne Namensnennung – ihren Kummer sagen könnten, ergäbe sich vielleicht ein Anlass sich auszusprechen;
- wenn Gemeindemitglieder eine gute Erfahrung im Gottesdienst mitteilen und vielleicht sogar zu einem Fest einladen könnten, müsste man sich wohl nicht so viele Sorgen über den Kommunikationsverlust in der Kirche machen;
- wenn Christen es wieder lernen könnten, dass man nicht für das Brot oder den Frieden danken kann, ohne tätig an der Lage derer teilzunehmen, die hungern oder vor den Waffen flüchten müssen, würde wohl eine neue Verbindlichkeit aufkommen, die das Beten belebt.

d) Beten als Protest gegen das Bestehende: Eschatologische Dimension

Wer betet, ist nicht bereit sich in dumpfer Ergebung mit dem Bestehenden abzufinden. Er setzt sich damit auseinander, gestaltet seine Erfahrungen, findet in der Anrufung Gottes und der Gemeinschaft Unterstützung, erkennt Möglichkeiten der Veränderung. Beten greift immer über die unmittelbare Erfahrung hinaus, rechnet damit, gehört zu werden.

e) Die vier Dimensionen verbinden

Die vier Dimensionen des Betens sind zu unterscheiden, aber nicht voneinander zu scheiden! In unterschiedlicher Gewichtung sollten sie in jedem Gebet wirksam werden.

Wo die invokative und die reflexive, die kommunikative und die eschatologische Dimension miteinander verknüpft werden, verbindet sich in gleicher Weise Meditation und Aktion, Glaube und Erfahrung, Empfangen und Gestalten.

In diesem Augenblick kommt es auch zu einer Revision des Gottesbildes: ein integriertes Beten erlaubt keine Flucht aus der Wirklichkeit zu einem deus ex machina, sondern macht sich fest am Glauben an einen Gott, der nach dem Zeugnis der Bibel Menschen befreit, um sie zu eigener Verantwortung freizusetzen, der die Gemeinschaft zu seinen Menschen sucht, um sie in die Kommunität einzuweisen, der Verantwortung für die Welt und ihre Bewohner übernimmt, um ihre eigene Verantwortungsfähigkeit zu stimulieren.

Horst Klaus Berg

1.	Angesichts der Einwände gegenüber dem Beten: Ist Beten sinnvoll? Erörtern Sie mögliche Antworten auf diese Frage.
2.	Beurteilen Sie, ob die vier biblischen Dimensionen im Blick auf das eigene Gebetsverständnis helfen.

2. Das Vaterunser – Ein synoptischer Vergleich

5 Und wenn ihr betet, sollt ihr nicht sein wie die Heuchler, die
gern in den Synagogen und an den Straßenecken stehen und
beten, damit sie von den Leuten gesehen werden. Wahrlich,
ich sage euch: Sie haben ihren Lohn schon gehabt.
6 Wenn du aber betest, so geh in dein Kämmerlein und schließ
die Tür zu und bete zu deinem Vater, der im Verborgenen ist;
und dein Vater, der in das Verborgene sieht, wird dir's vergel-
ten.
7 Und wenn ihr betet, sollt ihr nicht viel plappern wie die
Heiden; denn sie meinen, sie werden erhört, wenn sie viele
Worte machen.
8 Darum sollt ihr ihnen nicht gleichen. Denn euer Vater weiß,
was ihr bedürft, bevor ihr ihn bittet.

9 Darum sollt ihr so beten:
Unser Vater im Himmel!
Dein Name werde geheiligt.
10 Dein Reich komme.
Dein Wille geschehe wie im Himmel so auf Erden.
11 Unser tägliches Brot gib uns heute.
12 Und vergib uns unsere Schuld, wie auch wir vergeben
unsern Schuldigern.
13 Und führe uns nicht in Versuchung,
sondern erlöse uns von dem Bösen.

14 Denn wenn ihr den Menschen ihre Verfehlungen vergebt,
so wird euch euer himmlischer Vater auch vergeben.
15 Wenn ihr aber den Menschen nicht vergebt, so wird euch
euer Vater eure Verfehlungen auch nicht vergeben.

Mt 6,5–15

1 Und es begab sich, dass er an einem Ort war
und betete. Als er aufgehört hatte, sprach
einer seiner Jünger zu ihm:
Herr, lehre uns beten, wie auch
Johannes seine Jünger lehrte.
2 Er aber sprach zu ihnen:
Wenn ihr betet, so sprecht:
Vater!
Dein Name werde geheiligt.
Dein Reich komme.

3 Unser tägliches Brot gib uns Tag für Tag
4 und vergib uns unsre Sünden; denn auch wir
vergeben allen, die an uns schuldig werden.
Und führe uns nicht in Versuchung.

Lk 11,1–4

1. Vergleichen Sie die Vaterunser-Fassungen miteinander
2. Interpretieren Sie das Gebet, indem Sie die vier biblischen Dimensionen des Gebetes (nach Horst Klaus Berg) identifizieren.
3. Beurteilen Sie, ob die Anrede Gottes als »Vater« am Ende eines patriarchalischen Zeitalters noch angemessen ist. Erörtern Sie, ob zu Gott besser als »Mutter« gesprochen werden sollte.

Gottfried Helnwein, Kindskopf, 1991
Installation in der Minoritenkirche Krems-Stein

3. Vaterunser oder Mutterunser? – Feministische Annäherungen

Vater unser
du bist kein Mann
du bist kein Haus-Herr und
kein Familien-Oberhaupt

Im Himmel
getrennt vom mühsamen Alltag
jenseits meines Lachens und Weinens
unberührt von Katastrophen und Glück
kann ich dich nicht finden

Geheiligt werde dein Name
ja, geheilt muss er werden
er ist schwer verwundet seit langem
seit langem verletzt er Frauen
und macht mich heimatlos

Dein Reich komme
was ist das, heilige Kraft?
doch nicht ein umgrenztes Land
in dem Macht und Reichtum in
wenigen Händen
die Mehrheit der Menschen bedrücken
doch nicht Gewalt und
Bestimmungsunrecht
den Frauen gegenüber
doch nicht eine blasse Zukunft im
luftleeren Raum

Dein Wille geschehe
wissen wir, was du willst?
wollen wir mit dem Herzen wissen?
Jesus sagt, du willst unser Glück
aber nicht auf Kosten andrer Menschen
aber nicht auf Lohn und Strafe gebaut

Wie im Himmel so auf Erden
der Himmel bist du
Unermesslichkeit
in der sich die Erde bewegt
überall willst du Freiheit und Freude?
jedes Leben der Schöpfung ist wert-voll
und kost-bar, ist anvertraut zum Heil?
überall soll Hoffnung blühen
dass wir geliebt sind von dir und getragen
auch wenn wir leiden und sterben?

Unser tägliches Brot gib uns heute
für alle wollen wir bitten
die Mutter Erde, durchbohrt und
geschändet
bringt weiter Gaben in Fülle hervor
du atmest sie
du teilst nicht gleichmäßig zu
du vertraust, dass wir liebend teilen

Und vergib uns unsere Schuld
wie auch wir vergeben unsern Schuldigern
solches Leben hast du uns geschenkt
wir fallen und stehen auf
verletzen und werden verletzt
wir sind nicht fertig
wir werden
Jesus sagt:
habt keine Angst
vertraut
ihr werdet zuerst geliebt
damit ihr lieben könnt

Und führe uns nicht in Versuchung
das Leben nicht zu versuchen
die Suche aufzugeben
unversucht die Freude zu lassen
die Zärtlichkeit, die Lust
die Versuchung kommt nicht von dir
der mütterlichen Kraft
der Liebe, die Jesus erfüllte

Sondern erlöse uns von dem Bösen
ohne Leistungsdruck
ohne Rechenstift
ohne Opferblut
ohne Todesschuld
so hat uns Jesus verkündet
mit Nähe und Geduld
mit Hoffnung und Barmherzigkeit
mit Weite und Umarmung

Denn dein ist das Reich
es heißt Liebe

Und die Kraft
sie heißt Leben

Und die Herrlichkeit
ein Name, den Menschen verkehrten

In Ewigkeit
das heißt jetzt sowie unbegreiflich

Amen
wird es so sein?

Christa Peikert-Flaspöhler

»Thank God I'm a woman« –
Frauen haben eigene Perspektiven.

1. Analysieren Sie die Meditation.
2. Eine gelungene Vaterunser-Aktualisierung? Nehmen Sie Stellung.
3. Vergleichen Sie die Vaterunser-Meditation mit dem Gebet »Das andere Gesicht Gottes«, das ebenfalls von Christa Peikert-Flaspöhler formuliert wurde:

Das andere Gesicht Gottes
unsere Mutter
im Leben und Sterben
dein Name werde entbunden
deine fruchtbare Liebe ist unser Reich
darin deine Fülle zur Welt kommt
ohne Ende
das tägliche Brot und den täglichen Hunger
hilf uns zu teilen
ermögliche uns die Ver-Suchung
Freiheit und Liebe;
denn die HERRschaft ist das Übel;
aber dir gehören Geburt und Leben und
Wandlung
endlos
Amen

Christa Peikert-Flaspöhler

Mutter unser
Unsere Mutter im Himmel.
Geliebt werde dein Name.
Deine Güte komme.
Dein Wille geschehe, wie im Himmel, so auf Erden.
Unser tägliches Bedürfnis gib uns heute.
Und hilf uns nicht schuldig zu werden,
so wie auch wir helfen unseren Mitmenschen
nicht schuldig zu werden.
Hilf uns an dich glauben zu können
und rette uns in der Gefahr.
Denn du bist die Güte und die Liebeskraft
und die Schönheit in Ewigkeit.
Amen

Annelott Weisbach-Zerning

4. Skizzieren Sie, wie Sie die Aktualisierung von Annelott Weisbach-Zerning empfinden.
5. Setzen Sie sich mit der zuweilen geäußerten Auffassung auseinander, im gesamten Evangelium Jesu Christi gebe es kein einziges Gleichnis der Mutterliebe, Gott als Mutter komme bei Jesus auch nicht andeutungsweise vor, ein Mutterunser sei nicht im Sinne Jesu.

Feministische Auslegung

Allgemeine Charakteristik

Feministische Theologie versteht sich als Befreiungstheologie. Ausgangspunkt der theologischen Reflexion und der hermeneutischen Arbeit ist die Erfahrung der Unterdrückung von Frauen in einer von Männern dominierten Gesellschaft. Darum ist der **erste Zugang** zu biblischen Texten ein kritischer; feministische Theologinnen entlarven, wie die Texte missbraucht wurden/werden, um diskriminierende Urteile und unterdrückende Verhaltensweisen zu belegen (z. B. die Erzählung vom Sündenfall in Gen 3).

Feministische Auslegung ist **(zweitens)** daran interessiert, biblische Tradition von patriarchalen Überlagerungen zu befreien und neu zu interpretieren, z. B. die Aussagen zum Gottesbild.

Schließlich will die Auslegung der biblischen Frauengestalten als Identifikationsfiguren (»Mütter«) heutiger Befreiung wiederentdecken und rehabilitieren. Insgesamt orientiert sich die feministische Auslegung am Maßstab der prophetisch befreienden Linie der biblischen Überlieferung.

Methoden

1. Historisch-kritische Methoden

Wie können Methoden der historisch-kritischen Auslegung so eingesetzt werden, dass patriarchale Überlieferungen der biblischen Texte beseitigt und der Zugang zu den Quellen freigelegt wird?

2. Innerbiblische Korrektur

Welche Kriterien bieten sich an, um Bibelstellen, die Frauenüberlieferungen verdrängen oder diskriminieren, durch andere zu ersetzen?

3. Verfremdungs-Methoden

Welche traditionell verhärteten Sichtweisen können Verfremdungen aufbrechen, welche neue ans Licht bringen?

4. Personalisieren der Tradition

Welche Chancen für ein erfahrungsbezogenes Verständnis der Überlieferung bietet der Vorschlag Texte aus der Perspektive der beteiligten und betroffenen Frauen zu überliefern?

5. Feministische Transformation

Welche biblischen Vorstellungen und Begriffe sind traditionell so einseitig »vermännlicht«, dass ihre weiblichen Aspekte neu bewusst zu machen sind? (z. B. Geist – »Geistin«).

6. Perspektivenwechsel

Kann ein Dialog mit biblischen Personen, vor allem Frauen, eine personale Beziehung zwischen Leser und Überlieferung anbahnen?

Horst Klaus Berg

4. Das Vaterunser – aus jüdischer und aramäischer Sicht

Jeder bibelfeste Jude könnte eine Zweitfassung des Vaterunsers aus seinem Glaubensgut zusammenstellen, die mit dem Jesus-Gebet inhaltlich so gut wie identisch wäre – ohne ein einziges Jesuswort zu benötigen. Das könnte dann folgendermaßen lauten:

Ein Vaterunser-Text aus rabbinischen Quellen

Vater unser, Der Du bist im Himmel[1];
Geheiligt werde Dein erhabener Name in der Welt,
die Du geschaffen hast nach Deinem Willen.
Es komme bald herbei und werde von aller Welt erkannt Dein Reich und Deine Herrschaft, auf dass Dein Name gepriesen werde in alle Ewigkeit[2].
Dein Wille werde getan im Himmel und auf Erden
gib Ruhe des Gemütes denen, die Dich fürchten, im Übrigen tue, was Dir wohlgefällt[3].
Lass uns genießen das uns täglich zugemessene Brot[4].
Vergib uns, unser Vater, denn wir haben gesündigt[5].
Vergib auch allen, die uns ein Leid zugefügt[6], wie auch wir allen vergeben[7].
Und lasse uns nicht in Versuchung kommen, sondern halte uns fern von allem Übel[8].
Denn Dein ist die Größe und die Kraft und die Herrlichkeit, der Sieg und die Majestät, ja alles im Himmel und auf Erden. Dein ist das Reich und Du bist aller Wesen Herr[9] in Ewigkeit!
Amen.

Pinchas Lapide

[1] Eine im jüdischen Gebetbuch (Siddur) übliche Anrede; auch Sota 9,16; Ber 32b; 1 Chron 29,10; Jes 63,16 und 64; Seder Eliahu R 7,28; Tannna de be Eliahu 21.
[2] Im Kadisch, in der Keduschah und im Achtzehnergebet des täglichen Gottesdienstes (Siddur) nach Ez 38,28.
[3] Tosephta Berachot 3,7; Ber 29b. Vgl. 1 Sam 3,18
[4] Sprüche 30,8; Mechilta zu Ex 16,4; Bezah 16a.
[5] Aus dem täglichen Achtzehnergebet.
[6] Megilla 28a.
[7] Mischnah Joma (Schluss). Vgl. Tosephta Taaith 1,8, Taanith 16a.
[8] Aus dem täglichen Morgengebet im Siddur. Vgl. Berachot 16b; 17a; 60b; Sanhedrin 107a; Kidduschin 81b.
[9] 1 Chron 29,11–13

Das Vaterunser auf Hebräisch – Die Darstellung gibt eine Vorlage wieder, die sich im Kreuzgang der Vaterunser-Kirche in Jerusalem befindet. Dort ist das ursprünglich aramäisch verfasste Gebet Jesu in 80 Sprachen zu sehen.

1. Vergleichen Sie die Fassung des Vaterunsers aus rabbinischen Quellen mit Mt 6,9–15.

2. Nehmen Sie Stellung zu dem Zitat von Peter de Rosa: »Jesus hat keine neue Religion gestiftet; er hatte schon eine Religion, mit der er zufrieden war. Er war ein frommer Jude, kein Christ ...«

Das Vaterunser in aramäischer Sprache. In der syrisch-orthodoxen Kirche wird das Aramäische (Syrische) heute noch als Liturgiesprache verwendet. Damit kann sich diese Kirche der Sprache Jesu nah fühlen, wie sie im Vaterunser verwendet wird. – Das Wort »Abba« ist im Aramäischen – in bestimmten Regionen – ein familiäres Kosewort, das der Vater der Mutter, die Mutter dem Kind, das Kind dem Vater gegenüber verwenden kann. Es bleibt also vom Geschlecht her unbestimmt.

Rocco A. Errico kommentiert die 6. Bitte des Vaterunsers so:

Jesu Muttersprache war Aramäisch und selbstverständlich lehrte er [...] dieses kurze Gebet seine Schüler und das Aramäisch sprechende Volk von Galiläa in seiner Muttersprache. Zunächst wurde es mündlich weitergegeben und wohl erst viel später schriftlich niedergelegt. [...]

»Und lass uns nicht in Versuchung eintreten/geraten, sondern befreie uns von dem Bösen [den Fehlern].« Meist wurde dieser Vers so übersetzt: »*Führe* uns nicht in Versuchung« oder »*Stell* uns nicht auf die Probe«. Der Gedanke ist: »Halte mich aus Schwierigkeiten heraus« oder »Bewahre mich davor, mich in schädliche Umstände [Verhältnisse, Ereignisse] *zu begeben*«. ... Interessanterweise verwirrte Benjamin Franklin [einen der Gründungsväter der U.S.A.], wie viele seiner Zeitgenossen, dieser Vers und so entschied er sich, das Vaterunser zu »modernisieren«. Er formulierte: »Und halte uns von Versuchung ab.« Soweit wir wissen, kannte [der Deist] Benjamin Franklin die aramäische Sprache nicht, hatte jedoch die Idee, die hinter diesem Satz steht, erfasst. [...] Gott führt niemanden in Versuchung! Wir wissen, dass Gott *Licht, Leben* und *Liebe* ist. Wie kann Licht in Finsternis führen? Licht zerstreut Finsternis! Wir wissen, dass Finsternis Licht nie überwältigen oder besiegen kann. Die neutestamentlichen Autoren bezeugen: Gott ist Liebe.

Liebe stiftet niemals an, Böses zu tun. Gott, unser liebender, uns leitender Vater, würde uns, seine Kinder, niemals in Finsternis oder Versuchung führen.

Wie würden wir uns fühlen, wenn unsere Kinder uns bäten: »Vater, Mutter, führe uns nicht in Versuchung«, und das jeden Tag? Was für Eltern wären wir? Nein, unsere Kinder wissen, dass wir sie von Problemen und Versuchungen wegführen. Dies gilt auch für *abba*, unseren himmlischen Vater.

Nicht die uns innewohnenden spirituellen Energien versuchen uns, sondern unsere eigenen *Wünsche*. Der Apostel Jakobus schreibt: »Niemand sage, wenn er versucht wird, er werde von Gott versucht; denn Gott kann durch das Böse nicht versucht werden, noch versucht er irgendjemand: Aber jeder wird durch seine eigenen Wünsche versucht; er begehrt und wird verführt.« (Jakobus 1,13–14) [...]

Das Wort *ta'lähn* ist von der aramäischen Wurzel *al* abgeleitet, die viele Bedeutungen hat. Es kommt als Verb und Präposition vor. Das Verb *al* bedeutet »eintreten«, »angreifen«, »kämpfen«, »ringen« und »sich zufriedengeben«, auch »sich abfinden« und »Verkehr/Umgang haben«. Ist *al* Präposition, kann es »auf«, »in«, »bei«, »über«, »oberhalb«, »längs« oder »auf der Spitze von« bedeuten. Bei der Übersetzung dieses Wortes, ob als Verb oder Präposition, muss man sehr vorsichtig sein.

In diesem Vers des Vaterunsers bedeutet *ta'lähn* »eintreten« und »Lass uns nicht in Versuchung eintreten« oder »Lass uns nicht auf Versuchungen eingehen« und »Lass uns nicht in Versuchung geraten«. Als Jesus in Gethsemane seine Jünger mahnte: »Wachet und betet, dass ihr nicht auf die Versuchung eingeht *[ta'lon]*« (Mt 26,41), benutzte Jesus das gleiche Verb, aber nicht die gleiche Form (Person, Modus) wie im Vaterunser. *Ta'lon* heißt »dass ihr nicht darauf eingeht« und *ta'lähn* »Lass uns nicht darauf eingehen«. [...]

Das aramäische Wort *nisyona* bedeutet »Tests«, »Prüfungen«, »Versuche« und »Versuchungen«, hat aber auch andere Bedeutungen wie zum Beispiel »Materielles« oder »Weltlichkeit«. Versuchungen und Prüfungen kommen von Materiellem und Weltlichkeit. Sagen wir: »Lass uns nicht auf Materielles eingehen«, dann bitten wir eigentlich: »Lass uns nicht vom materialistischen Weg des Lebens getäuscht werden.«

Damit ist nicht gemeint, materielle Dinge zu meiden oder nicht zu gebrauchen, sondern uns nicht in ihnen zu verlieren. Wir haben es nicht nötig, sie zum Mittelpunkt unseres Lebens zu machen. Gott versorgt uns mit allem, was wir brauchen.« [...]

Das Wort ›erlösen‹ trifft nicht die ganze Bedeutung des ursprünglichen aramäischen Begriffs. Wir möchten nicht einfach nur erlöst werden, wenn wir einmal in eine problematische Situation verwickelt sind, sondern »frei«, »getrennt« von ihr werden. Schon bevor wir in eine Falle tappen, möchten wir rechtzeitig auf sie aufmerksam gemacht werden, nur dann können wir die sich aus ihr entwickelnden Komplikationen vermeiden. Sitzen wir erst in der Falle oder haben die Schlinge schon um den Hals, ist es viel schwerer, uns da wieder »herauszuführen«.

Mit dieser Zeile des Gebetes: »Lass uns nicht in Versuchung eintreten«, bitten wir: »Lass uns wachsam sein, auf dass wir nicht auf Versuchungen eingehen« und »Befreie uns von irrigem Denken und falschem Handeln, die uns in größere Probleme führen und ins Unglück stürzen.« — »Trenne uns von Fehlern.« [...]

Kein böses, kosmisches Wesen fordert uns heraus, indem es uns in Versuchung führt, auf die Probe stellt, Prüfungen auferlegt oder unsere Probleme erschafft. Das alles erschaffen wir uns selbst, und zwar durch unangemessene Entscheidungen, Ignoranz, Missverständnisse, gefühlsmäßige Unreife, falsche Glaubenssysteme, irreführende Philosophien und Ideologien. Wenn wir diese Tatsache erkennen, sind wir auf dem Weg zu einem gesünderen Leben. Wir tadeln uns nicht. Wir erkennen unsere Rolle und unsere Verantwortung. Wir haben die Fähigkeit, auf die Wahrheit, die in uns lebt, zu reagieren. Wir sind empfänglich für Gott, der die Quelle des Lebens ist.

Rocco A. Errico

3. Setzen Sie sich – exemplarisch – mit der Interpretation der 6. Vaterunserbitte auseinander, wie sie von einer aramäischen Seite aus interpretiert wird. Berücksichtigen Sie dabei die Vieldeutigkeiten in der aramäischen Sprache.

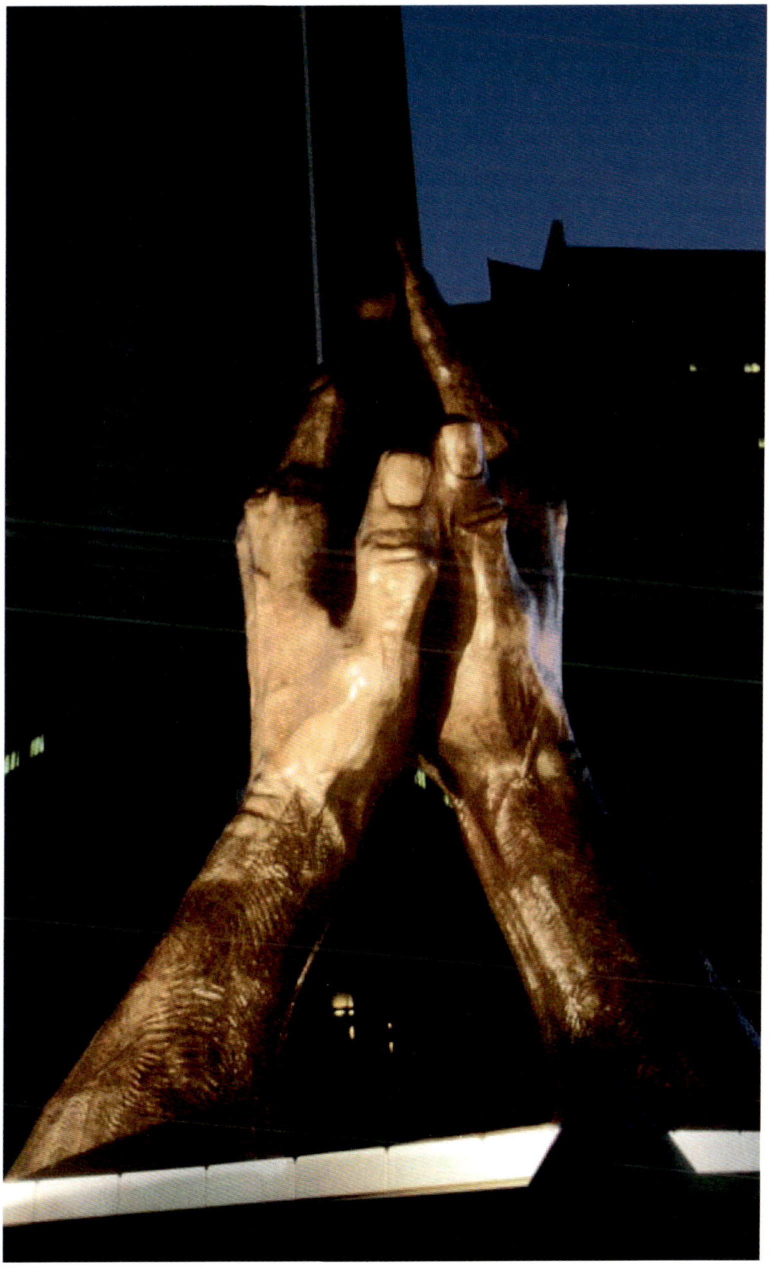

Eine Riesenskulptur betender Hände vor dem Hospital von Tulsa im US-Bundesstaat Oklahoma

5. Das Vaterunser – Summe der Reich-Gottes-Botschaft Jesu

Die Jünger baten Jesus einmal: »Herr, lehre uns beten!« (Lk 11,1). Jesu Antwort war das Vaterunser, das beispielhaft zeigt, was Beten ist. »Je länger man es betet, je mehr sieht man ein, wie wenig man es versteht, und wie wert es ist verstanden und bedacht zu werden, um unbekannten Schätzen auf die Spur zu kommen« (Claudius). Wir wollen im Folgenden die sieben Bitten dieses Gebetes betrachten.

Vater unser: Die Anrede zeigt die Richtung des Betens an. Das Beten hat immer ein Ziel, nämlich das eine und damit das Entscheidende, Hilfreiche und Lebensnotwendige zum Ausdruck zu bringen: Lieber Vater. Im Gebet wird es verwirklicht: Alle Furcht und Liebe, alles Vertrauen in eine Richtung zu bringen: zum Vater. In dem Gebet, das Jesus selbst uns gegeben hat, stehen drei Bitten am Anfang: Sie helfen uns unserem Beten und damit unserem Leben eine Richtung zu geben. Wir Menschen möchten gerne uns selbst bestätigt sehen, auch in unserem Glauben, auch in unserem Gebet. Jesu Lehrgebet entlastet uns von der Verherrlichung des eigenen Namens und führt uns hin zur Verherrlichung *seines* Namens. Er holt uns von den eigenen Wunschvorstellungen fort und lässt uns auf Gottes Wort merken, das ja »nicht ferne von uns ist«, es hilft uns wegzublicken von den Dingen, über die wir herrschen, die wir geistig beeinflussen oder beeinflussen möchten und sie auf sein *Reich* auszurichten, wo ich nicht alles regieren muss und wo ich mich seiner Regierung unterstellen darf. Nicht mein Interesse muss um jeden Preis zum Ziel kommen, sondern *Gottes Wille.* Diese Bitte geht davon aus, dass jeder Mensch sein eigenes Interesse hat. Es ist also kein Gebet für die Willenlosigkeit oder die Preisgabe des Willens, es geht vielmehr darum, dem eigenen Interesse eine Richtung zu geben, so dass es der Berufung nicht im Wege steht.

Das Vaterunser bewegt sich nicht in Allgemeinplätzen. Es spricht von dem *täglichen Brot,* das wir brauchen und von dem wir abhängig sind. Durch das Gebet sollen wir dies erkennen und dankbar dafür sein. Jesus weist uns auch an unsere *Schuld,* an das, wovon wir selbst wissen, dass es nicht so ist, wie es sein sollte. Weil uns unverdient so viel *Güte* trotz allem begegnet, ermahnt er uns, dass wir auch anderen vergeben sollen. Durch den Hinweis auf die *Versuchung* warnt er vor Überheblichkeit der eigenen Einsicht und Voraussicht zu viel zuzutrauen und die Gefahren, die in uns und um uns vorhanden sind, zu unterschätzen. Schließlich deutet er darauf hin, dass das *Böse* eine Gewalt in dieser Welt ist, von der sich niemand selbst befreien kann, es sei denn, er werde davon erlöst. Dass in diesem Gebet auch die Schattenseiten menschlicher Wirklichkeit beim Namen genannt werden, ist gerade ein Zeichen dafür, wie stark und wie tief das Vertrauen ist, zu dem uns Jesus ermutigt.

Evangelischer Erwachsenenkatechismus

KOMPETENZEN

Am Ende dieses Abschnitts sollten Sie Fortschritte beim Erwerb folgender Fähigkeiten erworben haben:

Wahrnehmungs- und Darstellungsfähigkeit – religiös bedeutsame Phänomene wahrnehmen und beschreiben:	• Situationen erfassen, in denen letzte Fragen nach Grund, Sinn, Ziel und Verantwortung des Lebens aufbrechen: Not, Schuld usw. • religiöse Spuren und Dimensionen in der Lebenswelt aufdecken • grundlegende religiöse Ausdrucksformen (Symbole, Riten, Mythen, Räume, Zeiten) wahrnehmen und in verschiedenen Kontexten wiedererkennen und einordnen • ethische Herausforderungen in der individuellen Lebensgeschichte sowie in unterschiedlichen gesellschaftlichen Handlungsfeldern wie Kultur, Wissenschaft, Politik und Wirtschaft als religiös bedeutsame Entscheidungssituationen erkennen.
Deutungsfähigkeit – religiös bedeutsame Sprache und Zeugnisse verstehen und deuten:	• religiöse Sprachformen analysieren und als Ausdruck existentieller Erfahrungen im jeweiligen Zeithorizont verstehen (Beispiel: Gebet) • religiöse Motive und Elemente in Texten, ästhetisch-künstlerischen und medialen Ausdrucksformen identifizieren und ihre Bedeutung und Funktion erklären (Beispiele: biographische und literarische Texte, Bilder, Musik, Werbung, Filme) • biblische Texte, die für den christlichen Glauben grundlegend sind, methodisch reflektiert auslegen • theologische Texte zur Reich-Gottes-Verkündigung Jesu sachgemäß erschließen • Glaubenszeugnisse in Beziehung zum eigenen Leben und zur gesellschaftlichen Wirklichkeit setzen und ihre Bedeutung aufweisen. (Ethischer Anspruch des Vaterunsers)
Urteilsfähigkeit – in religiösen und ethischen Fragen begründet urteilen:	• Formen theologischer Argumentation vergleichen und bewerten • Gemeinsamkeiten von Konfessionen und Religionen sowie deren Unterschiede erklären und kriteriengeleitet bewerten • Modelle ethischer Urteilsbildung kritisch beurteilen und beispielhaft anwenden • die Menschenwürde theologisch begründen und als Grundwert in aktuellen ethischen Konflikten zur Geltung bringen • im Kontext der Pluralität einen eigenen Standpunkt zu religiösen und ethischen Fragen einnehmen und argumentativ vertreten.
Dialogfähigkeit – am religiösen Dialog argumentierend teilnehmen:	• die Perspektive eines Juden einnehmen und in Bezug zum Vaterunser der Christen setzen • Gemeinsamkeiten von religiösen und weltanschaulichen Überzeugungen sowie Unterschiede benennen, d. h. das Vaterunser als »jüdisches Gebet« identifizieren, das ursprünglich aramäisch formuliert wurde, und im Blick auf mögliche Dialogpartner kommunizieren • sich aus der Perspektive des christlichen Glaubens mit anderen religiösen und weltanschaulichen Überzeugungen argumentativ auseinandersetzen • Kriterien für eine konstruktive Begegnung, die von Verständigung, Respekt und Anerkennung von Differenz geprägt ist, in dialogischen Situationen berücksichtigen.
Gestaltungsfähigkeit – religiös bedeutsame Ausdrucks- und Gestaltungsformen verwenden:	• typische Sprachformen der Bibel, hier die Gebetsform, theologisch reflektiert transformieren • Aspekten des christlichen Glaubens in textbezogenen Formen Ausdruck verleihen • Ausdrucksformen des christlichen Glaubens erproben und ihren Gebrauch reflektieren • das Vaterunser feministisch am Kriterium der Reich-Gottes-Botschaft Jesu orientiert (um-) gestalten • religiös relevante Inhalte und Positionen medial und adressatenbezogen präsentieren.

Kreuz aus dem Altenberger Dom

III. Gemeinschaft mit Jesus – Das letzte Abendmahl

Die Feier des Abendmahles im christlichen Gottesdienst geht auf das letzte Mahl Jesu mit seinen Jüngern zurück. Nach der Überlieferung soll es als Pessachmahl gefeiert worden sein, das Juden einmal im Jahr zur Erinnerung an die Errettung aus Ägypten begehen. Die ersten Christen »brachen das Brot« im Gedenken an Jesu Tod und Auferstehung. Sie erlebten die Gegenwart Jesu als Stärkung ihrer Glaubens- und Lebensgemeinschaft. Beim Mahlhalten erinnerten sie sich an die Tischgemeinschaft mit seinen Jüngern und mit den gesellschaftlich Verachteten.

Die Einsetzungsworte haben wirkungsgeschichtlich in den christlichen Konfessionen eine je unterschiedliche Deutung erfahren. Vor allem ging es um das Problem, ob es »Das ist mein Leib, das ist mein Blut« oder »Das bedeutet mein Leib, das bedeutet mein Blut« heißen müsse. Welche Konsequenzen dieser Unterschied macht, bedarf der Klärung.

Das Kapitel setzt mit einem Projektbericht ein, der von »Tränen am gedeckten Tisch« (1) erzählt. Angesprochen wird die vorrangige Option für die Armen auf dem Hintergrund der Gemeinschaft im Glauben, vor allem der Tischgemeinschaft beim Abendmahl. Die Arbeit an den Schrifttexten im Vergleich und an ihrer theologischen Deutung (2) lässt die biblischen Grundlagen zur Sprache kommen. Die folgende Darlegung der »Feier des jüdischen Pessachfestes« (3) erläutert eine mögliche theologische Wurzel für das christliche Abendmahl. Das je eigene Verständnis des Abendmahles in den verschiedenen Konfessionen verdeutlicht Prinzipien wirkungsgeschichtlicher Auslegung, indem die Einsetzungsworte und ihre Deutungen und Wirkungen in der Geschichte des Christentums (4) verfolgt werden. Der zusammenfassende Überblick (5) lässt abschließend die Komplexität der historischen und theologischen Fragen um Pessach (im Neuen Testament wird auch von Passa/Passah gesprochen) und Abendmahl erneut bewusst werden.

Klaus Staeck, Abendmahl, 1982
Auf dem Tisch: 13 Pappteller mit Steinen, daneben die Namen der 13 ärmsten Länder der Welt.

1. »Tränen am gedeckten Tisch« – Ein Projektbericht

Seit 15 Jahren arbeitet Ferdinand Kerstiens in einer katholischen Pfarrei in Marl, am Nordrand des Ruhrgebietes. Vor 12 Jahren hat der 58-jährige Pfarrer, beeindruckt von einer Reise durch Brasilien, einen Brasilienkreis gegründet. Fünf Interessierte fanden sich. Gemeinsam mit einem brasilianischen Pfarrer entstand die Idee einer Partnerschaft zu drei kirchlichen Basisgemeinden am Rande von Belo Horizonte. Durch den Kontakt zu den Gemeinden wollte die Gruppe die Probleme der Dritten Welt den Menschen in Marl näherbringen. […]

Armut in Brasilien, das war für die Menschen in der Industriestadt, die von Bergbau und Großchemie lebt, noch viel zu abstrakt. Also, so dachte sich der Dritte-Welt-Kreis, müssen wir die Armen eben einladen zum großen Sommerfest der Pfarrei. Eine Idee, die bei brasilianischen Kirchenoberen wie in der Marler Gemeinde auf Kritik stieß. Schnell waren die hohen Reisekosten Gesprächsthema Nummer eins. […] Aber das waren nicht die einzigen Zweifel, so erinnert sich die 54-jährige Hausfrau Rita Bußkamp.

»Ich kann mich gut erinnern, dass ich mal gut eine halbe Stunde auf der Straße gestanden habe und habe mich mit einer Frau unterhalten über die vielen tausend Euro, die nun diese Reise kosten sollte und was die Leute denn wohl für ein Gefühl haben würden, wenn sie das alles hier sehen. Und als ich das dann mal so ein bisschen hinterfragt habe bei dieser Frau, da sagte sie: ›Ich muss mich ja schämen, wenn ich an die Bilder denke, die wir von Brasilien gesehen haben und wenn ich die in meine Wohnung einlade, dann schäme ich mich, deswegen will ich die, glaube ich, gar nicht hier haben!‹« Nicht alle waren dafür, doch mit Hilfe einer evangelischen Nachbargemeinde kam das Geld schnell zusammen. Für 14 Tage wollte man schließlich sechs Gäste aus Brasilien einladen. Zwei Übersetzer sollten sie hier begleiten und in Belo Horizonte wählten die Partnergemeinden eine Reisedelegation, auch dort nicht ohne Kritik, die vor allem aus der Kirchenhierarchie kam. Doch entgegen der Befürchtungen wählten die einfachen Menschen aus den Armenvierteln ihre Delegation mit einem strengen Auswahlverfahren: Es sollten Leute sei, die seit langem in ihrer Gemeinde mitarbeiten, die die Marler bereits von ihren Besuchen in Brasilien kennen. Und sie sollten vor allem ihre Erfahrungen bei der Rückkehr vermitteln können.

Eine Reisedelegation, die zudem so manche Einstellungen in Marl verändern sollte, aber anfangs auch Zweifel und Verwirrung auslöste, so Pfarrer Kerstiens: »Dann war eine Journalistin hier. Und die Einzelnen haben sich alle vorgestellt und haben gesagt: Ich bin Präsident des Bürgervereins; ich bin Präsidentin der Kinderkrippe; ich leite Bibelkreise; ich leite Gottesdienste; ich bin Minister der Eucharistie usw., usw. Und die Journalistin wollte überhaupt gar nicht glauben, dass diese Leute, die so viel Funktionen ehrenamtlich wahrnehmen und mit einer solchen Souveränität davon sprachen, dass das selber die Armen waren.«

Erst die Schilderung ihres Alltags in Brasilien ließ aufhorchen:

»Dann haben sie die Fotos gezeigt, wie wir früher von unseren Brasilienbesuchen Fotos gezeigt haben. Und ja, ja, haben sie alle so genickt und zugehört. Und dann sagte einer auf einmal: ›Und da wohnen wir alle.‹ Und da erst fiel sozusagen der Stein auf den Grund.« Gesehen hatten sie morastige und vom Regen halb weggespülte Wege, Häuser und Hütten mit ein- oder zwei Räumen, wo sechs bis acht Menschen leben, daneben notdürftig ausgehobene Gräben mit Abwässern und Müll. Jetzt wurde vielen bewusst, dass dies keinesfalls Vertreter der Mittelschicht waren, die sich hier und da für die Kirche engagierten, sondern Menschen, für die das Ehrenamt selbstverständlicher Alltag war, die dann sagten: »Ja, ich brauche doch dafür kein Geld zu bekommen. Mein Mann verdient zwei Mindestlöhne, mein Sohn einen, das sind drei Mindestlöhne, davon können wir gut leben.« Wir alle wussten, dass wenigstens sechs Mindestlöhne nötig sind, damit eine vierköpfige Familie sich über Wasser halten kann. Und die redeten von drei Mindestlöhnen und sagten: Das ist doch genug und dann kann ich das doch wohl ehrenamtlich tun. […]

Der Alltag der Brasilianerinnen unter den Gästen, die persönliche Schilderung, hatte die Frauen hier berührt: die doppelte oder dreifache Arbeit, die Frauen in Brasilien leisten: Hausarbeit, Kindererziehung und Erwerbsarbeit, wenn der Mann arbeitslos ist oder die Familie verlassen hat, das Überleben für die Familie sichern, mit wenig Geld und ohne soziale Absicherung, die Gewalt der Männer, die die Frauen zusätzlich erfuhren. Hier entstand eine neue tiefere Verbundenheit wie zwischen Freundinnen. Und hier wollten die deutschen Frauen helfen, damit die Brasilianerinnen sich zumindest teilweise aus den alltäglichen Zwängen befreien konnten. Allerdings kam das in der Marler Pfarrei nicht gleich an. […]

Kindergärten, staatlich gefördert, ordentliche Schulen oder Einrichtungen für Behinderte oder verlassene Kinder. All das war für die Gäste neu. Bei Werksbesichtigungen und Gesprächen mit Betriebsräten erfuhren sie von den Rechten der Arbeiter hierzulande. Doch Zweifel blieben. Immer wieder die Frage: Leben hier alle Arbeiter so wir ihr? Und das in einer Gemeinde am Nordrand des Ruhrgebietes, deren Mitglieder als Arbeiter und einfache Angestellte im Bergbau oder in der Chemieindustrie arbeiten. Wer in Brasilien als Industriearbeiter beschäftigt ist, auch bei deutschen Unternehmen, der könne sich solchen Luxus nicht leisten, hieß es. Vergleiche wurden angestellt: Während dort eine Arbeiterfamilie am Rande der Großstädte in unverputzten kleinen Häusern oder Haushütten lebt, kann sie sich hierzulande eine Eigentumswohnung oder ein schmuckes Einfamilienhaus plus Auto leisten. Während Frauen in Brasilien oft ohne Wasseranschluss den Haushalt versorgen müssen, gibt es hier Wasch- oder Spülmaschinen. Während die Menschen in Marl Gäste bewirten können, müssen in Brasilien Kinder die Schule verlassen, um für die Ernährung der Familie zu arbeiten, oder gar auf den Müllplätzen Nahrungsreste für den Abendbrottisch suchen. Und obgleich die Gastgeber nicht protzen wollten, wurden allen Beteiligten diese Unterschiede bei einem für uns bescheidenen Mahl deutlich, erinnert sich die Pfarrgemeinderatsvorsitzende Christel Bußmann:

»Es gab Kartoffelsalat und Würstchen. Und es war aber alles sehr nett gemacht. Es war sehr schön gedeckt mit Kerzen und sehr liebevoll, ein bisschen festlich gedeckt. Und plötzlich brach eine der Frauen aus Brasilien von der brasilianischen Gruppe ›Dodora‹ in Tränen aus. Und wir waren ganz bestürzt und konnten das gar nicht einordnen und dachten: Was haben wir verkehrt gemacht? Und dann stellte sich heraus, es war einfach für sie im Moment nicht mehr zu verkraften gewesen, dass sie jetzt zum dritten Mal an diesem Tag an einem gedeckten Tisch saß und so viel essen konnte, wie sie Lust hatte.« […] Von den Kosten für die brasilianische Reisedelegation spricht heute niemand mehr, eher von dem, was man gelernt hat. […] Und sie sind selbstverständliche Partner geworden, deren Kampf man in einer einigen Welt als unerlässlich ansieht und die man nicht nur unterstützt, sondern von denen man auch lernen kann:

»Wenn die erzählt haben von irgendwelchen Schwierigkeiten, wo sie absolut nicht mehr weiterkamen, dann kam zum Schluss: ›Aber mit unserem Glauben und mit Jesus werden wir es schaffen.‹ Also immer hintenrum wieder eine Zuversicht, die unsereins, denke ich, oder ich persönlich zumindest, oft verloren hatte und die mir heute oft weiterhilft bei Situationen, wo ich sonst sagen würde: ›Hier bin ich jetzt am Ende.‹ Oder: ›Ich weiß nicht mehr weiter.‹ Und wenn ich dann zu Hause an die Wand schaue und die Fotos von den zumindest sechs Freunden, die hier waren, sehe, dann geht es mir schon ganz anders.«

Uwe Pollmann

1.	Skizzieren Sie Ihre spontanen Eindrücke von der Einladung der Brasilianer nach Marl.
2.	Erklären Sie, inwiefern gemeinsames Essen verbindet, inwiefern es Trennendes bewusst werden lassen kann.
3.	»Tränen am gedeckten Tisch« – Erörtern Sie mögliche Konsequenzen für die Gastgeber.
4.	»Die im Evangelium verankerte vorrangige Option für die Armen‹ […] bewahrt die Kirche im Innern vor einer Spaltung ihrer eucharistischen Tischgemeinschaft in Brotlose und Übergewichtige. Gesellschaftlich wirkt sie dem Zerfall lokaler und globaler Solidarität entgegen« (Franz Kamphaus). Interpretieren Sie dieses Zitat und nehmen Sie Stellung zu den Gedanken von Franz Kamphaus.

Die achtzigjährige Frau hat aufgrund tropischer Regenfälle in Honduras ihr Haus verloren. Nur der Spiegel mit den Bildern Jesu und Marias ist gerettet.

2. Das letzte Abendmahl – Schrifttexte im Vergleich

Mk 14,18–25.29–31; 10, 42–45

14 [22] Und als sie aßen, nahm Jesus das Brot, dankte und brach's und gab's ihnen und sprach: Nehmet, das ist mein Leib. [23] Und er nahm den Kelch, dankte und gab ihnen den; und sie tranken alle daraus. [24] Und er sprach zu ihnen: Das ist mein Blut des Bundes, das für viele vergossen wird. [25] Wahrlich, ich sage euch, dass ich nicht mehr trinken werde vom Gewächs des Weinstocks bis an den Tag, an dem ich aufs Neue davon trinke im Reich Gottes.

14 [18] Und als sie bei Tisch waren und aßen, sprach Jesus: Wahrlich, ich sage euch: Einer unter euch, der mit mir isst, wird mich verraten. [19] Und sie wurden traurig und fragten, einer nach dem andern: Bin ich's? [20] Er aber sprach zu ihnen: Einer von den Zwölfen, der mit mir seinen Bissen in die Schüssel taucht. [21] Der Menschensohn geht zwar hin, wie von ihm geschrieben steht; weh aber dem Menschen, durch den der Menschensohn verraten wird! Es wäre für diesen Menschen besser, wenn er nie geboren wäre.

10 [42] Da rief Jesus sie zu sich und sprach zu ihnen: Ihr wisst, die als Herrscher gelten, halten ihre Völker nieder, und ihre Mächtigen tun ihnen Gewalt an. [43] Aber so ist es unter euch nicht; sondern wer groß sein will unter euch, der soll euer Diener sein; [44] Und wer unter euch der Erste sein will, der soll aller Knecht sein. [45] Denn auch der Menschensohn ist nicht gekommen, dass er sich dienen lasse, sondern dass er diene und sein Leben gebe als Lösegeld für viele.

14 [29] Petrus aber sagte zu ihm: Und wenn sie alle Ärgernis nehmen, so doch ich nicht! [30] Und Jesus sprach zu ihm: Wahrlich, ich sage dir: Heute, in dieser Nacht, ehe der Hahn zweimal kräht, wirst du mich dreimal verleugnen. [31] Er aber redete noch weiter: Auch wenn ich mit dir sterben müsste, werde ich dich nicht verleugnen! Das Gleiche sagten sie alle.

1 Kor 11,23–26

[23] Denn ich habe von dem Herrn empfangen, was ich euch weitergegeben habe: Der Herr Jesus, in der Nacht, da er verraten ward, nahm er das Brot, [24] dankte und brach's und sprach: Das ist mein Leib, der für euch gegeben wird; das tut zu meinem Gedächtnis. [25] Desgleichen nahm er auch den Kelch nach dem Mahl und sprach: Dieser Kelch ist der neue Bund in meinem Blut; das tut, sooft ihr daraus trinkt, zu meinem Gedächtnis. [26] Denn sooft ihr von diesem Brot esst und aus dem Kelch trinkt, verkündigt ihr den Tod des Herrn, bis er kommt.

Joh 13,12–14.36–38

[12] Als er nun ihre Füße gewaschen hatte, nahm er seine Kleider und setzte sich wieder nieder und sprach zu ihnen: Wisst ihr, was ich euch getan habe? [13] Ihr nennt mich Meister und Herr und sagt es mit Recht, denn ich bin's auch. [14] Wenn nun ich, euer Herr und Meister, euch die Füße gewaschen habe, so sollt auch ihr euch untereinander die Füße waschen. [36] Spricht Simon Petrus zu ihm: Herr, wo gehst du hin? Jesus antwortete ihm: Wo ich hingehe, kannst du mir diesmal nicht folgen; aber du wirst mir später folgen. [37] Petrus spricht zu ihm: Herr, warum kann ich dir diesmal nicht folgen? Ich will mein Leben für dich lassen. [38] Jesus antwortete ihm: Du willst dein Leben für mich lassen? Wahrlich, wahrlich, ich sage dir: Der Hahn wird nicht krähen, bis du mich dreimal verleugnet hast.

1. Vergleichen Sie die Markus-Fassung mit 1 Kor 11,23–26 und Joh 13,12–14.36–38.
2. Analysieren Sie die theologischen Akzente hinter den Unterschieden.
3. Erörtern Sie 1 Kor 11, 24b: »das *tut* zu meinem Gedächtnis«. Berücksichtigen Sie dabei, dass es hier um das »Tun« und nicht um die Deutung dessen geht, was in diesem Tun geschieht. Darf der jeweiligen Deutung dann so viel Gewicht zugemessen werden, dass sie sich kirchentrennend auswirkt?

Zum Sederabend beim Passafest/Pessach gedeckter Tisch

3. Zur Feier des jüdischen Passafestes/Pessach

Im Abendmahl, das heute gefeiert wird, laufen verschiedene Überlieferungsströme zusammen, die dem Neuen Testament entnommen sind: das letzte Mahl Jesu am Abend vor seinem Tod, die Tischgemeinschaften des irdischen Jesus, die Mahle nach Ostern in der Erfahrung der Gegenwart des Auferstandenen, das Passamahl Israels. Auch wenn historisch nicht feststeht, dass das letzte Mahl Jesu als Passamahl gefeiert wurde, so hat man es theologisch schon bald in Verbindung mit ihm gedeutet. – Der Text stellt Passa/Pessach in jüdischer Perspektive dar.

In das volle Licht der biblischen Geschichte tritt das Passafest in der Form, wie es von ganz Israel begangen wurde, nachdem es im Land Kanaan sesshaft geworden war. Als Feier der Erinnerung und Vergegenwärtigung des Auszugs aus Ägypten wurde es zum wichtigsten Fest Israels. Die Schlachtung des Passalammes und die damit verbundene Symbolhandlung mit dem Blute der Lämmer (Ex 12,21–24) einerseits und die ungesäuerten Brote aus dem Kreise der neuen Ernte andererseits verbanden sich in der gemeinsamen Mahlzeit der Passafeier. Die verschiedenen Elemente der Passafeier – Worte, Gesten, Speisen – vergegenwärtigen das rettende Handeln Gottes, der sein Volk aus Ägypten herausgeführt hat. Damit wird das Passafest zum sichtbaren Ausdruck des Glaubens Israels Gottes Volk in Gottes Geschichte mit der Welt und den Menschen zu sein. Passa als Fest ganz Israels wurde in der Königszeit mit dem Tempel in Jerusalem verbunden und im Familienverband dort auch gefeiert. Nach der Zerstörung des Tempels wurde Passa in der Zeit nach dem babylonischen Exil zum Hauptfest der jüdischen Familie und zum Symbol der Erinnerung und der Hoffnung. So heißt es in der *Mischna* [...] im Traktat *Pessachim X,* 5bc: »In jedem Zeitalter ist jeder verpflichtet sich so anzusehen, als wäre er selbst aus Ägypten ausgezogen ... Deshalb sind wir verpflichtet zu danken, zu preisen, zu loben, zu verherrlichen, zu erheben, zu erhöhen den, der an uns und an unseren Vätern all diese Wunder getan hat. Er hat uns herausgeführt aus der Knechtschaft in die Freiheit, aus der Finsternis in das große Licht und aus der Knechtschaft in die Erlösung.«
Die biblischen Bestimmungen über das Passafest finden sich in Ex 12,1–13,16; Lev 23,5–8; Num 28,16–25 und Dtn 16,1–8. Der Mischnatraktat *Pessachim* und die *Pessach-Haggada* (heutige Form aus dem 10. Jh.) regeln den Verlauf des Passa und vor allem des innerhalb des Festes so wichtigen Sederabends [...].
Das Passafest dauert sieben Tage, wobei Anfang und

Ende besonders hervorgehoben sind, während die Synagogengottesdienste während des Passa weitgehend den üblichen Sabbatgottesdiensten entsprechen [...]. Als »Festrolle« wird im Gottesdienst das Hohelied Salomons verlesen, das man als Lobpreis der Liebe Gottes zu seinem Volk versteht. Außerhalb des Landes Israel wird seit alters ein achter Tag zugefügt, um Unsicherheiten der Übermittlung des Festbeginns auszugleichen. Am Abend des *15. Nissan* (März/April) versammelt sich die Familie nach dem Gottesdienst zu Hause zum Passamahl in einem festlich geschmückten Raum; um die Festlichkeit zu erhöhen, werden auch Gäste eingeladen.

Zum Passamahl gehören folgende Bestandteile, die jeweils symbolische Bedeutung haben: drei ungesäuerte Brote (hebr. *Mazzot)* als Erinnerung an den übereilten Auszug aus Ägypten, der ein Durchsäuern des Teigs nicht zuließ; vier Becher Wein als Zeichen der Freude über die Befreiung; eine Erdfrucht, wie etwa Petersilie, als Zeichen der kargen Kost in Ägypten; Meerrettich als »Bitterkraut«, als Zeichen der bitteren Leiden in Ägypten; ein Ei als Ersatz für das Festopfer; ein braunes Fruchtmus aus Äpfeln, Nüssen und Gewürzen zur Erinnerung an den Lehm, aus dem in Ägypten Ziegel geformt werden mussten; etwas Salzwasser zum Gedenken an die Tränen des geknechteten Volkes; und ein gerösteter Lammknochen als Zeichen für das Passalamm, das beim Auszug und später im Tempel zum Passafest geschlachtet wurde, seit der Zerstörung des Tempels aber nicht mehr geschlachtet werden kann.

Zur Feier gehören bestimmte Segenssprüche und Gebete, die Hallelpsalmen (Psalm 113–118 und 136) und andere Lieder. Der jüngste Mahlteilnehmer hat den Hausvater zu fragen, was denn diesen Abend von allen anderen so sehr unterscheide. Auf seine vier Fragen antwortet der Hausvater, indem er aus der *Pessach-Haggada* die Erzählung vom Auszug aus Ägypten und von der Stiftung des Passafestes vorträgt und die Bestandteile des Festes deutet. Weil Gott einst sein Volk befreit hat, erhofft man sich eine neue Errettung und hat einen 5. Weinbecher für den Propheten Elija, den Vorläufer des Messias, auf dem Tisch stehen. Sakrament ist das Passa für die Juden nicht. Brot, Wein und die anderen »Elemente« des Passamahls sind für Juden nie mehr als Symbole, Zeichen, die Gottes Heilshandeln vergegenwärtigen. Essen und Glaube, Freude und Trauer, Gedenken und Hoffnung sind hier in einer für den jüdischen Glauben typischen Weise miteinander verbunden. Das Fest verbindet die früheren Generationen mit der gegenwärtigen und den kommenden und weist voraus auf die kommende Erlösung im Reich Gottes.

Arnulf H. Baumann

1. Skizzieren Sie Unterschiede, Gemeinsamkeiten und Ähnlichkeiten von Passa und christlichem Abendmahl.
2. Erörtern Sie, inwiefern die Kenntnis der Feier des Passafestes dabei hilft, das Abendmahl Jesu besser zu verstehen.

Bei Alexander Kosolapov (2002) wird die standardisierte Abbildung Christi zum Markenträger, die Abendmahlsworte werden zur Werbebotschaft von Coca-Cola und McDonald's.

4. Wie soll das Abendmahl verstanden werden? – Ein Schrifttext und seine Deutungen und Wirkungen in der christlichen Geschichte

Die Gleichsetzung des Brotes und des Weines mit dem Leib und dem Blut Christi hat schon immer das theologische Denken herausgefordert. Doch führte diese Frage in der Alten Kirchen nicht zu Spaltungen; denn das antike Denken kannte keinen Gegensatz zwischen Symbol und Wirklichkeit: durch das Symbol (Brot und Wein) hatte man vielmehr an der Wirklichkeit (Leib und Blut Christi) teil. Abendmahlsstreitigkeiten gibt es erst seit dem frühen Mittelalter (9. Jahrhundert), als man anfing die Wirklichkeit anders zu sehen und zu verstehen. Symbol und Wirklichkeit [...] fallen auseinander und man versucht ihr Verhältnis zueinander neu zu erfassen. Die Konfessionen sind hier verschiedene Wege gegangen.

a) Die römisch-katholische Kirche

Die Theologen des 12./13. Jahrhunderts, z.B. Thomas von Aquin [...] unterschieden im Anschluss an den griechischen Philosophen Aristoteles zwischen dem eigentlichen Wesen (»Substanz«) eines Gegenstandes und seiner äußeren Erscheinungsform, seinen Eigenschaften (»Akzidentien«).

Wir können uns dies an einem Beispiel klarmachen: Menschen sind sehr verschieden, sie sind groß oder klein, jung oder alt, Mann oder Frau, Schwarze oder Weiße, Europäer oder Asiaten – was sie alle verbindet, ist, dass sie Menschen sind. Mit Hilfe dieser Unterscheidung versuchten die Theologen zu erklären, wieso das Brot der Leib Christi sei: in ihrer äußeren Erscheinungsweise – modern ausgedrückt: chemisch-physikalisch – bleiben Brot und Wein bestehen, ihrem inneren Wesen nach aber werden sie durch das Abendmahlsgeschehen in den Leib und das Blut Christi verwandelt. Diesen Vorgang nennt man Transsubstantiation (Wesensverwandlung). Die römisch-katholische Kirche hat sich diese Anschauung zu eigen gemacht, sie bezeichnet den Ausdruck Transsubstantiation als »sehr geeignet« und schließt damit andere Ausdrucksformen nicht ohne weiteres aus. Diese Lehre betont die wirkliche Gegenwart Christi im Abendmahl und kann sich dafür auf eine wörtliche Deutung der Abendmahlsworte »Das ist mein Leib« stützen; dass sie Denkformen ihrer Zeit aufnimmt, muss man anerkennen. Der Vorwurf, die römisch-katholische Kirche betrachte den Leib Christi wie ein vorhandenes Ding,

Michael Sowa, Einladung, 1990

trifft wohl manche Anschauungen des einfachen Volkes, nicht aber die Transsubstantiationslehre. Diese betont ausdrücklich, dass man sich den Leib Christi nicht räumlich ausgedehnt vorstellen dürfe. Die kritische Frage, die andere Konfessionen an diese Lehre stellen, lautet: Wird hier nicht das Sakrament in philosophischen Denkformen ausgedeutet, die uns heute nicht mehr zugänglich sind? Sollte man das Geheimnis des Abendmahls nicht besser in Begriffen fassen, die der Bibel näher sind? Besteht bei der Transsubstantiationslehre nicht die Gefahr, dass das Natürliche (Brot und Wein) vom Übernatürlichen (Leib und Blut Christi) aufgesogen wird?

b) Die reformierte Kirche

Die schärfste Kritik an der Transsubstantiationslehre kommt von der reformierten Kirche. Die Reformatoren […] Zwingli und Calvin wehrten sich dagegen, Christus im Sakrament »dingfest« zu machen. Ihrer Auffassung nach widerspricht es der Ehre und der Freiheit Gottes sich an so irdische Dinge wie Brot und Wein zu binden. So sind für Zwingli Brot und Wein in keiner Weise Mittel der Gegenwart Christi; sie sind *Zeichen,* die dem Christen helfen sich an Christus zu erinnern und darin mit den anderen Glaubenden eins zu sein. Das Abendmahl ist Erinnerungs- und Gemeinschaftsmahl. Die Einsetzungsworte deutet Zwingli so: »Das *bedeutet* meinen Leib.« Calvin lehnt mit Zwingli zwar eine Bindung Christi an irdische Dinge ab, aber er lehrt im Unterschied zu ihm, dass Christus im Abendmahl wirklich gegenwärtig ist und den Gläubigen seine Gemeinschaft schenkt. Zeichen (Brot und Wein) und Sache (Leib und Blut Christi) sind getrennt, aber es besteht zwischen ihnen ein zeitlicher Parallelismus: Während die Gläubigen Brot und Wein empfangen, werden sie zugleich durch den Heiligen Geist mit Leib und Blut Christi, der im Himmel ist, vereinigt. Dies gilt nur für die Gläubigen; wer nicht glaubt, empfängt nur die äußeren Zeichen. Die reformierte Auffassung, die sich mehr auf Calvin als auf Zwingli stützt, betont, dass Brot und Wein Zeichen sind, die auf eine andere Wirklichkeit hinweisen. Die kritische Frage anderer Konfessionen lautet: Verliert durch die Trennung von Zeichen und Sache nicht das Abendmahl an Bedeutung?

c) Die lutherische Kirche

Wie seine ganze Theologie, so hat auch Luthers Abendmahlslehre einen seelsorgerlichen Grundzug. Wo ist Gott so für uns da, dass wir ihn erkennen und seine Liebe erfahren können? Das ist die Leitfrage, die Luthers Lehre von Christus wie seine Abendmahlsauffassung durchzieht. Weil kein Mensch von sich aus zu Gott kommen kann, hängt für Luther alles daran, dass Gott sich in Christus vorbehaltlos in unsere Welt hineinbegeben hat und unser Bruder geworden ist. Die Weise Gottes, sich im Irdischen, in der Niedrigkeit zu offenbaren, findet Luther wieder im Abendmahl; hier verbindet sich Christus leiblich mit Brot und Wein, um sich den Menschen zu schenken […]. Luther teilt nicht die Sorge Zwinglis und Calvins, dass durch die Verbindung mit dem Materiellen Gottes Ehre und Freiheit angetastet würde; im Gegenteil: Gott ist so frei, dass er sich binden kann, und seine Ehre besteht gerade in seinem Eingehen in die Welt, in ihre Not und Schande. Luther hielt streng daran fest, dass es sich im Abendmahl so verhält, wie die Worte Christi sagen: »Das ist mein Leib.« Hinter allen Umdeutungen sah er nur den Hochmut der menschlichen Vernunft, die sich dem Wort Gottes nicht beugen will. In seiner Betonung der leiblichen Gegenwart Christi im Abendmahl ging er mit der römisch-katholischen Kirche einig, doch hielt er die Transsubstantiationslehre für einen unangemessenen Versuch das Geheimnis zu erklären. In seinem eigenen Erklärungsversuch wandte er die Erkenntnis, dass Christus wahrer Gott und wahrer Mensch ist, aufs Abendmahl an: wie sich in Christus Gott und Mensch zu einer Einheit verbinden […], so verbindet sich Christi Leib und Blut mit dem Brot und Wein zu einer sakramentalen Einheit. Man bezeichnet

Annette Stöckler,
Große Kaffeetafel, 1982

diese Auffassung auch als *Konsubstantiation*. Um das Geheimnis der Gegenwart Christi im Abendmahl zu umschreiben, verwendet man in der lutherischen Kirche häufig drei Verhältnisbestimmungen, die sich gegenseitig aufheben und ergänzen: Christi Leib ist »in, mit und unter« dem Brot gegenwärtig.

»Von dem Abendmahl des Herrn wird gelehrt, dass der wahre Leib und das wahre Blut Christi und der Gestalt des Brotes und des Weines im Abendmahl wahrhaftig gegenwärtig sind und da ausgeteilt und genommen werden. Die Gegenlehre wird verworfen« (Augsburger Bekenntnis, Art. X).

Der lutherischen Theologie geht es darum, dass der ganze Mensch [...] mit Leib und Seele (nicht nur sein Denken) Gott begegnet. Ein Verweis auf den Glauben kann einen Angefochtenen oder Zweifelnden nicht gewiss machen, das kann nur eine Realität, die von außen an ihn herantritt. Es hat also auch seelsorgerliche Bedeutung, wenn die lutherische Theologie betont, dass Christi Gegenwart im Sakrament unberührt ist von den Schwankungen und Halbheiten unseres Glaubens. Auch die Ungläubigen empfangen Leib und Blut des Herrn, wenn auch nicht zum Segen, sondern zum Fluch (Lehre von der manducatio impiorum). »Der Glaube empfängt das Mahl zum Heil, der Unglaube zum Gericht« (Leuenberger Konkordie § 18).

d) Die orthodoxe Kirche

Die orthodoxe Kirche hat sich am Abendmahlsstreit der drei abendländischen Konfessionen kaum beteiligt. Trotz mancher Einflüsse aus dem Westen ist in ihr das Denken der Alten Kirche lebendig geblieben. Symbole sind für die Orthodoxen immer erfüllt von der Wirklichkeit, die sie bezeugen [...].

Die orthodoxe Kirche lehrt, dass Brot und Wein im Abendmahl Leib und Blut Christi sind; aber sie bindet sich an keine Theorie; das Bewusstsein, dass es sich hier um ein Geheimnis handelt, ist stärker als im Abendland. Die Sakramente haben in der orthodoxen Kirche übrigens ihren alten Namen »Mysterien« (Geheimnisse) [...] behalten. Ein Mysterium hat immer viele Seiten, es lässt sich in seiner Tiefe nie ausschöpfen. Orthodoxe Theologen haben manchmal den Eindruck, die abendländischen Streitigkeiten hätten ihren Grund darin, dass jeder jeweils einen Aspekt des Abendmahls überbetont und damit anderes ausschließt. Sie möchten die Christenheit zu einer ganzheitlichen Sicht zurückführen. Die Realität des Sakramentes (röm.-kath. und luth. Kirche) und seinen geistlichen Charakter (reformierte Kirche) empfinden sie nicht als Gegensatz; der Heilige Geist nimmt die Materie in seinen Dienst. Das zeigt sich in der orthodoxen Liturgie. Bereits zu Anfang des Gottesdienstes werden die Elemente Brot und Wein in zeichenhafter Weise mit dem geopferten Christus identifiziert. In der Epiklese (= Anrufung des Heiligen Geistes) bittet der Priester, der Heilige Geist möge Brot und Wein heiligen, dass sie Leib und Blut Christi werden. Orthodoxe Theologen vergleichen diese Anrufung des Heiligen Geistes gern mit seinem Wirken bei der Menschwerdung Gottes. Im Gebet um den Heiligen Geist bringt die Kirche zum Ausdruck, dass sie über das Sakrament nicht verfügen will, sondern vor Gott immer als Bittende steht.

Evangelischer Erwachsenenkatechismus

1. Erläutern Sie, was die Kirchen über die Gegenwart Christi beim Abendmahl/bei der Eucharistie lehren.
2. Arbeiten Sie heraus, inwiefern die unterschiedlichen Deutungen praktische Konsequenzen haben.
3. Beurteilen sie die Bemühungen um eine Annäherung der Konfessionen bzgl. der Abendmahlsgemeinschaft auf dem Hintergrund der folgenden Darstellung aus dem Evangelischen Erwachsenenkatechismus.

Der Streit um das Verständnis des Abendmahls wie auch andere dogmatische Streitigkeiten führten dazu, dass sich die Kirchen die Gemeinschaft im Sakrament aufkündigten. Viele Christen empfinden dies als ein Ärgernis. So gibt es, vor allem seit dem vorigen Jahrhundert, verschiedene Bemühungen um die Abendmahlsgemeinschaft […]. Ein Hauptargument kehrt dabei häufig wieder: Das Abendmahl ist eine Einladung Christi, es ist nicht Besitz der Kirche; deshalb kommt es nicht so sehr auf das Verständnis des Abendmahls an. […]

Nach den territorialen Veränderungen der Zeit von 1803–1815 gab es in Deutschland kaum noch konfessionell einheitliche Länder. Manche evangelischen Fürsten, die ja Oberhaupt der in ihrem Gebiet lebenden Protestanten waren, versuchten nun für ihr Land eine einheitliche protestantische Kirche aufzubauen. Die Theologie der Aufklärung (18. Jahrhundert), die die Konfessionsunterschiede zwischen Lutheranern und Reformierten weithin eingeebnet hatte, kam ihnen hierbei zugute. In manchen Ländern versuchte man die Einheit mit Hilfe eines Lehrkompromisses (Unionsurkunde) herzustellen, in anderen setzte der Fürst einfach gemeinsame Verwaltung und Gottesdienstordnung durch. Gegner wurden unterdrückt. Nun hatte man zwar die protestantische Einheitskirche, aber unter der Decke schwelten die alten Gegensätze weiter, weil sie nie sachlich ausgetragen worden waren. […]

Die Einsicht, dass theologische Unterschiede nicht übergangen werden dürfen, sondern aufzuarbeiten sind, führte zu Lehrgesprächen von Theologen verschiedener Konfessionen. In den Verhandlungen suchte man einen Kompromiss zwischen den verschiedenen Standpunkten. Man fand Formeln, die für beide annehmbar waren. So geschah es z.B. in den Arnoldshainer Abendmahlsthesen von 1957, die Ergebnis des Gesprächs lutherischer, reformierter und unierter Theologen Deutschlands sind. Hinterher stellte sich allerdings heraus, dass die gefundene Formel verschieden gedeutet wurde; damit kam der Gegensatz wieder hervor. […]

In der ökumenischen Bewegung […] wird in letzter Zeit mehr und mehr die Auffassung vertreten, dass Einheit der Kirche weder Einförmigkeit noch organisatorische Zusammenfassung bedeutet. Man redet hier von »Gemeinschaft zwischen Kirchen«. Die einzelnen Kirchen bleiben ihrem Bekenntnis, ihrer Ordnung und ihren gottesdienstlichen Traditionen verpflichtet, aber sie stellen in den Grundlagen ihrer Lehre ausreichende Gemeinsamkeiten fest, so dass sie Kanzel- und Abendmahlsgemeinschaft vereinbaren können. Die Einigung, die in einem Dokument (Konkordie) formuliert wird, beschränkt sich auf zentrale Lehren der Kirche: Evangelium und Sakramente. Wenn hier Klarheit herrscht, so brauchen andere Unterschiede, etwa im Gottesdienst, in der Frömmigkeit, im theologischen Denken nicht mehr zu trennen, sie können eine Bereicherung darstellen. Aufgrund der *Leuenburger Konkordie* (1973) […] ist so Gemeinschaft zwischen den aus der Reformation hervorgegangenen Kirchen Europas erklärt worden; wie weit die gewonnene Grundlage tragfähig ist, muss die Zukunft zeigen […].

Für die Zulassung zum Abendmahl gelten in der lutherischen und in der römisch-katholischen Kirche verschiedene Bestimmungen. Während die lutherische Kirche römisch-katholischen Christen gastweise den Zugang zum Abendmahl eröffnet, lässt die römisch-katholische Kirche Christen anderer Konfessionen nur in seltenen Ausnahmefällen zu.

Evangelischer Erwachsenenkatechismus

Die eucharistischen Gaben von Brot und Wein bei der Messe in einer syrisch-orthodoxen Kirche in Kamishli/Syrien. Seit 1984 haben die katholische und syrisch-orthodoxe Kirche die Sakramente gegenseitig anerkannt und gestatten ihren jeweiligen Gläubigen im »Notfall« die Sakramente der anderen Konfession zu empfangen.

Wirkungsgeschichtliche Auslegung

Allgemeine Charakteristik

Die wirkungsgeschichtliche Auslegung verfolgt die Spur eines Textes durch die nachbiblische Geschichte bis in die Gegenwart. Dabei soll nicht in erster Linie die theologisch reflektierende Auseinandersetzung mit dem Text in Kommentaren usw. (»Auslegungsgeschichte«) verfolgt werden, sondern eher seine »Praxisgeschichte«. Leitfrage ist: Wer hat den Text in welcher Situation mit welcher Absicht verwendet? Diese Frage hat auch immer einen ideologiekritischen Aspekt; dann spitzt sich die Frage zu: Wozu wurden Bibeltexte benutzt bzw. missbraucht?

Methoden

1. Bereitstellung von Quellen

Ich schlage vor, sich auf die Praxisgeschichte im religionspädagogischen Bereich zu konzentrieren. Hier sind vor allem Schulbücher, Katechismen, Lehrer-Handreichungen, Lieder usw. zu untersuchen.

2. Bestimmung von Analysefragen

- Bei welchen Anlässen ist der Text verwendet worden?
- Welche Personen bzw. Gruppen haben den Text benutzt?
- Welche Interessen lassen sich erkennen?
- Welche Folgen löst dieser Gebrauch aus (z. B. Gehorsamsbereitschaft als »christliche Tugend«)?

3. Analyse von Rezeptionsmechanismen

- Selektion bestimmter Texte;
- Kombination mit anderen Texten;
- Adaption (Anpassung der Texte an den gedachten Zweck); Aktualisation (z. B. einseitiger Gebrauch als »Problemlösungspotenzial«)

4. Bestimmung von Beobachtungs- und Analysekriterien

- Auf das Verständnis des Textes bezogen:
  Wird die praktische Auslegung des Textes seinem Selbstverständnis gerecht (Maßstab: »Historische Sinnbestimmung«; vgl. historisch-kritische Auslegung)
- Auf Grundlinien der biblischen Überlieferung bezogen:
  Wird der praktische Gebrauch des Textes den grundlegenden Impulsen der Bibel gerecht?
- Auf die Wirkung des Textes (z. B. Erziehung) bezogen:
  Wird die angestrebte Wirkung den Grundaussagen der Bibel gerecht? (Z. B. sind Angst oder Unterwerfung als Erziehungsmaßnahmen aus dem Alten und Neuen Testament nicht zu begründen!)

Horst Klaus Berg

5. Das letzte Mahl Jesu mit seinen Jüngern

Die theologisch-dogmatische Komplexität des Themas kann hier nicht annähernd vorgestellt werden. Notwendig ist Beschränkung [...].

Das Passahmahl wird im Judentum – auch heute noch – am Abend des 14. Nisan (des ersten Frühlingsvollmonds) als Familienmahl gehalten (Lamm oder junge Ziege, ungesäuerte Brote, bittere Kräuter). Es bildet den Beginn des achttägigen Mazzoth-Festes, das auch Passahfest genannt wird. Diese kultische Feier wird begangen zur Erinnerung an die Befreiung aus der Knechtschaft in Ägypten. Wie in Ex 12 berichtet wird, wurden die Israeliten von JHWH verschont, nachdem sie die Türpfosten und die obere Schwelle ihrer Häuser mit dem Blut eines (einjährigen, männlichen, fehlerlosen) Lammes bestrichen hatten. Die Erstgeburt der Ägypter wurde getötet.

Ob das letzte Mahl, das Jesus mit seinen Jüngern hielt, ein Passahmahl war, kann nicht mit Sicherheit gesagt werden. Es *erscheint* zwar bei den Synoptikern als Passahmahl und wird dort so verstanden, auch sind zweifellos inhaltliche Beziehungen vorhanden (Erlösungsgedanke; Bund zwischen Gott und den Menschen zu deren Heil). Unsicher aber ist, ob es auch wirklich als Passahmahl *gehalten* wurde. Denn

– der geschilderte Verlauf des Mahles weicht in verschiedenen Einzelheiten von der rituellen Ordnung des traditionellen Passahmahles ab;

– in dem Text von der Einsetzung findet sich kein Hinweis auf ein Passah (die Verse Mk 12,12-16, in denen von der Vorbereitung eines Passahmahls gesprochen wird, stammen aus späterer Zeit);

– bei Paulus werden Abendmahl und Passah in keinen unmittelbaren Zusammenhang gebracht.

Andererseits hatte das Mahl gewiss Passahcharakter, was nicht nur bei den Synoptikern im Ganzen deutlich wird, sondern zumindest motivlich auch in der vor- und nachsynoptischen Tradition zum Ausdruck kommt:

1. bei Paulus: »Denn auch wir haben ein Passahlamm, das ist Christus, der geopfert ist« (1. Kor 5,7);

2. bei Johannes: »Am nächsten Tag sieht Johannes, dass Jesus zu ihm kommt, und spricht: Siehe, das ist Gottes Lamm, das der Welt Sünde trägt« (Joh 1,29; vgl. auch V. 36). Bei Johannes stirbt Jesus als »das wahre Passahlamm« am 14. Nisan, genau an dem Tag, an dem die Passahlämmer geschlachtet werden.

Der Passahgedanke ist also von den Synoptikern auf Jesu letztes Mahl, bei Paulus und Johannes dagegen unmittelbar auf Jesu Tod bezogen worden.

Grundsätzlich sollte man nicht vergessen, dass Jesus als frommer Jude den Bräuchen seines Landes, sofern er sie inhaltlich bejahen konnte, positiv gegenüberstand. Und es war Passahzeit. Man sollte also die historischen Möglichkeiten eines solchen Mahles durchaus akzeptieren.

Umstritten dagegen ist in der Forschung die Frage: Konnte der Mann aus Nazareth die heilsgeschichtliche Bedeutung seines Todes schon in dieser Weise sehen? Oder spiegelt sich hier die aus der Erfahrung der Auferstehung Jesu entstandene Sicht der nachösterlichen Gemeinde?

Uwe Stamer

Francisco de Zurbarán, Agnus Dei, 1635–1640

KOMPETENZEN

Am Ende dieses Kapitels sollten Sie Fortschritte beim Erwerb folgender Fähigkeiten erworben haben:

Wahrnehmungs- und Darstellungsfähigkeit – religiös bedeutsame Phänomene wahrnehmen und beschreiben:	• Situationen erfassen, in denen letzte Fragen nach Grund, Sinn, Ziel und Verantwortung des Lebens aufbrechen, wie z. B. Fehlen von Gemeinschaft • religiöse Spuren und Dimensionen in der Lebenswelt aufdecken, wie etwa die Funktionen des gemeinsamen Essens • Abendmahlsgottesdienste/Eucharistiefeiern als grundlegende religiöse Ausdrucksformen (Riten) wahrnehmen und das Mahlhalten in verschiedenen Kontexten wiedererkennen und einordnen • ethische Herausforderungen in der individuellen Lebensgeschichte sowie in unterschiedlichen gesellschaftlichen Handlungsfeldern wie Kultur, Wissenschaft, Politik und Wirtschaft als religiös bedeutsame Entscheidungssituationen erkennen.
Deutungsfähigkeit – religiös bedeutsame Sprache und Zeugnisse verstehen und deuten:	• religiöse Sprachformen in verschiedenen Gottesdienstformen analysieren und als Ausdruck existentieller Erfahrungen verstehen (Beispiele: Gebet, Lied, Segen, Credo, Mythos, Grußformeln, Symbole) • religiöse Motive und Elemente in Texten, ästhetisch-künstlerischen und medialen Ausdrucksformen identifizieren und ihre Bedeutung und Funktion erklären (Beispiele: biographische und literarische Texte, Bilder, Musik, Werbung, Filme) • biblische Texte, die für den christlichen Glauben grundlegend sind, methodisch reflektiert auslegen, etwa die Texte vom letzten Mahl Jesu mit seinen Jüngern wirkungsgeschichtlich erläutern • theologische Texte sachgemäß erschließen • die Begegnung mit Jesus im Abendmahl/in der Eucharistie als Glaubenszeugnis in Beziehung zum eigenen Leben und zur gesellschaftlichen Wirklichkeit setzen und ihre Bedeutung aufweisen.
Urteilsfähigkeit – in religiösen und ethischen Fragen begründet urteilen:	• Formen theologischer Argumentation vergleichen und bewerten • Gemeinsamkeiten im Abendmahlsverständnis der Konfessionen sowie deren Unterschiede erklären und kriteriengeleitet bewerten • im Kontext der Pluralität einen eigenen Standpunkt zu religiösen (und ethischen) Fragen einnehmen und argumentativ vertreten.
Dialogfähigkeit – am religiösen Dialog argumentierend teilnehmen:	• die Perspektive eines anderen einnehmen und in Bezug zum eigenen Standpunkt setzen • Gemeinsamkeiten von Pessach und Abendmahl sowie Unterschiede benennen und im Blick auf mögliche Dialogpartner kommunizieren • sich aus der Perspektive des christlichen Glaubens mit anderen religiösen und weltanschaulichen Überzeugungen argumentativ auseinandersetzen • Kriterien für eine konstruktive Begegnung, die von Verständigung, Respekt und Anerkennung von Differenz geprägt ist, in dialogischen Situationen berücksichtigen.
Gestaltungsfähigkeit – religiös bedeutsame Ausdrucks- und Gestaltungsformen verwenden:	• typische Sprachformen der Bibel theologisch reflektiert transformieren • einen Abendmahlsgottesdienst vorbereiten, gestalten und durchführen

IV. Leiden und Sterben – Passion und Tod Jesu

»Tod« wird zumeist als das nicht mehr rückgängig zu machende Ende biologischer Prozesse in einem Organismus verstanden. Doch reicht diese Definition aus? Schon lange vor dem Ende des Lebens kann der Gedanke an das Sterben-Müssen den Tod zu einer angsterregenden Macht werden lassen. Aufgrund des Wissens um den eigenen Tod stellt sich dann zuweilen auch die Frage nach dem Sinn des eigenen Lebens angesichts der Vergänglichkeit des Seins. In einem erweiterten Sinn kann »Tod« auch mitten im biologischen Leben erfahren werden, z. B. als Beziehungslosigkeit. Hier könnte dann von »sozialem Tod« geredet werden. Umfragen verdeutlichen, dass nur etwa jeder zehnte Deutsche häufiger über den Tod nachdenkt. Mehr als die Hälfte der Christen in Deutschland sehen im biologischen Tod das absolute Ende.

Die Beschäftigung mit dem Tod Jesu wirft Fragen auf, welche zunächst die »Außenseite«, aber auch die »Innenseite« seines Leidens und Sterbens betreffen. Im Blick auf das äußere Geschehen stellt sich das Problem, wie es zu Jesu gewaltsamem Tod kommen konnte und wer die Schuld daran trägt. Fragen zur Innenseite seiner Passion betreffen den Sinn seines Leidens, das im Glauben gedeutet wird als Leiden »für uns«, das heißt »unseretwegen« bzw. »uns zuliebe«. In den Evangelientexten mischen sich die Darstellung des Geschehenen mit der Deutung der biblischen Schriftsteller, wie es etwa an den letzten Worten Jesu am Kreuz erkennbar wird. Das Bekenntnis des Hauptmannes unter dem Kreuz steht für den Glauben der Christen insgesamt, dass der schändlich am Kreuz sterbende Jesus »Sohn Gottes« ist. Gegen die Vergötzung politischer Macht bekennt der Glaubende: »Jesus Christus ist der Erlöser der Welt«.

Anders als im Christentum wird das Kreuz Jesu in anderen Religionen betrachtet. Nach muslimischer Auffassung starb Jesus nicht am Kreuz, es erscheint unverständlich, dass Gott ihm ein so verachtetes Ende zugedacht haben könnte. Für Buddhisten ist das Kreuz ein geradezu unerträglicher Anblick, fast schon Ausdruck einer sadistischen Phantasie. Christen haben demgegenüber auch die Erfahrung gemacht, dass der Blick auf den gekreuzigten Christus Kräfte freisetzen kann, wenn sich Menschen in ähnlich verzweifelten Situationen befinden.

Um dazu anzuregen, über Erfahrungen mit dem Sterben nachzudenken, steht zu Beginn des Kapitels die Erlebnisschilderung eines Kindes, das den Tod eines geliebten Menschen zu verarbeiten hat (1). Wenn Leiden und Sterben von Menschen betrachtet worden sind, kann dann der Prozess Jesu (2) und sein Tod (3) im synoptischen Vergleich besser nachvollzogen werden. Der Blick auf den Kaiserkult der römischen Religion hilft, das Bekenntnis des römischen Hauptmannes unter dem Kreuz (Mk 15,39) in seiner Stoßrichtung erfassen zu können. Die Entwicklung von seinem Glauben an Jesus als »Sohn Gottes« bis hin zu den ersten christologischen Dogmen im Römischen Reich wird sodann nachgezeichnet (4). Es schließt sich die Frage an, wie der Tod Jesu zu deuten ist. In diesem Zusammenhang werden Akzente neutestamentlicher und heutiger Erlösungstheologie von Franz-Josef Nocke, Heinz Zahrnt und Jürgen Moltmann (5) dargelegt. Im Anschluss kommen kontrastierende theologische Kreuzesdeutungen zur Sprache (6). – Die Ablehnung des Kreuzes wird in der Darstellung des Jesusverständnisses im Islam von Ninian Smart (7) sowie in den Ausführungen des Buddhisten Daisetz Taitaro Suzuki zum »Tod Jesu und Buddhas im Vergleich« (8) deutlich. Das Resümee geht nochmals auf »Die Außenseite und die Innenseite der Passion Jesu« (9) aus christlicher Perspektive ein.

Jonas Burgert, Erlegt und weg, 2007
Eine provokative Sicht des Gekreuzigten?

1. Ein Kind erlebt den Tod eines geliebten Menschen – Aus einem Buch für Kinder

Als Robert aus der Schule kommt, sieht er, dass Mama geweint hat. Robert will zu Großmama rennen, das tut er immer, wenn er aus der Schule kommt. Aber Mama und Otto, sein Bruder, halten ihn zurück. »Du«, flüstert Mama, »Großmama ist sehr krank.«
»Ist sie tot?«, sagt Robert. Er weiß gar nicht, warum er so etwas sagt. »Halt doch den Mund«, sagt Otto. Mama schluckt ein paarmal, bevor sie sagt: »Großmama wird wahrscheinlich sterben.«
Robert dreht sich um und geht in sein Zimmer und holt die Eisenbahn heraus. Dann geht er wieder auf den Gang. Otto steht immer noch da. Er sieht finster und böse aus.
»Mama, ich will Großmama sehen«, sagt Robert.
Mama zögert; dann nimmt sie Robert an die Hand und betritt Großmamas Zimmer. Für Robert ist es das schönste aller Zimmer. Das Bett steht heute nicht an der Wand, sondern es ragt ins Zimmer hinein. Robert sieht Großmama an. Sie ist es und sie ist es nicht. Wo ist sie denn? Doch, es ist Großmama. Sie schaut Robert unverwandt an und plötzlich fürchtet sich Robert. »Sag doch was, Großmama.«
Aus Großmamas Mund kommen Laute, aber keine Worte. Mama streichelt ihre Hand, Otto steht plötzlich auch am Bett und sagt kein Wort.
»Großmama kann nicht mehr sprechen, sie hat einen Schlaganfall gehabt. Vielleicht kommt die Sprache wieder«, sagt Mama. Großmama hebt etwas die rechte Hand. ›Sie hört alles‹, denkt Robert und ergreift Großmamas Hand, die sehr kühl ist.
»Wir bleiben etwas bei ihr sitzen, damit sie nicht alleine ist.« Großmama atmet seltsam. »Geh spielen, Robert. Morgen besuchst du sie wieder.« Robert streichelt Großmama noch einmal. Sie hat ihre Augen geschlossen. »Lass sie doch«, murmelt Otto.
Für Großmama hat es keinen Morgen gegeben. Sie ist in dieser Nacht gestorben. Mama hat Robert und Otto gesagt: »Großmama ist tot.« »Wann kommt sie denn wieder«, will Robert wissen. »Sie kommt nie wieder.«
Otto hat nichts gefragt und auch nichts gesagt. Mama weint und Papa nimmt Mama in die Arme und sie weint weiter an seiner Schulter. Auch er sieht traurig aus. Warum ist Großmama plötzlich tot? Warum war sie denn krank? Muss man denn immer sterben, wenn man krank wird?
»Nein, nein!« Robert ist ärgerlich, er versteht nichts mehr. Vor einem Monat starb die Mutter von Yvonne, da hatte er sich gar nichts gedacht. Yvonne kam wieder in die Schule und alles war wie immer. Aber mit Großmama ist es anders. Großmama liegt auf ihrem Bett. Sie ist blass und fremd. Ihre Augen sind etwas eingesunken und ihr Mund ist starr. Sie hat eine Binde um den Kopf, als hätte sie Zahnweh.
»Ist das Großmama?«, sagt Robert ganz leise. »Warum brennt die Kerze da? Ich will zu ihr.« Zum ersten Mal weint Robert: über sich selbst, über Mama, über Großmama, darüber, dass plötzlich alles fremd und anders ist.
Später sitzt er mit Mama und Otto auf dem Sofa im Wohnzimmer. Otto hat seinen Kopf an Mamas Hals vergraben, er ist stumm, manchmal seufzt er. Als Tante Anna in das Zimmer kommt, sagt sie zu Robert: »Komm, hör schon auf zu weinen. Sei tapfer, mach die Mama nicht noch trauriger als sie schon ist.« »Lass uns doch weinen, Anna. Es tut uns gut. Wir sind traurig. Lass uns«, sagt Mama. Tante Anna antwortet nichts. Sie weint nicht. »Ist Tante Anna nicht traurig?«, fragt Robert leise. »Doch sehr, aber sie kann es nicht zeigen.« Otto schaut Mama mit einem dankbaren Blick an. Er kann auch nicht weinen und Mama scheint es zu verstehen.

Johannes Muggenthaler, Nature Morte (Ein Gruß), 1991

Nachmittags, als Robert im Garten war, sind vier Männer in dunkelgrauen Anzügen an ihm vorbeigelaufen, die einen Sarg getragen haben. Sie sind die Treppe hinaufgegangen, Robert wollte ihnen nachlaufen, dann aber hat er gezögert. Nach einer Weile sind die Männer langsam und vorsichtig die Treppe heruntergekommen, der Sarg schien jetzt schwerer zu sein. Sie haben ihn bis zu einem schwarzen Auto getragen und ihn durch die hintere Türe hineingeschoben, wie bei einem Lieferwagen. Robert hat schon manchmal diese schwarzen Autos gesehen, aber er hat sich nichts dabei gedacht. Bei seinem Großvater auf dem Land haben Robert und Otto einmal einen Wagen gesehen mit einem Baldachin, ein schwarzes Dach auf Säulen mit Fransen und Quasten, unter dem der Sarg offen stand, bedeckt mit Kränzen und Blumen. Zwei Pferde zogen den Totenwagen. Das fanden Robert und Otto sehr schön. Das Auto mit dem Sarg ist abgefahren. Robert schaut ihm nach, dann aber rast er plötzlich die Treppe hinauf. Die Tür von Großmamas Zimmer ist sperrangelweit offen.

Das Bett ist leer. »Ist Großmama aufgestanden? Sie war doch so krank. Warum ist sie heimlich fort?«, fragt sich Robert. Otto ist ihm nachgerannt. Er ärgert sich, dass Großmama fort ist. Was soll er in diesem Zimmer? Da unten im Regal liegt das große Bilderbuch aus Großmamas Kindheit. Manchmal zeigte sie es den Kindern. Dort liegen auch noch die Würfel für das Yan-Spiel. Alles liegt an seinem Platz, nur Großmama ist weg. – ›Nein, sie ist doch noch da‹. Robert ist ganz verwirrt. Abends sitzen beide Kinder bei der Mutter. »War Großmama in dem Sarg, der mit dem Auto weggefahren ist? Wohin haben sie sie gebracht?«, fragt Robert. »In die Leichenhalle beim Friedhof. Dort steht der Sarg, bis sie begraben wird.« »In diesem engen Sarg, Mama? Und wenn sie aufwacht, wie kommt sie da raus?« »Sie ist tot. Der Arzt hat es festgestellt. Wir sehen sie hier nie mehr wieder.« »Und wohin kommt sie dann?« »In die Erde, auf den Friedhof neben Großpapa.« »In ein Loch in die Erde?« »Frag doch nicht so«, brummelt Otto. »Lass ihn«, sagt Mama, »Großmama kommt in die Erde. Die Hülle des Menschen, sein Körper, löst sich auf, wenn er tot ist; sie wird wieder zu Erde.« »Und Großmama?« »Großmama auch. Aber das, was Großmama war, lebt weiter. Sie hat euch sehr lieb gehabt, ihr sie auch, das wird nie verloren gehen.« »Bleibt es in der Luft?« »Ich weiß nicht, aber ich kann mir nicht vorstellen, dass überhaupt etwas verloren geht. Wir weinen nur, weil wir den Menschen, den wir lieben, nicht mehr bei uns haben. Wir können ihn nicht mehr sehen, nicht mehr hören, nicht mehr küssen.« »Ich höre Großmama trotzdem«, sagt Otto plötzlich. »Geht sie zum lieben Gott, so wie die Engel?«, fragt Robert. »Das weiß ich nicht. Ich glaube, dass Gott sie aufnimmt. Wie, weiß ich nicht, aber ich weiß, dass sie für immer in den Frieden eingeht.« »Was ist Frieden?« »Ein Ort oder ein Zustand, wo man durch nichts mehr verwirrt oder gekränkt wird, wo man nicht mehr Angst hat.« »So, als wenn ich schlafe?« »Nein, das glaube ich nicht.« »Eigentlich könnte man ja gleich tot sein, wenn alles so schön ist. Warum bin ich auf der Erde?«, sagt Otto mürrisch.

»Um zu leben«, antwortet die Mutter. »Das heißt, um viele Erfahrungen zu machen, gute und schlechte, um die Welt kennen zu lernen, um Glück zu finden, zu wachsen, zu lernen, zu helfen und zu lieben. Jedes Leben führt zu einem Tod. Nur was gelebt hat, kann sterben. Der Tod gehört zu jedem Leben.«

Antoinette Becker

Meister von Liesborn (Atelier), Vier Episoden aus dem Leiden Christi, ca. 1480. Die Farbe hat sich im Verlauf der Jahrhunderte zum Teil gelöst. Wie wirkt das Leiden Christi auf uns heutige? Was nehmen wir noch wahr?

1. Beschreiben Sie den seelischen Zustand der Kinder Robert und Otto sowie ihrer Eltern angesichts des Todes der Großmutter.
2. Analysieren Sie den Text in Hinblick auf die Vorstellungen vom Tod und vom »Leben nach dem Tod«.
3. Erörtern Sie, ob durch den Text Kindern eine Hilfe geboten wird, den Tod besser zu verstehen.

2. Der Prozess Jesu im synoptischen Vergleich

Mk 15,2–5	Mt 27,11–14	Lk 23,2–5	Joh 18,33–38
		2 Dort brachten sie ihre Anklage gegen ihn vor; sie sagten: Wir haben festgestellt, dass dieser Mensch unser Volk verführt, es davon abhält dem Kaiser Steuer zu zahlen und behauptet, er sei der Messias und König.	33 Pilatus ging wieder in das Prätorium hinein, ließ Jesus rufen und fragte ihn: Bist du der König der Juden? 34 Jesus antwortete: Sagst du das von dir aus oder haben es dir andere über mich gesagt?
2 Pilatus fragte ihn: Bist du der König der Juden? Er antwortete ihm: Du sagst es.	11 Als Jesus vor dem Statthalter stand, fragte ihn dieser: Bist du der König der Juden? Jesus antwortete: Du sagst es.	3 Pilatus fragte ihn: Bist du der König der Juden? Er antwortete ihm: Du sagst es.	35 Pilatus entgegnete: Bin ich denn ein Jude? Dein eigenes Volk und die Hohenpriester haben dich an mich ausgeliefert. Was hast du getan?
3 Die Hohenpriester brachten viele Anklagen gegen ihn vor.	12 Als aber die Hohenpriester und die Ältesten ihn anklagten, gab er keine Antwort.		36 Jesus antwortete: Mein Königtum ist nicht von dieser Welt. Wenn es von dieser Welt wäre, würden meine Leute kämpfen, damit ich den Juden nicht ausgeliefert würde. Aber mein Königtum ist nicht von hier.
4 Da wandte sich Pilatus wieder an ihn und fragte: Willst du denn nichts dazu sagen? Sieh doch, wie viele Anklagen sie gegen dich vorbringen.	13 Da sagte Pilatus zu ihm: Hörst du nicht, was sie dir alles vorwerfen?		
5 Jesus aber gab keine Antwort mehr, so dass Pilatus sich wunderte.	14 Er aber antwortete ihm auf keine einzige Frage, so dass der Statthalter sehr verwundert war.		37 Pilatus sagte zu ihm: Also bist du doch ein König? Jesus antwortete: Du sagst es, ich bin ein König. Ich bin dazu geboren und dazu in die Welt gekommen, dass ich für die Wahrheit Zeugnis ablege. Jeder, der aus der Wahrheit ist, hört auf meine Stimme.
		4 Da sagte Pilatus zu den Hohenpriestern und zum Volk: Ich finde nicht, dass dieser Mensch eines Verbrechens schuldig ist. 5 Sie aber blieben hartnäckig und sagten: Er wiegelt das Volk auf und verbreitet seine Lehre im ganzen jüdischen Land von Galiläa bis hierher.	38 Pilatus sagte zu ihm: Was ist Wahrheit?
		Lk 23,6–16 6 Als Pilatus das hörte, fragte er, ob der Mann ein Galiläer sei. 7 Und als er erfuhr, dass Jesus aus dem Gebiet des Herodes komme, ließ er ihn zu Herodes bringen, der in jenen Tagen ebenfalls in Jerusalem war. 8 Herodes freute sich sehr, als er Jesus sah; schon lange hatte er sich gewünscht, mit ihm zusammenzutreffen, denn er hatte von ihm gehört. Nun hoffte er ein Wunder von ihm zu sehen. 9 Er stellte ihm viele Fragen, doch Jesus gab ihm keine Antwort. 10 Die	

Hohenpriester und die Schriftgelehrten, die dabei standen, erhoben schwere Beschuldigungen gegen ihn. [11] Herodes und seine Soldaten zeigten ihm offen ihre Verachtung. Er trieb seinen Spott mit Jesus, ließ ihm ein Prunkgewand umhängen und schickte ihn so zu Pilatus zurück.
[2] An diesem Tag wurden Herodes und Pilatus Freunde; vorher waren sie Feinde gewesen.
[13] Pilatus rief die Hohenpriester und die anderen führenden Männer und das Volk zusammen [14] und sagte zu ihnen: Ihr habt mir diesen Menschen hergebracht und behauptet, er wiegle das Volk auf. Ich selbst habe ihn in eurer Gegenwart verhört und habe keine der Anklagen, die ihr gegen diesen Menschen vorgebracht habt, bestätigt gefunden, [15] auch Herodes nicht, denn er hat ihn zu uns zurückgeschickt. Ihr seht also: Er hat nichts getan, worauf die Todesstrafe steht. [16] Daher will ich ihn nur auspeitschen lassen, und dann werde ich ihn freilassen.

Mk 15,6–15

[6] Jeweils zum Fest ließ Pilatus einen Gefangenen frei, den sie sich ausbitten durften.

[7] Damals saß gerade ein Mann namens Barabbas im Gefängnis, zusammen mit anderen Aufrührern, die bei einem Aufstand einen Mord begangen hatten.
[8] Die Volksmenge zog (zu Pilatus) hinauf und bat, ihnen die gleiche Gunst zu gewähren wie sonst.
[9] Pilatus fragte sie: Wollt ihr, dass ich den König der Juden freilasse? [10] Er merkte nämlich, dass die Hohenpriester nur aus Neid Jesus an ihn ausgeliefert hatten.

Mt 27,15–26

[15] Jeweils zum Fest pflegte der Statthalter einen Gefangenen freizulassen, den sich das Volk auswählen konnte.
[16] Damals war gerade ein berüchtigter Mann namens Barabbas im Gefängnis.

[17] Pilatus fragte nun die Menge, die zusammengekommen war: Was wollt ihr? Wen soll ich freilassen, Barabbas oder Jesus, den man den Messias nennt? [18] Er wusste nämlich, dass man Jesus nur aus Neid an ihn ausgeliefert hatte.
[19] Während Pilatus auf dem Richterstuhl saß, ließ ihm seine Frau sagen: Lass die Hände von diesem Mann, er ist unschuldig. Ich hatte seinetwegen heute Nacht einen schrecklichen Traum.

Lk 23,18–25

Joh 18,39–40; 19,4–16a

[39] Ihr seid gewohnt, dass ich euch am Paschafest einen Gefangenen freilasse. Wollt ihr also, dass ich euch den König der Juden freilasse?
[40] Da schrien sie wieder: Nicht diesen, sondern Barabbas! Barabbas war ein Straßenräuber. [19,4] Pilatus ging wieder hinaus und sagte zu ihnen: Seht, ich bringe ihn zu euch heraus; ihr sollt wissen, dass ich keinen Grund finde ihn zu verurteilen. [5] Jesus kam heraus; er trug die Dornenkrone und den purpurroten Mantel. Pilatus sagte zu ihnen: Seht, da ist der Mensch! [6]
Als die Hohenpriester und ihre Diener ihn sahen, schrien sie: Ans Kreuz mit ihm, ans Kreuz mit ihm! Pilatus sagte zu ihnen: Nehmt ihr ihn und kreuzigt ihn! Denn ich finde keinen Grund ihn zu verurteilen. [7] Die Juden entgegneten ihm: Wir haben ein Gesetz und

11 Die Hohenpriester aber wiegelten die Menge auf lieber die Freilassung des Barabbas zu fordern.

12 Pilatus wandte sich von neuem an sie und fragte: Was soll ich dann mit dem tun, den ihr den König der Juden nennt? 13 Da schrien sie: Kreuzige ihn!

14 Pilatus entgegnete: Was hat er denn für ein Verbrechen begangen? Sie schrien noch lauter: Kreuzige ihn!

15 Darauf ließ Pilatus, um die Menge zufriedenzustellen, Barabbas frei und gab den Befehl Jesus zu geißeln und zu kreuzigen.

20 Inzwischen überredeten die Hohenpriester und die Ältesten die Menge die Freilassung des Barabbas zu fordern, Jesus aber hinrichten zu lassen. 21 Der Statthalter fragte sie: Wen von beiden soll ich freilassen? Sie riefen: Barabbas!

22 Pilatus sagte zu ihnen: Was soll ich dann mit Jesus tun, den man den Messias nennt? Da schrien sie alle: Ans Kreuz mit ihm!

23 Er erwiderte: Was für ein Verbrechen hat er denn begangen? Da schrien sie noch lauter: Ans Kreuz mit ihm!

24 Als Pilatus sah, dass er nichts erreichte, sondern dass der Tumult immer größer wurde, ließ er Wasser bringen, wusch sich vor allen Leuten die Hände und sagte: Ich bin unschuldig am Blut dieses Menschen. Das ist eure Sache! 25 Da rief das ganze Volk: Sein Blut komme über uns und unsere Kinder!

26 Darauf ließ er Barabbas frei und gab den Befehl Jesus zu geißeln und zu kreuzigen.

18 Da schrien sie alle miteinander: Weg mit ihm; lass den Barabbas frei! 19 Dieser Mann war wegen eines Aufruhrs in der Stadt und wegen Mordes ins Gefängnis geworfen worden.

20 Pilatus aber redete wieder auf sie ein, denn er wollte Jesus freilassen. 21 Doch sie schrien: Kreuzige ihn, kreuzige ihn! 22 Zum dritten Mal sagte er zu ihnen: Was für ein Verbrechen hat er denn begangen? Ich habe nichts feststellen können, wofür er den Tod verdient. Daher will ich ihn auspeitschen lassen und dann werde ich ihn freilassen. 23 Sie aber schrien und forderten immer lauter, er solle Jesus kreuzigen lassen, und mit ihrem Geschrei setzten sie sich durch:

24 Pilatus entschied, dass ihre Forderung erfüllt werden solle.
25 Er ließ den Mann frei, der wegen Aufruhr und Mord im Gefängnis saß und den sie gefordert hatten.
Jesus aber lieferte er ihnen aus, wie sie es verlangten.

nach diesem Gesetz muss er sterben, weil er sich als Sohn Gottes ausgegeben hat. 8
Als Pilatus das hörte, wurde er noch ängstlicher. 9 Er ging wieder in das Prätorium hinein und fragte Jesus: Woher stammst du? Jesus aber gab ihm keine Antwort.

10 Da sagte Pilatus zu ihm: Du sprichst nicht mit mir? Weißt du nicht, dass ich Macht habe dich freizulassen und Macht dich zu kreuzigen? 11 Jesus antwortete: Du hättest keine Macht über mich, wenn es dir nicht von oben gegeben wäre; darum liegt größere Schuld bei dem, der mich dir ausgeliefert hat. 12 Daraufhin wollte Pilatus ihn freilassen, aber die Juden schrien: Wenn du ihn freilässt, bist du kein Freund des Kaisers; jeder, der sich als König ausgibt, lehnt sich gegen den Kaiser auf. 13 Auf diese Worte hin ließ Pilatus Jesus herausführen und er setzte sich auf den Richterstuhl an dem Platz, der Lithostrotos, auf hebräisch Gabbata, heißt. 14 Es war am Rüsttag des Paschafestes, ungefähr um die sechste Stunde. Pilatus sagte zu den Juden: Da ist euer König!
15 Sie aber schrien: Weg mit ihm, kreuzige ihn! Pilatus aber sagte zu ihnen: Euren König soll ich kreuzigen? Die Hohenpriester antworteten: Wir haben keinen König außer dem Kaiser. 16a Da lieferte er ihnen Jesus aus, damit er gekreuzigt würde.

1. Wer hat Schuld am Tode Jesu? Vergleichen Sie die Antwort der einzelnen Evangelisten auf diese Frage miteinander.
2. Bewerten Sie die Aussagen der Evangelien im Blick auf ihre historische Zuverlässigkeit.
3. Vergleichen Sie Ihre Auffassung mit der von Peter Fiedler (S. 115–116).

Pablo Picasso, Kreuzigung, 1930

Wer hat Schuld am Tode Jesu?

1. Markus Nach der Fragestellung in Vers 15,9 »Wollt ihr, dass ich euch den König der Juden freilasse?« ist die Absicht des Pilatus leicht zu durchschauen. Erklärend heißt es in Vers 10 »Er merkte nämlich, dass die Hohenpriester ihm Jesus aus Feindschaft ausgeliefert hatten« – woher der Verfasser diese Kenntnis über das Wissen des Römers besaß, ist eine unzulässige Frage. Für ihn ist eine solche Behauptung verbürgt durch die Tatsache der Hinrichtung Jesu und die Anfeindungen, die urchristliche Gemeinden von jüdischer Seite auszuhalten hatten. Nach Vers 11 wiegeln die Hohenpriester folgerichtig die Volksmassen auf, damit er (Pilatus) ihnen eher den Barabbas freilasse. Die Frage des Pilatus in Vers 12, was er denn mit ihm tun solle, »den ihr den König der Juden nennt«, erscheint als überflüssig. Der behauptete Brauch einer Begnadigung zum Fest galt jeweils für »einen (einzigen) Gefangenen« (Vers 6) – ob er wirklich bestand, ist eine ganz andere Frage. So erhalten aber in Vers 13 die Juden Gelegenheit, ausdrücklich den Tod Jesu, und zwar den Kreuzestod, zu verlangen. Der unentschlossene Pilatus wird durch das Geschrei der Ankläger »Kreuzige ihn!« (Vers 14) überwältigt. »Er ließ, um sie zufriedenzustellen, den Barabbas frei«, während er Jesus nach der Geißelung zur Kreuzigung »ausliefert«, wie wiederum gesagt ist.

2. Matthäus Auffallend sind vor allem der Traum der Frau des Pilatus (27,19) und die Händewaschung des Prokurators mit der Unschuldsbeteuerung (27,24). Bedeutsamer noch ist die Antwort des Volkes (Matthäus schreibt in Vers 25 nicht »Volksmenge«, sondern verwendet das für das Gottesvolk gebräuchliche Wort und betont »das ganze«): »Sein Blut komme auf uns und unsere Kinder!« Das ganze (!) Volk Israel übernimmt die Verantwortung an dieser Hinrichtung.

3. Lukas Mehrfach beteuert Pilatus die Unschuld Jesu, sogar unter Berufung auf den jüdischen »König« Herodes (23,15). Selbst der »Kompromissvorschlag«, Jesus nach der Auspeitschung freizulassen, wird abgelehnt (Verse 16.22). So entscheidet Pilatus, dass »ihre Forderung« erfüllt wird. Und wenn er mit Jesus verfährt, »wie sie es gewollt hatten« (Vers 25), so meint Lukas mit dieser Änderung gegenüber Markus sicher das, was in Apg 3,13–15 deutlich ausgesprochen wird: »… dieser (= Pilatus) hatte entschieden ihn freizulassen … Den Urheber des Lebens habt ihr getötet«.

4. Johannes Jesus erklärt dem Pilatus ausdrücklich »… darum hat der größere Schuld, der mich dir ausgeliefert hat« (19,11). Erst durch die erpresserische Drohung einer Anzeige beim Kaiser erreichen »die Juden« (!) die Kreuzigung; ihre religiösen Führer versteigen sich zu dem für jüdische Ohren gotteslästerlichen Wort »Wir haben keinen König außer dem Kaiser« (Vers 15). Damit ist der Lebensgrund des Gottesvolkes, dessen König JHWH ist, aufgegeben. Das Wort des johanneischen Christus bestätigt sich: »Ihr stammt vom Teufel, er ist euer Vater …« (Joh 8,44).

Jim Arndt

Sind die Juden schuld am Tod Jesu? Viele Aussagen des Neuen Testaments scheinen dafür zu sprechen. Vielleicht konnte aber dieser knappe Überblick über einen Ausschnitt aus Passionserzählungen der Evangelien bereits erkennen lassen, dass ein historisches Urteil nicht vorschnell darauf aufgebaut werden kann. Die theologische und kirchengeschichtliche Situation der Verfasser unserer Evangelien und der Traditionen, die sie benutzten, hat in der Gestaltung der Texte ihre Spuren hinterlassen. So führte die sich zunehmend verhärtende Auseinandersetzung mit den nicht an den Messias Jesus glaubenden Juden *auch* zu immer stärkerer Beschuldigung, während die Ausbreitung des Christentums im römischen Weltreich die jesusfreundliche Darstellung des Pilatus nur fördern konnte. Wollen wir ein vielleicht annähernd zutreffendes historisches Urteil erreichen, dürfen wir nicht einmal mehr die Frage so pauschal stellen. Es kann sich nur um *bestimmte Personen* oder *Gruppen* in der damaligen Judenschaft Israels handeln, die eine Beseitigung Jesu wünschten. Die Gründe dafür werden im Auftreten Jesu selbst zu suchen sein. Er war von einer Schar von Anhängern und Anhängerinnen umgeben. Das war in einer Zeit, in der es immer wieder zu Aufstandsversuchen gegen die römische Oberherrschaft kam, missverständlich und gefährlich. Angehörige der jüdischen Oberschicht, der Sadduzäer, konnten mit einer Auslieferung Jesu wegen Gefährdung der öffentlichen Ruhe und Sicherheit den Römern ihre Loyalität zeigen. Denn daran ist in keinem Fall zu zweifeln, dass Jesus von römischen Soldaten am Kreuz hingerichtet wurde. Dann darf man auch annehmen, dass Pilatus ihn verurteilt hat, und zwar aus politischen Motiven. Ob er überhaupt erkannt hat, wie sehr er damit Jesus Unrecht tat?

Borislav Sajtinac

Wir wüssten gerne mehr, auch über Jesu Verhalten selbst. So viel lassen die Evangelien immerhin erkennen: Auch als er ein gewaltsames Ende auf sich zukommen sah, blieb er unbeirrt seiner Sendung treu. Lukas drückt das mit der Bitte des Gekreuzigten aus: »Vater, vergib ihnen; denn sie wissen nicht, was sie tun!« (23,34).

Peter Fiedler

3. Der Tod Jesu im synoptischen Vergleich

Mk 15,33–41

[33] Und als die sechste Stunde eingetreten war, kam eine Finsternis über die ganze Erde bis zur neunten Stunde.
[38] Und der Vorhang im Tempel zerriss in zwei Stücke von oben bis unten.
[34] Und in der neunten Stunde rief Jesus mit lauter Stimme: »Elohi, Elohi, lama sabachthani?« (das heißt übersetzt: Mein Gott, mein Gott, warum hast du mich verlassen?).
[35] Und als es einige von denen hörten, die dabeistanden, sagten sie: Siehe, er ruft den Elia.
[36] Einer aber lief, füllte einen Schwamm mit Essig, steckte ihn auf ein Rohr und gab ihm zu trinken, indem er sagte: Halt, lasset uns sehen, ob Elia kommt, um ihn herabzunehmen! [37] Da stieß Jesus einen lauten Schrei aus und verschied.
[38] Und der Vorhang im Tempel zerriss in zwei Stücke von oben bis unten.

[39] Als aber der Hauptmann, der ihm gegenüber in der Nähe stand, sah, dass er auf diese Weise verschieden war, sprach er: Dieser Mensch war in Wahrheit Gottes Sohn.

[40] Es sahen aber auch Frauen von ferne zu, unter ihnen auch Maria aus Magdala und Maria, die Mutter von Jakobus dem Jüngern und von Joses, und Salome, [41] die ihm, als er in Galiläa war, folgten und dienten, und viele andere, die mit ihm nach Jerusalem hinaufgezogen waren.

Mt 27,45–56

[45] Aber von der sechsten Stunde an kam eine Finsternis über die ganze Erde bis zur neunten Stunde. [51] Und siehe, der Vorhang im Tempel zerriss von oben bis unten in zwei Stücke.
[46] Um die neunte Stunde aber schrie Jesus laut auf: »Eli, Eli, lema sabachthani? (das heißt: Mein Gott, mein Gott, warum hast du mich verlassen?) [47] Als das einige von den dort Stehenden hörten, sagten sie: Dieser ruft den Elia. [48] Und alsbald lief einer von ihnen, nahm einen Schwamm, füllte ihn mit Essig, steckte ihn auf ein Rohr und gab ihm zu trinken. [49] Die Übrigen aber sagten: Halt, lasset uns sehen, ob Elia kommt, um ihn zu retten!
[50] Da schrie Jesus abermals mit lauter Stimme und gab den Geist auf.
[51] Und siehe, der Vorhang im Tempel zerriss von oben bis unten in zwei Stücke, und die Erde erbebte, und die Felsen zerrissen, [52] und die Grüfte öffneten sich und viele Leiber der entschlafenen Heiligen wurden auferweckt; [53] und sie kamen nach seiner Auferweckung aus den Grüften hervor, gingen in die heilige Stadt und erschienen vielen.
[54] Als aber der Hauptmann und die, welche mit ihm Jesus bewachten, das Erdbeben sahen und was da geschah, fürchteten sie sich sehr und sagten: Dieser war in Wahrheit Gottes Sohn.
[55] Es sahen aber dort viele Frauen von ferne zu, die Jesus von Galiläa her gefolgt waren, um ihm zu dienen; [56] und unter diesen waren Maria aus Magdala und Maria, die Mutter des Jakobus und Joses, und die Mutter der Söhne des Zebedäus.

Lk 23,44–49.36

[44] Und es war schon ungefähr die sechste Stunde, da kam eine Finsternis über die ganze Erde bis zur neunten Stunde, [45] indem die Sonne ihren Schein verlor; der Vorhang im Tempel aber riss mitten entzwei.

[36] Es verspotteten ihn aber auch die Soldaten, indem sie hinzutraten, ihm Essig brachten.

[46] Und Jesus rief mit lauter Stimme und sprach: Vater, in deine Hände befehle ich meinen Geist! Und als er dies gesagt hatte, verschied er.

[47] Als aber der Hauptmann sah, was geschehen war, pries er Gott und sprach: Dieser Mensch war wirklich ein Gerechter. [48] Und die ganze Volksmenge, die zu diesem Schauspiel mitgekommen war, schlug sich beim Anblick dessen, was geschehen war, an die Brust und kehrte zurück.
[49] Es standen aber alle seine Bekannten von ferne und die Frauen, die ihm von Galiläa her nachgefolgt waren, und sahen dies.

Joh 19,29–37.25–27

[29] Ein Gefäß voll Essig stand da. Sie steckten nun einen mit Essig gefüllten Schwamm auf einen Ysopstengel und hielten ihn ihm an den Mund. [30] Als Jesus nun den Essig genommen hatte, sprach er: Es ist vollbracht, und neigte das Haupt und gab den Geist auf.
[31] Weil es nun Rüsttag war, richteten die Juden, damit die Leiber nicht über den Sabbat am Kreuze blieben – jener Sabbattag war nämlich ein großer – an Pilatus die Bitte, dass ihnen die Schenkel zerschlagen und sie herabgenommen würden. [32] So kamen denn die Soldaten und dem ersten zerschlugen sie die Schenkel und (ebenso) dem anderen, der mit ihm gekreuzigt worden war. [33] Als sie aber an Jesus kamen, zerschlugen sie ihm die Schenkel nicht, da sie sahen, dass er schon gestorben war, [34] sondern einer der Soldaten stach ihn mit einer Lanze in die Seite und alsbald kam Blut und Wasser heraus. [35] Und der es gesehen hat, der hat es bezeugt, und sein Zeugnis ist wahr; und jener weiß, dass er Wahres sagt, damit auch ihr glaubt. [36] Denn dies ist geschehen, damit das Schriftwort erfüllt würde: Kein Knochen an ihm soll zerbrochen werden. [37] Und wieder ein anderes Schriftwort sagt: Sie werden hinschauen auf den, welchen sie durchbohrt haben.
[25] Beim Kreuze Jesu aber standen seine Mutter und die Schwester seiner Mutter, Maria (, die Frau) des Klopas, und Maria aus Magdala.
[26] Als nun Jesus die Mutter sah und neben ihr den Jünger stehen, den er liebhatte, sagt er zur Mutter: Frau, siehe, dein Sohn! [27] Hierauf sagte er zum Jünger: Siehe, deine Mutter! Und von jener Stunde an nahm sie der Jünger in sein Haus.

1. Vergleichen Sie die Fassungen miteinander! Sie können sich vor allem an folgenden Fragen orientieren: – Wie stirbt Jesus? – Wie verhalten sich die Anwesenden? – Welche Ereignisse werden mit dem Tod in Verbindung gebracht? – Was sind die letzten Worte Jesu am Kreuz (vgl. Psalm 22)?

Psalm 22

2 Mein Gott, mein Gott, warum hast du mich verlassen, bist fern meinem Schreien, den Worten meiner Klage?

3 Mein Gott, ich rufe bei Tag, doch du gibst keine Antwort; ich rufe bei Nacht und finde doch keine Ruhe.

4 Aber du bist heilig, du thronst über dem Lobpreis Israels.

5 Dir haben unsere Väter vertraut, sie haben vertraut und du hast sie gerettet.

6 Zu dir riefen sie und wurden befreit, dir vertrauten sie und wurden nicht zuschanden.

7 Ich aber bin ein Wurm und kein Mensch, der Leute Spott, vom Volk verachtet.

8 Alle, die mich sehen, verlachen mich, verziehen die Lippen, schütteln den Kopf:

9 »Er wälze die Last auf den Herrn, der soll ihn befreien! Der reiße ihn heraus, wenn er an ihm Gefallen hat.«

10 Du bist es, der mich aus dem Schoß meiner Mutter zog, mich barg an der Brust der Mutter.

11 Von Geburt an bin ich geworfen auf dich, vom Mutterleib an bist du mein Gott.

12 Sei mir nicht fern, denn die Not ist nahe, und niemand ist da, der hilft.

13 Viele Stiere umgeben mich, Büffel von Baschan umringen mich.

14 Sie sperren gegen mich ihren Rachen auf, reißende, brüllende Löwen.

15 Ich bin hingeschüttet wie Wasser, gelöst haben sich all meine Glieder. Mein Herz ist in meinem Leib wie Wachs zerflossen.

16 Meine Kehle ist trocken wie eine Scherbe, die Zunge klebt mir am Gaumen. Du legst mich in den Staub des Todes.

17 Viele Hunde umlagern mich, eine Rotte von Bösen umkreist mich. Sie durchbohren mir Hände und Füße.

18 Man kann all meine Knochen zählen; sie gaffen und weiden sich an mir.

19 Sie verteilen unter sich meine Kleider und werfen das Los um mein Gewand.

20 Du aber, Herr, halte dich nicht fern! Du, meine Stärke, eile mir zu Hilfe!

21 Entreiße mein Leben dem Schwert, mein einziges Gut aus der Gewalt der Hunde!

22 Rette mich vor dem Rachen des Löwen, vor den Hörnern der Büffel rette mich Armen!

23 Ich will deinen Namen meinen Brüdern verkünden, inmitten der Gemeinde dich preisen.

24 Die ihr den Herrn fürchtet, preist ihn, ihr alle vom Stamm Jakobs, rühmt ihn; erschauert alle vor ihm, ihr Nachkommen Israels!

25 Denn er hat nicht verachtet, nicht verabscheut das Elend des Armen. Er verbirgt sein Gesicht nicht vor ihm; er hat auf sein Schreien gehört.

26 Deine Treue preise ich in großer Gemeinde; ich erfülle mein Gelübde vor denen, die Gott fürchten.

27 Die Armen sollen essen und sich sättigen; den Herrn sollen preisen, die ihn suchen. Aufleben soll euer Herz für immer.

28 Alle Enden der Erde sollen daran denken und werden umkehren zum Herrn: Vor ihm werfen sich alle Stämme der Völker nieder.

29 Denn der Herr regiert als König; er herrscht über die Völker.

30 Vor ihm allein sollen niederfallen die Mächtigen der Erde, vor ihm sich alle niederwerfen, die in der Erde ruhen.

31 Vom Herrn wird man dem künftigen Geschlecht erzählen,

32 seine Heilstat verkündet man dem kommenden Volk; denn er hat das Werk getan.

2. Um die Evangelien recht zu verstehen, ist es erforderlich, Parallelen aus der Hebräischen Bibel zu berücksichtigen, auf die angespielt wird. Zum Verständnis der letzten Worte Jesu ist es u. a. wichtig, den Psalm 22 zu kennen. Untersuchen Sie diesen Psalm und analysieren Sie dessen Aufbau und Gestaltung!

3. Vergleichen Sie den von Ihnen gefundenen Aufbau mit dem folgenden Vorschlag!

Aufbau und Gestaltung von Psalm 22

I. Klage in drei Phasen
A. *Klage* (2f) – Vertrauensäußerung (4–6)
B. *Klage* (7–9) – Vertrauensäußerung (10f) – Bitte (12)
C. *Klage* (13–19) – Bitte (20–22) – Vertrauensäußerung (22c)

II. Lob in drei Phasen
A. *Lobgelübde* (23) – Aufforderung zum Loben (24) – Begründung des Lobs (25)
B. *Lobgelübde* (26) – Aufforderung zum Loben (27f) – Begründung des Lobs (29)
C. Aufforderung zum Loben (30–32) – Begründung des Lobs (32c)

4. Erörtern Sie, ob die Kenntnis von Aufbau und Gestaltung des Psalm 22 eine Hilfe zur Lösung des synoptischen Problems im Blick auf die letzten Worte Jesu am Kreuz bietet.

5. Darf man Gott im Gebet sein Leid klagen? – Setzen Sie sich zur Beantwortung dieser Frage mit den Gedanken von Ottmar Fuchs auseinander.

1. Die klagende Frage Jesu am Kreuz: »Mein Gott, mein Gott, warum hast du mich verlassen?« ist der Beginn eines Klageliedes aus Israel. Es ist schon lange vor Jesus, aber auch gerade zu seiner Zeit ein bekanntes Gebet aus dem Gebetbuch des Volkes […].

Im Unterschied zum […] Buch der Psalmen freilich, wo 40% der Texte Klagelieder sind, begegnen […] uns […] kaum solche Gebete! Dies ist ein Symptom dafür, dass die Klage eine verdrängte Gebetsgattung geworden ist. Und wenn einer mal klagt, wird er nicht selten […] bedrängt: mit Gott darf man doch nicht hadern! […]

Dies aber ist falsch! Auch wir dürfen, ja wir sollen so zu Gott beten, wenn wir uns und ihn ernst nehmen wollen: einmal uns in den Situationen der Not und der Sorge, zum anderen Gott, von dem wir glauben, dass wir ihm gerade in der Not wichtig sind und bleiben. Vor Gott braucht, und das gilt auch für unsere Gebetsbeziehungen mit ihm, nichts verdrängt zu werden, auch nicht unser Aufbäumen gegen das, was wir erleben müssen. So gilt auch in diesem Sinne die Nachfolge Jesu: nämlich ihm nicht nur nachzufolgen in seinen die Menschen befreienden Worten und Taten, sondern auch in seiner Gottesbeziehung […]. Schauen wir auf ein paar wichtige Momente des Klagebetens […].

2. Das gänzlich Überraschende an diesem Psalm 22 ist, dass mitten in der heftigsten Notschilderung die Hoffnung aufbricht. Hierin konzentriert sich das »Unglaubliche«, was überhaupt den biblischen Glauben an Gott charakterisiert: in der Situation der Not und Bedrängung entsteht die feste Hoffnung, die Glaubensgewissheit, dass Gott hört und in irgendeiner Form den Beter nicht zugrunde gehen lässt. Das wohl Stärkste, was es unter Menschen gibt, kommt hier zur Wirkung und zum Ausdruck, und mancher von uns hat dies tatsächlich schon am Grund einer tiefgehenden Noterfahrung erlebt: in der Not, wo der Mensch keinen Ausweg mehr zu sehen glaubt, bricht gerade an dem Punkt, wo sie am tiefsten ausgelotet wird, eine paradoxe »Hoffnung wider alle Hoffnung« auf […].

In Israel geschieht dies dadurch, dass der Beter sich an die alten und erzählten Geschichten erinnert, in denen Gott bereits die Väter nicht im Stich gelassen hat. So wird in Psalm 22 an das Vertrauen und an die Rettung der Väter gedacht, die JHWH aus dem Sklavenhaus von Ägypten herausgeführt hat, und zwar gegen die Macht der Stärkeren und die Unmöglichkeitsbehauptungen des Mose. Dies ist das Erste: der Gott, der in der Noterfahrung so fern gerückt scheint, wird im Klagegebet eingeklagt als der, der doch der Gott der Väter ist, der die Väter aus ihrer Not gerettet hat. Indem der Beter diesem Gott aus der Erinnerung in seine Gegenwart holt und ihn zugleich in seiner Klage anspricht, rettet er JHWH vor der Vergessenheit und glaubt ihn nach wie vor als seinen Gott. So mobilisieren die erinnerten Hoffnungsgeschichten einen Vorschuss an Vertrauen. Die Erinnerung wird zum Lesegerät der Not, nämlich insofern der Gläubige immer mehr inne wird, dass gerade die Not der Ort ist, wo Gott sich einstellt; dass der Notleidende derjenige ist, mit dem Gott vorzugsweise zu tun haben will […].

3. Das Gebet beginnt mit einem heftigen Warum; der Beter möchte es wissen, warum Gott dies zulassen kann; es ist ihm unbegreiflich! Er stellt die uralte Frage nach dem Tun-Ergehen-Zusammenhang, nach dem Verhältnis von Gottesglauben und Wohlergehen. Sollte es denn nicht auch denen, die bereits hier an Gott, den Schöpfer und Vollender der Welt, glauben und ihm gehorchen, tatsächlich viel besser ergehen? Das Klagegebet Israels freilich ist ein Lernprozess, der beides gründlich trennt: das Tun des Menschen und sein Ergebnis (sein »Schicksal«), den Glauben an Gott und das Wohlergehen. Gott ist nicht verfügbar im Sinne von: wenn ich das und das tue oder glaube, dann geht es mir in dieser und der anderen Hinsicht gut! Biblischer Glaube dagegen behauptet sich, entsteht und wird geprüft im Ernstfall: wo der Beter an Gott glaubt und ihm vertraut, obwohl es ihm nicht gut geht, obwohl er den guten Gott also nicht unmittelbar als Wohlergehen erfährt.

Damit scheidet sich der Glaube vom Aberglauben, der biblische Gott vom Talisman, den man hat, damit einem nichts passiert. Der Aberglaube weicht hier einem radikalen Glauben als einem Sich-Festmachen in Gott,

gleichgültig, was geschieht! Die Klage ist keine Beschwörung, sondern ein Gebet zu Gott, der anders, der unbegreiflicher sein darf, als die Menschen ihn kalkulieren. Im Gebetsverlauf des Psalms zeigt sich dies dadurch, dass auf die Frage nirgendwo eine Antwort erfolgt, jedenfalls keine, die in irgendeiner Art erklären wollte, warum es dieses Leid gibt. Im Gegenteil: Im Verlauf des Gebets wird dieses Warum immer unwichtiger, in dem Maß nämlich, wie das Gebet in der Beziehungsaufnahme zum nahe geglaubten Gott weiterschreitet […].

4. Äußerlich passiert in diesem Gebet nichts: weder ein Wunder, das die Not wegzauberte, noch eine Erscheinung, die Gott außerordentlicherweise erfahren ließe. Was aber passiert ist: dass die Gebetsbegegnungen mit dem Gott der Väter in der Not ein neues und nunmehr unbedingtes Vertrauen entstehen lässt, nämlich dass Gott in der Not nahe ist; dass die Rechnung nicht stimmt: Wohlergehen ist ein Zeichen für Gottes Nähe und die Noterfahrung ist ein Zeichen für Gottes Ferne, mag diese Kalkulation noch so verbreitet sein! Diese (trotz der oder besser in der noch ausstehenden Rettung) im Gebet errungene neue Gewissheit, dass Gott nicht verlässt, besonders den Leidenden nicht, bricht sich […] im Psalmverlauf die Bahn: nämlich als der Beter plötzlich anfängt Gott und seine Nähe zu loben!

[…] Leid und Not sind nicht Zeichen der Gottesferne; Wohlergehen muss kein Zeichen und Beweis der Gottesnähe sein. Solche abergläubischen Zugriffe auf Gott werden im Klagegebet zerbrochen. Die Frage nach dem Warum, nach dem Wissen-Wollen als Herrschaftswissen über Gott, ist nicht mehr wichtig. Einzig wichtig bleibt am Ende nur der Glaube daran, dass Gott nahe ist und den Beter auf Dauer nicht fallen lässt. Darin allein liegt der Keim der Hoffnung in der Not, noch bevor die Situation gerettet ist.

Ottmar Fuchs

1.	Skizzieren Sie den Gedankengang des Textes.
2.	Erörtern Sie, ob der Text Anregungen zum eigenen Gebetsverständnis liefern kann.

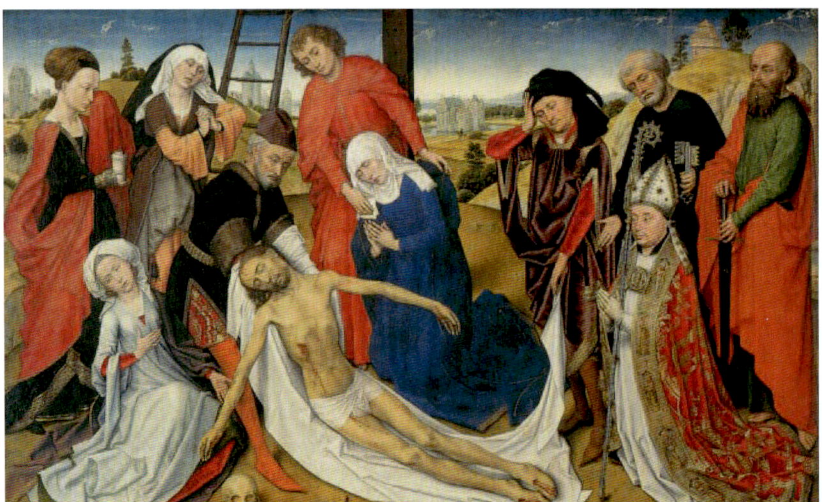

Oben: Auf dem Balkan ist in bestimmten Regionen das »Beweinen« eine Kunstform. Der Ritus verlangt, den Kopf in die Hand zu stützen.

Werkstatt oder Nachfolge Rogier van der Weydens, Beweinung, um 1460–1480 (?)

4. Zum Bekenntnis des römischen Hauptmanns unter dem Kreuz (Mk 15,39) und zur Entwicklung der ersten christologischen Dogmen

Als Rom seine Herrschaft ausbaute, wurde ein neuer Kult in die griechische Welt eingeführt: die Göttin Roma, der diese Stadt geweiht war. Diese Göttin fand ihren Repräsentanten bald in dem konkreten Kaiser, der auf Lebenszeit gewählt und der erste Bürger *(princeps)* war. Doch in Griechenland und auch bei den orientalischen Völkern verehrte man die Regenten als Heroen, als Erwählte, die ihre Herrschaft von Gott erhalten haben. Der Aufstieg Alexanders, sein Siegeszug wurde als Zeichen seiner Göttlichkeit verstanden. Die Beinamen der Götter wurden auf Herrscher übertragen. Man nennt bald auch römische Kaiser »Soter«, »Erlöser«, »Gott« und »Herr« *(Kyrios)*. Der Kaiserkult setzte sich in Rom durch. Julius Cäsar etwa wurde nach seinem Tod (44 v. Chr.) durch Senatsbeschluss unter die Schutzgötter des Staates aufgenommen.

Oktavian Augustus, geboren 63 v. Chr., gestorben 14 n. Chr., war ein Großneffe von Julius Cäsar, der ihn erzogen, testamentarisch als Sohn angenommen und als Erben eingesetzt hatte. Zunächst bildete er mit Marcus Antonius und Lepidus das zweite Triumvirat; dann kam es zu Spannungen; schließlich siegte Oktavian in der Schlacht bei Actium (31 v. Chr.) über Mark Anton und wurde Alleinherrscher. Von nun an trug er seinen Frieden *(pax Augusta)* nach Rom und in die Provinzen.

»Mit welchem Zulauf, mit welcher Begeisterung von Menschen aller Altersstufen und aller Klassen der Kaiser bei seiner Rückkehr nach Italien und Rom (29 v. Chr.) begrüßt wurde, wie prächtig seine Triumphe und seine Geschenke waren, das lässt sich nicht einmal in einem Werk von größerem Wurf, geschweige denn in diesem Abriss angemessen darstellen. Nichts können die Menschen von den Göttern erbitten, nichts die Götter den Menschen gewähren, nichts kann in ein Gebet gefasst, nichts von glücklichem Gelingen gekrönt werden, was nicht Augustus nach seiner Rückkehr in die Hauptstadt dem römischen Staat und Volk und dem ganzen Erdkreis gegeben hätte. Nach zwanzig Jahren waren die Bürgerkriege beendet, die auswärtigen begraben, der Friede wieder ins Land gerufen … Sobald die altehrwürdige Staatsform erneuert war, wurden die Felder wieder bearbeitet, die Heiligtümer wieder geehrt, die Menschen gewannen ihre Sicherheit zurück, jeder konnte seines Besitzes sicher sein.« (Velleius Paterculus, Römische Geschichte II, 89) Die griechischen Städte der Provinz Asia beschlossen vermutlich im Jahr 9 v. Chr. den Julianischen Kalender und mit ihm eine neue Zeitrechnung einzuführen. »… darum scheint es mir richtig, dass alle Gemeinden ein und denselben Neujahrstag haben, eben den Geburtstag des göttlichen Kaisers, und dass an ihm alle Beamten ihr Amt antreten, das ist am 9. Tag vor den Kalenden des Oktober.« Damit ist der Neujahrstag auf den 23. Oktober festgelegt.

In vier kleinasiatischen Städten fand man Fragmente dieses Erlasses, der vermutlich auf den Marktplätzen bekannt gemacht wurde. Darunter auch die 1890 entdeckte »Inschrift von Priene«:

»Dieser Tag, der Geburtstag des Kaisers, hat der Welt ein anderes Gesicht gegeben. Sie wäre dem Untergang verfallen, wenn nicht in dem heute Geborenen für alle Menschen ein gemeinsames Heil aufgestrahlt wäre … Wer richtig urteilt, wird in diesem Geburtstag den Anfang des Lebens und der Lebenskräfte für sich erkennen. Es ist unmöglich in gebührender Weise für so große Wohltaten zu danken, die dieser Tag uns gebracht hat. Die Vorsehung, die über allem Leben waltet, hat diesen Mann zum Heile der Menschen mit solchen Gaben erfüllt, dass er uns und den kommenden Geschlechtern als Heiland gesandt ist. Jedem Krieg wird er ein Ende setzen und alles herrlich machen. In seiner Erscheinung sind die Hoffnungen der Vorfahren erfüllt. Er hat nicht nur die früheren Wohltäter der Menschheit allesamt übertroffen, es ist unmöglich, dass je ein größerer käme. Mit dem Geburtstag des Gottes beginnt für die Welt das Evangelium, das sich mit seinem Namen verbindet.«

Eleonore Beck

1. Skizzieren Sie, was Eleonore Beck über den Kaiserkult sagt.
2. Erklären Sie, was es aus der Sicht römischer Religion bedeutet, wenn der Hauptmann im Blick auf den verächtlich am Kreuze sterbenden Jesus bekennt: »Dieser Mensch war in Wahrheit Gottes Sohn!« (Mk 15,39)
3. Erörtern Sie, ob bzw. inwiefern dem Bekenntnis des römischen Hauptmanns auch eine politische Dimension zukommt.
4. Stellen Sie anhand der Informationen im folgenden Abschnitt dar, wie es zu den ersten christologischen Dogmen kam. Vergleichen Sie diese mit dem Bekenntnis des römischen Hauptmanns unter dem Kreuz.

Die dogmengeschichtlich wohl folgenreichsten Lehrdefinitionen aus frühkirchlicher Zeit wurden erstellt auf den Konzilien von Nicäa (325) und Chalcedon (451).

Während die christologischen Hoheitstitel noch in den kerygmatischen bzw. konfessionalistischen Tendenzen der frühen Gemeinden verwurzelt waren, hatte sich inzwischen die Kirche nicht nur als religiöse Institution, sondern auch zunehmend als politischer Faktor auf breiter Basis etabliert. Die auf beiden Konzilien getroffenen Lehrentscheidungen sind somit nicht als isolierte Dogmen, sondern in engem Zusammenhang mit (hier nicht näher zu erörternden) politischen und kirchenpolitischen Fragen jener Zeit zu sehen.

Gleichzeitig sind die formulierten Glaubenssätze auch eine theologische Antwort auf die gewachsene Vielfalt religiöser Strukturen und die Forderungen praktischer Frömmigkeit. [...]

In Nicäa ging es um die begriffliche Bestimmung des Verhältnisses Jesu zu Gott. Vorausgegangen war der sog. »arianische Streit« (s.u.). An der Durchführung des Konzils hatte Kaiser Konstantin selbst maßgeblichen Anteil.

– Der alexandrinische Presbyter Arius und seine Anhänger hatten gelehrt, dass die Wesenseinheit Christi mit Gottvater in Gegensatz zum Glauben an *einen* Gott stehe und deswegen abgelehnt werden müsse. Denn der »gewordene« Sohn könne der wesenhaft »ungewordenen« Gottheit des Vaters nicht wesensgleich sein. Aufgrund seiner sittlichen Bewährung habe Gott ihm aber die Sohneswürde verliehen. Jesus ist Gott *wesensähnlich*.

– Einer solchen Auffassung widersetzte sich die Volksfrömmigkeit. Auch bestand die Gefahr einer die Einheit des Reiches in Frage stellenden politisch-theologischen Zersplitterung. Um also den arianischen Streit zu beenden, berief Kaiser Konstantin für den Sommer des Jahres 325 das erste ökumenische Konzil nach Nicäa ein.

Die Streitsituation forderte zu einer klaren Stellungnahme heraus. Die Synode beschloss die Annahme eines Glaubensbekenntnisses, des sog. »Nicänums«.

Man einigte sich auf folgende theologische Lehrmeinungen:

1. Gott und Jesus sind *wesenseins.* (Damit war die Christologie des Arius verworfen).

2. Gott kann als göttliches Seinsprinzip in sich vielfältig sein und sich in drei verschiedenen Erscheinungsformen – als Vater, Sohn und Heiliger Geist – der Welt mitteilen. Ihrem Wesen, ihrer göttlichen Natur nach bilden diese drei »Personen« dennoch einen einzigen Gott.

In der Sache und auch in der kirchenpolitischen Frontenstellung war der arianische Streit allerdings keineswegs beendet. Erst das Konzil von Konstantinopel

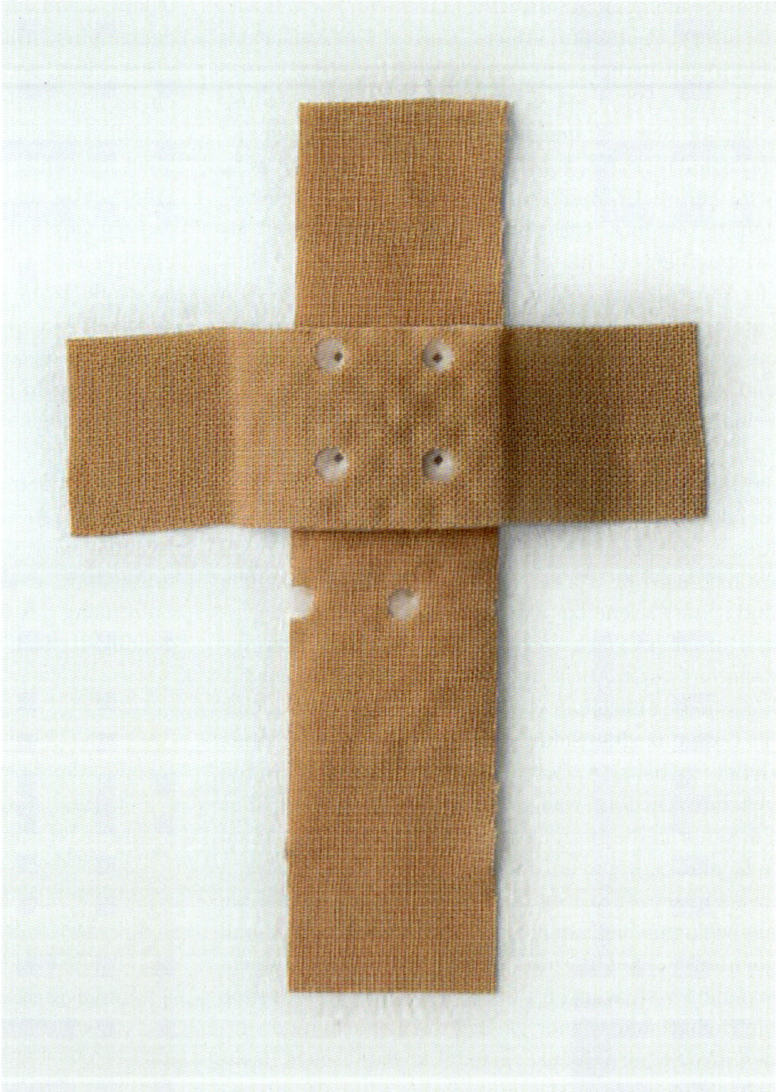

(381) brachte mit der Bestätigung des Nicänums und der Errichtung der orthodoxen katholischen Staatskirche einen gewissen Abschluss. [...]
Um das Verhältnis zwischen der göttlichen und der menschlichen Natur in der Person Jesu ging es auf der vierten allgemeinen Synode, die von der oströmischen Kaiserin Pulcheria (450–457) und ihrem Gemahl Marcian im Jahr 451 nach Chalcedon einberufen wurde. Das sog. »Chalcedonense« bekennt den einen Christus, vollkommenen Gott und vollkommenen Menschen, *in* (nicht nur *aus)* zwei Naturen. Jesus ist wahrer Mensch und wahrer Gott zugleich. Beide Naturen bleiben »unvermischt« und »unveränderlich«, aber auch »ungetrennt« und »unzerteilt«.

Uwe Stamer

Biblische Anmerkungen zum Sohn-Gottes-Titel Jesu – zwei Positionen im Vergleich:

Wie beim Messiasbegriff, so wurde auch beim Gottessohntitel in christologischer Sinngebung eine alte Form übernommen und mit neuen, teilweise gänzlich unkonventionellen Vorstellungen belegt.
– Die Bezeichnung eines Königs als »Gottessohn« war im Alten Orient nichts Ungewöhnliches. Im Hellenismus wurde vielen Halbgöttern und Heroen diese Auszeichnung zuerkannt. Desgleichen war in der Tradition Israels der Begriff nicht unbekannt. Somit wäre die bloße Übertragung der Bezeichnung auch auf Jesus nichts, was Wesen und Werk des Mannes aus Nazaret besonders bestimmt und erklärt hätte;
– im Neuen Testament findet sich der Begriff »Sohn Gottes« – bzw. das Bekenntnis zu Jesus als dem Sohn Gottes – an vielen Stellen: oft bei Paulus, sehr häufig im Johannesevangelium. Die synoptischen Belegstellen (z.B. Mk 3 [Rufe der Dämonen]; 12,6 [»Von den bösen Weingärtnern«]; 14,61 [Verhör vor dem Hohen Rat] u.a.) dürften sämtlich Formulierungen der Gemeinde sein.
– Unterschiedlich ist die Annahme einer göttlichen Präexistenz des Sohnes im Vater-Sohn-Verhältnis: Während bei der adoptianisch verstandenen Gottessohnschaft des Taufgeschehens, bei dem im Augenblick der Taufe Jesus Gottes Sohn *wird*, die Vorstellung der Präexistenz des Sohnes unbekannt ist, wird sie an anderer Stelle offenbar vorausgesetzt;
– zweifellos war Jesu Selbstbewusstsein mitbestimmt durch ein besonders inniges Verhältnis zu seinem Vater. Dies äußert sich nicht nur darin, dass Jesus ausdrücklich von »seinem Vater« spricht (Mt 7,21), sondern auch in dem Gebrauch des aramäischen Begriffs »abba« (»Väterchen«), der kindlichen Anrede inniger Vertrautheit: »Abba, mein Vater, alles ist dir möglich; nimm diesen Kelch von mir; doch nicht, was ich will, sondern was du willst!« (Mk 14,36);
– völlig entgegengesetzt zu der bisher geläufigen, heroisch-hoheitlich ausgerichteten Gottessohntitulatur aber ist die Tatsache, dass Jesus, der Sohn Gottes, am Kreuz für uns gestorben ist.

Uwe Stamer

Ich weiß nicht, wann Jesu Person oder Botschaft mich zum ersten Mal beeindruckt haben. Daran aber erinnere ich mich genau, dass von Anfang an rings um mich her Streit um Jesus herrschte. Ob jemand als Christ galt, sollte sich daran entscheiden, ob er Jesus aus Nazaret für den Messias bzw. den Sohn Gottes hielt. Die Wahrheit der christlichen Botschaft beruhte auf der göttlichen Qualität des Boten. Darum bildete Jesu Gottessohnschaft die Messlatte kirchlicher Rechtgläubigkeit. Ich höre meine fromme Mutter noch leise fragen, als ich ihr frech meine frischen historisch-kritischen Kenntnisse servierte: »Aber war er nicht Gottes Sohn?« Andere polterten laut: »Wenn er nicht Gottes Sohn war, können wir einpacken!« Dabei genügte zur Begründung einer Glaubensaussage oft schon die bloße Zitation eines Hoheitstitels. [...]
Die Christen glauben nicht an die Botschaft Jesu von Gott, weil er der Sohn Gottes oder der Christus ist, sondern weil sie seiner Botschaft von Gott glauben, bekennen sie ihn als den Christus oder den Sohn Gottes. Nicht der Titel entscheidet über die Botschaft, sondern die Botschaft über den Titel. Den richtigen Titel kennen und über Jesus Bescheid zu wissen meinen, ist ein Trugschluss.

Heinz Zahrnt

1. Stellen sie die beiden Zugänge (Zahrnt/Stamer) dar.
2. Erläutern Sie Stamers Aussage anhand der Schrifttexte Joh 1,1 und Mt 3,13–17 und setzen Sie sich damit auseinander.
   a) Joh 1,1: »Im Anfang war das Wort, / und das Wort war bei Gott, / und das Wort war Gott.«
   b) Mt 3,13–17: »Zu dieser Zeit kam Jesus von Galiläa an den Jordan zu Johannes, um sich von ihm taufen zu lassen. Johannes aber wollte es nicht zulassen und sagte zu ihm: Ich müsste von dir getauft werden, und du kommst zu mir? Jesus antwortete ihm: Lass es nur zu! Denn nur so können wir die Gerechtigkeit (die Gott fordert) ganz erfüllen. Da gab Johannes nach. Kaum war Jesus getauft und aus dem Wasser gestiegen, da öffnete sich der Himmel, und er sah den Geist Gottes wie eine Taube auf sich herabkommen. Und eine Stimme aus dem Himmel sprach: Das ist mein geliebter Sohn, an dem ich Gefallen gefunden habe.«
3. Vergleichen Sie die beiden Zugänge (Zahrnt/Stamer) und nehmen Sie Stellung.

5. Erlösung durch den Kreuzestod Jesu? – Akzente neutestamentlicher und heutiger Erlösungstheologie

Der Mensch von heute (wenn man so pauschal formulieren darf), auch der ehrlich um den Glauben Ringende, wird seine spontanen Sorgen kaum mehr in der Frage formulieren: Wie bekomme ich einen gnädigen Gott?, sondern eher in Fragen wie: Wie finde ich zu sinnvollem, gelingendem Leben? Wie bestehe ich meine Angst? Wie komme ich los vom narzisstischen Kreisen um mich selbst? Oder, statt auf das Ich stärker auf das Wir bezogen: Wie können wir die Menschheit vor der selbstgemachten Katastrophe retten? Werden wir je zu Frieden und Gerechtigkeit kommen? Als relevant gilt die Verkündigung nur, wenn sie diese Probleme berührt. – Auf dem Hintergrund solcher Anfragen soll im Folgenden erörtert werden, was – christlich verstanden – »Erlösung« meint. Grob schematisiert lassen sich im Neuen Testament drei (innerhalb der einzelnen Schriften unterschiedlich vertretene) Akzente aufweisen.

1. Erlösung durch den Kreuzestod Jesu

Dieser Akzent findet sich vor allem, wenn auch nicht ausschließlich, bei Paulus: Wir sind erlöst *von* den knechtenden Mächten Gesetz, Sünde, Tod *zur* Freiheit der Kinder Gottes *durch* Kreuz und Auferstehung Jesu. In diesem Zusammenhang begegnet uns auch die Hingabe-Formel, wie z.B. Gal 1,3f: »Jesus Christus, der sich für unsere Sünden hingegeben hat, um uns aus der gegenwärtigen bösen Welt zu befreien.« Diese Redeweise gibt schon einen Hinweis darauf, dass Paulus nicht etwa an einen mechanisch wirkenden Opfer-Ritus denkt, sondern einen personalen Akt oder richtiger: eine Gesamt-Willens-Richtung Jesu als das erlösende Geschehen vor Augen hat.

2. Erlösung durch die Menschwerdung des Sohnes (des Logos)

Dieser Gedanke ist besonders, aber nicht ausschließlich, im Johannes-Evangelium ausgeprägt: Der Sohn (bzw. der Logos) kommt aus dem Licht des Vaters in die Finsternis der Welt, bringt auf diese Weise Erleuchtung, Erkenntnis Gottes und schafft so Gemeinschaft mit ihm. Begrifflich zugespitzt: Erlösung geschieht demnach *von* dem Dunkel der Unwissenheit, Todesverfallenheit und Gottesferne *zu* Licht, Leben, Gemeinschaft mit Gott *durch* die Menschwerdung des göttlichen Logos.

3. Erlösung durch den Lebensweg Jesu

Wie die kurze Zusammenfassung eines ganzen Evangeliums wirkt die Petrus-Predigt in Apg 10,37–43. In diesem Text wird das lukanische Weg-Motiv deutlich: Heilsbedeutsam ist nicht die einfache Existenz Jesu, sondern der Weg, den er gegangen ist, »angefangen in Galiläa«, wie er »Gutes tuend und heilend umherzog«, bis er schließlich »an den Pfahl gehängt«, von Gott aber auferweckt wurde. Der Tod Jesu ist auf diesem Weg nicht ein positives, sondern ein negatives Datum. Das unterstreicht die Kontrastformel »Gott aber …«: Die Jesus töteten, schienen seinen Lebensweg zu zerstören: Gott aber durchkreuzte ihr Handeln. Er blieb der Gott »mit ihm«. Durch diesen Weg (d.h. mit dieser Lebenspraxis und weil Gott mit ihm war) ist Jesus zum Wegführer, zum Richter aller Menschen geworden. Nochmals pointiert zusammengefasst: Wir sind erlöst *von* der Macht des Bösen (was für Lukas konkret bedeutet: von Krankheit und dämonischen Besessenheiten, von Isolation, Rollenfixierung und Sünde) *zur* Weggemeinschaft mit Christus *durch* die Eröffnung dieses Weges.

Franz-Josef Nocke

1. Geben Sie das neutestamentliche Verständnis von »Erlösung« wieder.
2. Erläutern Sie, welche Rolle in diesem Zusammenhang der Tod Jesu am Kreuz spielt.
3. Analysieren Sie, inwiefern die neutestamentlichen Akzente in heutiger Erlösungstheologie wiederzufinden sind. Beziehen Sie sich auf den folgenden Textauszug von Heinz Zahrnt.

F. K. Waechter

Wird das Leiden des Gekreuzigten allzu sehr »vergoldet«? Oder ist die schwarze Variante angemessener?

Ich bin in einem Christentum aufgewachsen, in dem das Leben Jesu im Vergleich zu seinem Sterben und Auferstehen nur eine geringe Rolle spielte – fast nur ein Vorspiel auf der Weltbühne des göttlichen Heilsdramas. Entsprechend sagte man von dem neutestamentlichen Evangelien gern, sie seien keine Biographien mit einem tragischen Schluss, sondern Passionsgeschichten mit ausführlichen Einleitungen. So wurden Jesu Tod und Auferstehung, losgelöst fast von seinem Leben, zu zwei in sich selbstständigen und aus sich selbst verständlichen Heilstatsachen.

Dabei bereitete Jesu Tod mir stets die größere Beschwer.

Welche Deutungen seines Sterbens das Neue Testament auch bietet – ob als Sühneopfer, Passalamm, Stellvertretung, Genugtuung, Loskauf –, alle zielen zuletzt auf das Eine, dass Jesus am Kreuz auf Golgata stellvertretend für die Sünde der Menschheit gestorben sei – und dies nach Gottes ewigem Ratschluss! Aber gerade als ewige göttliche Heilstat wird Jesu Tod auch für Christen heute zum Ärgernis, und zwar nicht aus Unglauben, sondern eher aus Glauben. Ich höre noch Eugen Kogons oft wiederholten, empörten Protest: »Was ist das für ein Gott, der seinen Sohn als Opferlamm schlachten lässt, um den Menschen ihre Sünde vergeben zu können!«

Nun, der Gott, den Jesus als seinen »Vater« geglaubt und verkündigt hat, war es gewiss nicht. [...]

Von allen Deutungen des Todes Jesu im Neuen Testament erscheint mir der Gedanke der Stellvertretung noch als der plausibelste. »Stellvertretung« ist ein Lebensgesetz des menschlichen Daseins. Dass ein Menschenleben das andere nicht nur begrenzt und verdrängt, sondern auch für es eintreten und einstehen kann, davon ist eine Ahnung und Erfahrung unter den Menschen vorhanden. Indem ein anderer an unser Statt etwas tut, stellt er uns davon frei – sein Tun kommt uns zugute.

Im Falle Jesu aber darf die Stellvertretung nicht nur auf sein Leiden und Sterben bezogen sein, sondern muss sein ganzes Wirken – sein Glauben, Verkündigen und Verhalten – umgreifen. Leben und Sterben Jesu bedingen sich gegenseitig. Ohne sein Leben und Lehren wäre sein Tod nicht verständlich, ohne seinen Tod aber auch sein Leben und Lehren kaum zu solcher Bedeutung gelangt.

Jesu Tod ist weder ein göttlicher Einfall noch nur ein menschlicher Zufall gewesen, sondern die logische Konsequenz seines Lebens.

Nicht Gott hat Jesus ans Kreuz gebracht – das haben Menschen getan. Wer behauptet, dass Jesu Tod aufgrund einer innertrinitarischen Verabredung zustande gekommen, mithin von Ewigkeit her beschlossen gewesen sei, muss die Konsequenzen in Kauf nehmen, dass Gott die Juden hat bewusst ins Unheil laufen lassen. Solche Gotteslästerung kommt heraus, wenn man die Heilsgeschichte »übergeschichtlich« versteht und sie so zu einem toten Geschiebe macht.

Andererseits aber ist Jesu Tod auch kein reiner Zufall

Der Tod Jesu: eine »innertrinitarische Verabredung«? – Gnadenstuhl aus dem 19. Jh. im Dom zu Köln

gewesen. War er auch nicht von Ewigkeit her vorgesehen, so war er doch von Anfang an abzusehen. Schließlich ist Jesus gekreuzigt worden und nicht im See Gennesaret beim Fischen ertrunken. Die Art seines Sterbens weist auf sein Leben zurück. Sein Glaube war es, der ihm seine »Freiheit zum Wort« gab, und seine Freiheit zum Wort war die Ursache seines Todes. Wer so redet und handelt wie Jesus, ist für jedes religiöse und politische Establishment gleichermaßen ein Sicherheitsrisiko. Und so wird der Unruhestifter ausgeschaltet. Gewiss war die Kreuzigung Jesu ein Akt religiös-politischer Justiz – aber war es ein Fehlurteil? Was sich auf Golgata ereignet hat, war ebenso viel oder wenig ein »Justizmord« wie andere derartige Hinrichtungen in der blutigen Geschichte der Ideologien und Religionen. Auch in den Augen der christlichen Obrigkeiten galten Ketzer meistens zugleich als politische Aufrührer und die Zusammenarbeit zwischen dem »geistlichen« und dem »weltlichen« Amt hat hier gleichfalls reibungslos funktioniert.
Nicht um für die Sünden der Menschheit zu sterben, ist Jesus nach Jerusalem hinaufgezogen, sondern um im religiösen und nationalen Zentrum Israels die endgültige Entscheidung für oder wider seine Botschaft herauszufordern. Weil diese Botschaft von der Liebe Gottes handelt und Jesus sein Leben für sie hingegeben hat, kann ich mit gutem Grund sagen, dass er »für mich« gestorben ist. Unter den Bedingungen der menschlichen Existenz in der Welt hat Jesus die Liebe Gottes geglaubt und bis ans Ende »ausgelegt«. Zu Recht ist das Kreuz darum zum Symbol der Christenheit geworden.

Heinz Zahrnt

Vergleichen Sie den Ansatz zur Erlösungstheologie bei Heinz Zahrnt mit dem im folgenden Text von Jürgen Moltmann und nehmen Sie Stellung.

Von früh an hat die christliche Gemeinde in der Passion Christi die stellvertretende göttliche Sühne für die Sünden der Welt gesehen. Nach dem Vorbild des »leidenden Gottesknechtes« aus Jesaja 53 sah man in Christus den durch stellvertretendes Leiden versöhnenden Sohn Gottes. Wie soll man das verstehen? Ist Sühne überhaupt notwendig? Ich glaube, sie ist es. Simon Wiesenthal berichtet in seinem Buch »Die Sonnenblume«, dass er als KZ-Häftling an das Bett eines sterbenden SS-Mannes gerufen wurde, der ihm, dem Juden, beichten wollte, dass er an Massenerschießungen von Juden teilgenommen habe, um ihn um Vergebung zu bitten. Wiesenthal konnte sich die Beichte des Mörders anhören, ihm aber nicht vergeben, denn im Namen der toten Opfer kann kein Mensch den Mördern vergeben. Aus dieser Geschichte wird klar, dass es der Sühne bedarf, um mit einer solchen Schuldlast leben zu können. Ohne Vergebung der Schuld kann der Schuldige nicht leben, denn er verliert jede Selbstachtung. Vergebung von Schuld gibt es jedoch nicht ohne Sühne. Sühne aber ist keine menschliche Möglichkeit, denn das geschehene Unrecht kann durch nichts Menschliches »wiedergutgemacht« werden. Ist Sühne für menschliche Schuld dann eine göttliche Möglichkeit?
In den Kulten vieler Völker wird Sühne durch das Opfern von Tieren gesucht, die den Zorn der Götter besänftigen sollen, der durch Unrecht von Menschen entstanden ist. Anders in Israel: Im Alten Testament gab es auch ein Sühneopfer. Das war der sog. »Sündenbock«, den Gott stiftet, damit die Sünden des Volkes durch Handauflegung auf ihn übertragen werden und er sie in die Wüste hinausträgt und so von dem Volk hinwegnimmt. Der »Sündenbock« wird nicht Gott angeboten, um seinen Zorn zu besänftigen, sondern Gott stiftet den »Sündenbock«, um das Volk zu

Das Kreuz ist – wie hier in Frankreich – vielerorts zum Teil der Landschaft geworden.

versöhnen. Es gab auch in Salomos Tempel solche Sühnopferrituale. Nach der Vision des Propheten Jesaja wird Gott einen neuen »Gottesknecht« senden, der die Sünden des Volkes hinwegtragen wird. Immer ist es in der Bibel Gott selbst, der die Sünden des Volkes »trägt« und so Versöhnung schafft. Gott selbst ist der stellvertretend »für uns« und »für viele« Leidende. Gott selbst ist der sühnende Gott.

Wie geschieht das? Es geschieht so, dass Gott die menschliche Schuld in sein Leiden verwandelt, indem er die menschliche Schuld »trägt«. Nach dem Neuen Testament wird Christus nicht nur zum Bruder der Opfer, sondern auch zum Sühnenden für die Täter. »Der du trägst das Leid der Welt«: Das gilt für die Opfer. »Der du trägst die Sünd der Welt«: Das gilt für die Täter. Solange diese Welt steht, erträgt Gott nicht nur die Leidensgeschichte der Welt, sondern auch die Unrechtsgeschichte der Menschen. In dem gekreuzigten Christus ist Gott selbst das Opfer unter den Opfern. Darum wird die Versöhnung der Täter durch die Opfer bezeugt. Opfer haben ein langes Gedächtnis, denn die Spuren der Leiden sind tief in ihre Seelen und oft auch ihre Leiber eingegraben. Täter haben meistens ein kurzes Gedächtnis. Sie wissen nicht und wollen nicht wissen, was sie getan haben. Darum sind die Täter auf die Opfer angewiesen, wenn sie aus dem Tod ins Leben kommen wollen. Der gekreuzigte Christus ist »um unserer Sünden willen dahingegeben« (Röm 4,25). Früher hat man sich das als Opfer oder als Lösegeld vorgestellt, das Christus bringt, um die Menschen zu erlösen. Wir stellen uns das heute personal vor: Nicht für einzelne Sünden, sondern für uns Sünder ist Christus gestorben. Er trägt uns mit unseren Sünden, indem er uns erduldet und erträgt. Zuletzt: Darin, dass Christus »für uns« ist, wird offenbar, dass »Gott für uns« ist (Röm 8,31).

Jürgen Moltmann

Oben: Meister der Madonna del Voto, Schule des Guido da Siena, Kreuzbesteigung, 1270
Welche Erlösungsvorstellung wird hier favorisiert?
Unten: José Clemente Orozco, Jesus zerstört sein Kreuz, 1943
Welche Erlösungsvorstellung(en) kritisiert das Bild?

6. Deutungen des Todes Jesu: kontrastierende theologische Ansätze im Vergleich

a// »Der Flieger« – Aus einem Roman von Maarten t'Haart

Der zeitgenössische niederländische Schriftsteller Maarten t'Haart (geb. 1944) wuchs in streng protestantischem Milieu auf. In seinem Roman »Der Flieger« geht es unter anderem um den Ausschluss eines Gemeindemitglieds wegen »ketzerischer« Auffassungen über die Deutung des Todes Christi.

»Ja. Im Sommer waren die Presbyter bei uns zu Besuch. Wir sitzen gemütlich mit den beiden Brüdern und plaudern, meine Frau und ich, wirklich, ganz gemütlich, alles in Ordnung, nun ja, alles ... wir hatten ausführlich über unsere Tochter gesprochen ... warum man sie nie in der Kirche sieht ... und sie hatten auch dies und das von Hindervoet gehört ... offenbar hat sie im Konfirmandenunterricht auf die Frage ›Was hilft es dir aber nun, wenn du dies alles glaubst?‹ geantwortet: ›Einen Dreck‹ ... wie dem auch sei, das hatten wir alles hinter uns, und es war inzwischen sehr gemütlich geworden. Ich hatte den Brüdern bereits einen Schnaps eingeschenkt ... und da habe ich so ganz nebenbei zu Bruder Scharloo gesagt: Vor einem Monat bin ich mitten in der Nacht aufgewacht und ins Grübeln geraten, und plötzlich fällt mir, während ich mir über unsere Tochter den Kopf zerbreche, das Vaterunser ein. Ich denke: Eigentlich seltsam, dass Jesus sagt: ›Vergib uns unsere Schuld, wie auch wir vergeben unseren Schuldigern‹, denn Gott vergibt uns – so wird uns gelehrt – dank der Tatsache, dass das teure Blut unseres Herrn Jesus Christus für die vollständige Vergebung all unserer Sünden am Kreuz vergossen worden ist.«

»Ein Pastor könnte es nicht besser sagen«, meinte mein Vater.

»Ja, aber wir vergießen doch nicht das Blut unserer Kinder, um die Sünden unserer Schuldiger zu vergeben.«

»Sag das noch mal«, bat mein Vater.

»Was ich meine, ist, sage ich zu Scharloo, dass das Wörtchen ›wie‹ ganz seltsam ist. Gott vergibt uns, wie auch wir vergeben. Wie wir vergeben müssen. Aber wir vergeben nicht über den Umweg von Blut und Kreuz.«

»Mannomann, wie bist du darauf denn bloß gekommen?«, sagte mein Vater.

»Ich denke, ich bin durch meine Tochter draufgekommen. Das Mädchen ... ach, man denkt alles Mögliche, also denkt man auch schon mal mitten in der Nacht, wenn man um drei Uhr hellwach ist und die dunkelsten, schwärzesten, grässlichsten Hirngespinste aus deinem Innersten aufsteigen, ich wollte ... ich würde ... ich wollte, Gott möge mir vergeben, wie auch ich vergeben will ... wenn sie nicht mehr da wäre, wäre alles viel einfacher ... ach, es ist schrecklich, dass man solche Dinge denkt, dass man das Teuerste, was man hat, opfern will ... verstehst du ... opfern, aber man opfert seine Kinder niemals. Unsere Schuldiger erhalten keine Vergebung, indem wir unsere Kinder an ein Kreuz nageln lassen, auch wenn wir wegen unserer Kinder manchmal ein schweres Kreuz zu tragen haben, aber Gott vergibt – Jesus sagt es ganz unmissverständlich –, wie wir vergeben müssen. Unser Vergeben ist also wie die Vergebung Gottes. Es steht auch ganz deutlich in Markus 11, Vers 25: ›Und wenn ihr stehet und betet, so vergebet, wo ihr etwas wider jemand habt, auf dass auch euer Vater im Himmel euch vergebe eure Fehler.‹«

»Ich bin verblüfft«, sagte mein Vater.

»Als Jesus«, fuhr Ginus unbeirrbar fort, »seine Jünger das Vaterunser gelehrt hat, sagte er: ›Denn so ihr den Menschen ihre Fehler vergebet, so wird euch euer himmlischer Vater auch vergeben. Wo ihr aber den Menschen ihre Fehler nicht vergebet, so wird euch euer Vater eure Fehler auch nicht vergeben.‹ Vergebung aufgrund von Kreuzestod und Sühneblut? Von wegen. Wenn wir vergeben, vergibt er, sonst nicht. Und nachdem mir das klargeworden war, kam mir noch ein anderer Gedanke. Gott ist allmächtig.«

»So ist es«, bestätigte mein Vater.

»Gott kann alles, aber auch wirklich alles.«

»Wer würde es wagen, daran zu zweifeln.«

»Richtig, aber wenn er alles kann, wirklich alles, dann kann er auch vergeben.«

»Aber es gibt doch keinen Pastor, der behaupten würde, dass dem nicht so ist?«

»Doch! Sie sagen alle, dass er uns vergibt, weil unser Erlöser am Kreuz gestorben ist. Aber wenn Gott alles kann, wirklich alles, dann kann er uns auch direkt vergeben, dann bedarf es dafür keiner Kreuzigung und keines Sühnebluts.«

»Natürlich«, sagte mein Vater, »wenn er wollte, könnte er direkt vergeben. Aber offenbar will er das nicht. Offenbar vergibt er nur dank des stellvertretenden Leidens unseres Heilands.«

»Jaja, das hat man uns von Kindesbeinen an beigebracht, aber Jesus sagt klar und deutlich: Gott vergibt, wie wir vergeben. Kein Opfer, kein Kreuzestod, kein Leiden. Wenn man nachts so herumliegt und grübelt, dann denkt man noch, dass man sich schrecklich irren muss, denn in der Kirche wird schon seit Jahrhunderten gepredigt, dass es einzig und allein das sühnende Sterben Christi ist, das die Sünden der Welt hinwegnimmt …«

»Halt ein, steigere dich nicht in etwas hinein«, rief mein Vater.

»… aber wenn man am nächsten Tag, nachdem man sich die ganze Nacht hin und her gewälzt hat, mit zitternden Händen die Heilige Schrift einfach irgendwo aufschlägt, dann liest man – es kann kein Zufall sein, dass ich just diese Seite aufgeschlagen habe, der Herr selbst hat meine Finger gelenkt – in Psalm 51: ›Tilge alle meine Missetaten.‹ Durch Jesu Opfer am Kreuz? Oh nein, denn etwas weiter unten steht: ›Denn du hast nicht Lust zum Opfer, ich wolle dir's sonst wohl geben; und Brandopfer gefallen dir nicht.‹ Der ganze Psalm handelt von der Vergebung der Sünden – ›tilge meine Sünden nach deiner großen Barmherzigkeit‹ –, doch nirgendwo ist von der Vergebung der Sünden aufgrund des Opfertods von Jesus die Rede. Im Gegenteil: Dort steht, dass Gott keinen Gefallen an Opfern hat. Ich habe das ganze Alte Testament durchgelesen, übrigens keine kleine Aufgabe, das kann ich dir sagen, und habe alle Passagen angestrichen, in denen von Vergebung die Rede ist, etwa sechzig bis siebzig Stellen, aber nirgendwo, wirklich nirgendwo liest man, dass Gott aufgrund des Opfers seines Sohnes vergeben wird.«

»Das geht ja auch gar nicht. Sein Sohn war damals noch überhaupt nicht auf die Erde hinabgestiegen.«

»Da stimme ich dir zu, da stimme ich dir ganz und gar zu, aber ist es denn nicht äußerst verwunderlich, dass Gott zu Zeiten des Alten Bundes offenbar direkt vergeben konnte – denk nur mal an Psalm 32: ›Ich will dem Herrn meine Übertretung bekennen. Da vergabst du mir die Missetat meiner Sünde. (Sela.)‹ –, und im Neuen Bund ist das plötzlich nur auf dem Umweg über den Kreuzestod Christi möglich? Hat er plötzlich die Fähigkeit zur direkten Vergebung verloren? Musste er deshalb seinen Sohn schicken? Das glaubt doch niemand. Ein allmächtiger Gott kann vergeben, kann souverän und direkt vergeben, und darum behagen ihm Opfer auch nicht.«

»Junge, Junge, was hast du dir da ausgedacht?«, sagte mein Vater.

»Ja, und das ist noch nicht alles: Ich habe auch die vier Evangelien gelesen, aber ich habe nirgendwo, aber

Das Lamm Gottes als Aushängeschild einer Fleischerei – was halten Sie davon?

auch wirklich nirgendwo eine Stelle finden können, an der Jesus selbst sagt, er sei gekommen, um durch seinen Tod am Kreuz die Sünden der Welt zu tilgen.«

»Halt, halt«, sagte mein Vater, »was ist mit Johannes 3: ›Also hat Gott die Welt geliebt …‹«

»Da steht nur, dass Gott seinen eigenen Sohn gegeben hat, ›auf dass alle, die an ihn glauben, nicht verlorengehen werden‹. Aber du findest kein Wort über das stell-

»Im Kreuz allein ist Heil« (1884) – Wegkreuz bei Wegberg

vertretende Leiden, kein einziges. Das Kreuz, das Blut und das Opfer werden nicht erwähnt.«

»Stimmt, aber Jesus sagt oft, dass er leiden muss.«

»Wegen unserer Sünden? Lies dir die Evangelien im Hinblick darauf noch mal durch. Nirgendwo sagt er geradeheraus, dass er irgendwann ans Kreuz muss, um die Sünden der Welt hinwegzunehmen. Der Kreuzestod als Opfer für unsere Sünden stammt vom Apostel Paulus, von einem ganz normal sterblichen Menschen wie du und ich. An keiner Stelle tischt Jesus, Gottes Sohn, uns diese Geschichte auf, im Gegenteil, in Matthäus 18 sagt Jesus, dass das himmlische Königreich vergleichbar ist mit einem König, der mit seinen Knechten abrechnen will. Einer dieser Knechte kann seine Schulden nicht bezahlen, und der König erlässt sie ihm.«

»Ja, und dann ging dieser Knecht fort und traf jemanden, der ihm einhundert Groschen schuldete«, sagte mein Vater.

»Genau, der Knecht würgt ihn und will ihn zum Zahlen zwingen, obwohl er selbst soeben vom König begnadigt worden ist ... nun ja, du weißt genau, was danach passiert, du kennst die Heilige Schrift ebenso gut wie ich. Der König ruft den Knecht zu sich und sagt: Warum hast du kein Mitleid gezeigt, obgleich ich dir gegenüber sehr wohl Mitleid gezeigt habe?«

»Ja«, sagte mein Vater, »und dann übergibt der König den Knecht den Peinigern.«

»Und weißt du, was Jesus am Schluss sagt? ›Also wird euch mein himmlischer Vater auch tun, so ihr nicht vergebet von eurem Herzen, ein jeglicher seinem Bruder seine Fehler.‹ Mit anderen Worten: Wenn wir unseren Brüdern vergeben, vergibt Gott uns. Seine Vergebung ist eine Folge unserer Vergebung. Von wegen Kreuzestod und Sühneblut.«

»Ich glaube nichts davon«, sagte mein Vater. »Zwar fällt mir so auf die Schnelle keine Bibelstelle ein, aber mir fällt bestimmt noch ein Zitat ein, wart's ab, der Tag ist noch jung.«

»Ich bin gespannt. Auch Scharloo fing an, allerlei Textstellen wie Granaten auf mich abzufeuern, aber es war nicht eine dabei ... denn eine solche gibt es nicht. Und selbst wenn es eine gäbe, Jesus sagt: ›Gott vergibt, wie wir vergeben.‹ Kann man es deutlicher sagen?«

»Mannomann, das ist ja schrecklich ... was dir da plötzlich eingefallen ist. Du bist schwerkrank.«

»Schwerkrank? Weißt du, was in Psalm 51 steht, den der Herr selbst nach jener Nacht für mich aufschlug? ›Ich will die Übertreter deine Wege lehren, dass sich die Sünder zu dir bekehren.‹ Der Herr selbst will also, dass ich allen berichte, dass er vergibt, wie wir vergeben. Von wegen Kreuzestod.«

»Warum ist Jesus denn dann am Kreuz gestorben?«

»Damit wir, wenn wir leiden, wissen: Er hat schlimmer gelitten. Er hat gelitten, um uns Mut zu machen.«

»Und das hast du den Ältesten an jenem Abend alles gesagt?«

»Ja, und anschließend haben wir den ganzen Abend bis weit nach Mitternacht darüber diskutiert. Gegen zwei meinte Scharloo, zu seinem großen Bedauern müsse er dem Kirchenrat berichten, dass ich nicht mehr daran glaube, dass Jesus für unsere Sünden gestorben ist. Drei Tage später stand der Mittelscheitel bei uns vor der Tür, und auch mit ihm habe ich den ganzen Abend heftig diskutiert. Nicht, dass wir uns wirklich gestritten hätten, denn weißt du, auch wenn er diese unheimlichen tiefliegenden Augen hat – wenn man ihn ansieht, hat man das Gefühl, in einen dunklen Tunnel zu schauen, an dessen Ende eine Katze hockt – und dazu die merkwürdigen Haare – sie werden einfach nicht anständig geschnitten –, er ist trotzdem ein über die Maßen freundlicher Mann. Aber auch er hat nicht eine Textstelle aus den Evangelien hervorzaubern können, die mich davon überzeugt hätte, dass Jesus selbst einmal deutlich gesagt hat ...«

»Ich weiß eine Stelle«, rief mein Vater, »Matthäus 20, Vers 28.«

»Ja, die Stelle hat Hindervoet auch genannt: ›Des Menschen Sohn ist nicht gekommen, dass er sich dienen lasse, sondern dass er diene und gebe sein Leben zu einer Erlösung für viele.‹«

»Na«, sagte mein Vater, »da steht es doch.«

»Ach ja? Liest du in diesem Zitat etwas über die Vergebung der Sünden durch den Kreuzestod?«

»Nein, aber da steht: Er gibt sein Leben zur Erlösung.«

»Das kann doch alles Mögliche bedeuten. Und auf keinen Fall steht deutlich da, dass er sein Leben geopfert hat, um dadurch zu bewirken, dass Gott uns unsere Sünden vergibt.«

»Ja, aber wenn du es so genau nimmst ...«

»So genau muss man das nehmen. All die Textstellen, in denen ganz vage darauf angespielt wird, dass das Lamm Gottes die Sünden der Welt hinwegnimmt ...«

»Na, nun nennst du tatsächlich selbst eine, Johannes 1, Vers 20.«

»Sagt Jesus selbst das?«

»Nein, Johannes der Täufer, aber ...«

[...]

Maarten t'Hart

1.	Analysieren Sie den Auszug aus dem Roman unter der Fragestellung, wie der Tod Jesu jeweils interpretiert wird.
2.	Entwerfen Sie Perspektiven, wie die inhaltliche Auseinandersetzung weitergehen könnte.

b// »Den zornigen Vater gab es nicht« – Warum Jesus dennoch am Kreuz starb: Einblicke von Eike Christian Hirsch

»Fast jeder meint es zu wissen: Jesus starb am Kreuz, um Gottes Zorn zu versöhnen. Einige von uns sind gerührt von diesem Selbstopfer, die anderen wenden sich ab vom angeblichen Sado-Maso-Schauspiel, wie sie es nennen. In Wirklichkeit erzählt die Bibel die Geschichte vom Kreuz anders, und die Theologie weiß das seit dreihundert Jahren. Doch leider – populär wird wohl immer die andere, die grausame Deutung bleiben.« So der Autor des folgenden Beitrags, der 1937 geborene deutsche Journalist und Schriftsteller Eike Christian Hirsch.

Vor mehr als vierhundert Jahren, 1574, am Ende der Reformationszeit, lebte in Florenz ein junger gelehrter Jurist, Fausto Sozzini, seit zwölf Jahren Sekretär des florentinischen Großherzogs. Erfüllt von freiheitlichen Gedanken über die christliche Lehre ging er mit fünfunddreißig Jahren ins reformierte Basel und entwickelte dort Ansichten, die man – selbst in dieser Zeit des späten Humanismus – nicht haben durfte:
Jesus Christus ist nicht etwa deshalb unser Erlöser, weil er am Kreuz für uns gelitten hat und damit den Vater versöhnte, sondern allein durch seine erhebende Lehre und sein vorbildliches Leben.
Bald war Sozzini sogar im reformierten Basel seines Lebens nicht mehr sicher. Ihn schreckte auch, dass man einen anderen Leugner des Dogmas zwanzig Jahre zuvor im ebenfalls reformierten Genf lebendig verbrannt hatte. So wich Sozzini schon fünf Jahre später nach Polen aus, wo sich die wahren religiösen Umstürzler versammelten, geduldet vom toleranten Regime eines dortigen Herrschers. Sozzini wurde einer der Vordenker dieser Bewegung radikaler Reformer. Deren Ansichten nannte man bald in ganz Europa »Socianismus«.
Was hat Jesus Christus für die Menschheit getan? fragte Sozzini. Nichts Überirdisches, lautete die Antwort: Jesus hat uns nur den Willen Gottes gezeigt, das ewige Leben verheißen und ein Beispiel der Vollkommenheit gegeben, das er mit seinem Tod bekräftigte.
Das ist schon alles. Jesus als Vorbild. Keine Besänftigung des göttlichen Zorns, keine Abwaschung der Sünden der Welt durch sein Blut. Nichts Dramatisches, schon gar nichts Übernatürliches. Veröffentlicht wurde das anstößige Buch vor rund vierhundert Jahren. 1594, in Polen. Fausto Sozzini ist noch im selben Jahre von Kirchenchristen schwer misshandelt worden, wie überhaupt die Schar der ketzerischen Intellektuellen, die er mit großer Weisheit und Autorität zu einigen wusste, auch in Polen vielen Verfolgungen ausgesetzt war. Den neuen Vernunftglauben, der bald viele Anhänger fand, kann man so zusammenfassen:
Gott ist niemand, der wütend wird und den es nach Strafe verlangt. Die Sünden vergibt er jedem Wohlge-

Links: Christusfigur im niederländischen St. Odilienberg/Limburg.
Mitte: In der Frühzeit des Christentums wurde Jesus zumeist als guter Hirte dargestellt.
Rechts: Jesus als Lehrer: Darstellung in einer syrischen Kirche – der Text rechts im Buch ist aramäisch, links daneben arabisch. Kann man dem historischen Jesus über seine Muttersprache Aramäisch näher kommen? Die Übersetzung des aramäischen Textes lautet: »Ich bin das Licht der Welt. Wer mir nachfolgt, wird nicht in der Finsternis bleiben, sondern wird das Licht des Lebens haben« (Joh 8, 12). »Kommt her zu mir, die ihr mühselig seid und beladen« (Mt 11, 28).

Jens-Friedrich Schacht, Experiment, 1999

sinnten sowieso gern. Jesus musste also nicht der gehorsame Sohn sein, das Opferlamm, das stellvertretend für uns litt. Und sein qualvoller Tod? Der ergab sich politisch, war eben das übliche Prophetenschicksal, allenfalls ein Zeichen seiner Liebe zu den Seinen.

Eine revolutionäre Lehre, aber eine ziemlich biblische und zugleich vernünftige. Fausto Sozzini war damit jedoch seiner Zeit weit voraus und wurde deshalb überall von Theologen heftig bekämpft, in Deutschland zum Beispiel von den lutherischen Gelehrten der folgenden Generationen, die nicht umhin kamen, sich mit dem scharfsinnigen Ideen der Sozianer auseinanderzusetzen. Ein Argument der gefährlichen Sozianer gegen die lutherische Auffassung von Karfreitag lautete:

»Wenn Christus bereit war, Gott den Vater zu besänftigen und für unsere Sünden zu büßen, dann ist sein Mitleid mit den Menschen größer gewesen als das des Vaters, denn er hätte den Vater erst dazu bewogen, dass er sich mit uns versöhnte.«

Ja, wie steht der zornige Gott dann da? Ein peinlicher Einwand, der von den lutherischen Professoren als ganz überflüssige Spekulation mit der Versicherung zurückgewiesen wurde, Vater und Sohn hätten beide die höchste Liebe gezeigt, da gebe es keinen Unterschied. Doch die bohrenden Fragen der modern denkenden Sozianer reichten weiter. Das wichtigste Argument dieser christlichen Vernunft-Sekte lautete:

»Wenn sich Gottes Sohn opfern musste, dann hat Gott die Schuld der Menschen entweder nicht vergeben können oder vergeben wollen.«

Einer der rechtgläubigen Lutheraner entschloss sich in seiner Not, das sogar einzuräumen:

»Bei richtigem Verständnis kann beides zugegeben werden: Gott hat nicht vergeben können, weil seine Gerechtigkeit unwandelbar ist und er keine Sünden ungestraft vergibt. Und er hat auch nicht vergeben wollen, das beweisen alle Zeugnisse der Schrift.«

So gerieten die Altgläubigen in immer schrecklichere Ansichten. Die Sozianer, diese mutigen Ketzer, sind nach zwei Generationen aus Polen und Siebenbürgen vertrieben worden und als Gruppe untergegangen. Ihre Ideen aber sind im Zeitalter der Aufklärung nach hundert Jahren wieder auferstanden und zu Ehren gekommen.

[...]

Was ist nun richtig? Wie steht es in der Bibel?

In der Bibel finden wir eine vielstimmige Deutung des Karfreitags. Einig sind sich alle Autoren des Neuen Testaments darin, dass dieses Leiden und Sterben sein musste, also einen tieferen Sinn hatte. Aber welchen? Was im Neuen Testament dazu steht, das wirkt wie die gesammelten Fragmente eines Dramas. Und jeder Theologe hat die Aufgabe eines Regisseurs, der diese Fragmente als ein zusammenhängendes Stück aufführen will; er wir ihnen seine eigene Deutung geben müssen.

Augenblick! Wird so mancher Informierte jetzt vielleicht sagen, es gibt doch die bekannte Deutung, die von Gottes Zorn und dem Opfer des Sohnes handelt!

Ja, das ist die klassische, weitverbreitete Formel. Sie ist weniger biblisch, als man denkt, stammt nämlich aus dem Mittelalter, genauer von dem englischen Theologen Anselm von Canterbury. Und sie wurde erdacht, weil Anselm sich durch allerlei öffentliche Zweifel am Evangelium, die damals aufkamen, veranlasst sah, eine sozusagen wasserdichte, logische Argumentation zu liefern, die er unter dem Titel veröffentlichte:

»Cur Deus homo«, zu deutsch: Warum Gott Mensch werden musste.

Diese Schrift entstand 1094, vor gut neunhundert Jahren, und damit zufällig aufs Jahr genau ein halbes Jahrtausend vor Sozzinis ganz anderer Deutung von 1594. Um seine Geschichte vom Mittler Jesus überzeugend zu erzählen, verfiel der englische Kleriker Anselm auf die Idee, die Sache juristisch zu begründen. Mit Erfolg, aber er überzog und hat damit – in bester Absicht – die biblische Botschaft verfälscht. Die Logik hört sich etwa so an:

»Gott, dieser strenge Gesetzgeber und Richter, kann gar nicht anders als die Sünden der Menschheit unnachsichtig verfolgen. Das verlangt der Begriff der Gerechtigkeit. Weil er aber zugleich barmherzig ist, schickt er seinen Sohn, den er sterben lässt an Stelle der Menschheit, die den Tod verdient hätte.«
Der Gedankengang hat seine Logik, darum ist er wohl auch bis heute in unseren Köpfen wirksam. Doch ist er nicht sehr biblisch. Ja, man wäre versucht, den guten Anselm einen »furchtbaren Juristen« zu nennen, wenn er nicht mit dieser Anschauung einfach ein Kind seiner Zeit gewesen wäre. [...] Diese Auffassung wirkt bis heute weiter, etwa durch die Kirchenlieder jener Zeit oder die Kantaten und Passionsmusiken Johann Sebastian Bachs. [...] Die heutige gebildete Christenheit weiß leider wenig davon, wie stark die Auffassungen vom strafenden Gott längst überholt sind. Eigentlich schon seit Sozzini, oder jedenfalls seit Sozzini auch von guten Kirchenchristen verstanden wurde und seine Weisheit stillschweigend eingebracht wurde in die evangelische Theologie. [...]

Eike Christian Hirsch

1. Geben Sie die Grundgedanken des Textes wieder.
2. Erläutern Sie die im Text genannten biblischen Interpretationsansätze und die mittelalterliche Deutung des Kreuzestodes Jesu.
3. Erörtern Sie die Argumente des Sozianismus.

Ed Ruscha, Faith, 1972

C// Zur Glaubensdeutung des Todes Jesu – Zusammenfassende Überlegungen im Vergleich

Wer das Sterben Jesu ausschließlich unter historischen Gesichtspunkten betrachtet, wird der Bedeutung des Todes für den christlichen Glauben noch nicht gerecht. Der folgende Textauszug des evangelischen Theologen Wolfhart Pannenberg geht auf die Deutung des Todes Jesu ein.

Es ist auffallend, wie ausführlich das Apostolische Bekenntnis das Leiden Jesu in allen seinen Einzelzügen festhält: Die Erwähnung des römischen Statthalters Pontius Pilatus weist darauf hin, dass die Passion Jesu in voller Öffentlichkeit stattgefunden hat, im vollen Licht des zuverlässig Historischen. Dann werden sorgfältig die einzelnen Stufen des Geschehens aufgezählt: gekreuzigt, gestorben, begraben. Dabei liegt ein besonderer Akzent darauf, dass die Kreuzigung Jesu mit seinem Tode endete und dass dieser Tod durch das Begräbnis besiegelt wurde. [...]
Nur die Reihenfolge der Ereignisse, keine der urchristlichen Deutungen des Todes Jesu wird ausdrücklich erwähnt. Es fehlt der alte Gedanke, der auf Jesus selbst zurückgehen mag (Lk 13,33 und 34f.), dass Jesus das Geschick aller Propheten erleiden musste. Das Bekenntnis enthält kein Wort über die göttliche Notwendigkeit des Todes Jesu vom alttestamentlichen Schriftbeweis her. Dieser Gedanke war in den urchristlichen Schriften in verschiedener Richtung entfaltet worden. So findet sich im Urchristentum das Verständnis des Leidens und Todes Jesu als Sühne. Die Abendmahlsüberlieferung spricht von dem »für viele« (Mk 14,24) oder »für uns« (Lk 22,20) vergossenen Blut. An anderen Stellen begegnen Deutungen des Todes Jesu als Zahlung des Lösegeldes für unsere Sünden (Mk 10,45), als Sühnopfer im kultischen Sinne (Röm 3,25 und im Hebräerbrief), als Bundesopfer, welches den Abschluss des neuen Bundes Gottes mit den Menschen besiegelt (1 Kor 11,25; Lk 32,20). Alle diese Bilder des aus dem Alten Testament geführten Schriftbeweises für die göttliche Notwendigkeit des Todes Jesu enthalten den Gedanken, dass

sein Leiden stellvertretend, an unserer Stelle getragen wurde. […]
So wie am großen Versöhnungstag des alten Israel der Bock, auf den der Hohepriester nach Gottes gnädiger Anordnung die Sünden des Volkes übertragen durfte, seine Schuld mit sich hinweg trug in die Wüste, so hat Gott Jesus, wie die Christenheit in der Abendmahlsliturgie singt, zu dem Lamm gemacht, das die Sünde der Welt hinweggetragen hat. Bei solchen Erwägungen ist vorausgesetzt, dass es so etwas wie Stellvertretung zwischen Menschen überhaupt geben kann und dass insbesondere auch im Bereich menschlicher Schuld Stellvertretung möglich ist. […]
Es ist im sozialen Charakter des menschlichen Daseins begründet, dass jeder Einzelne ständig in Verantwortungen handelt, die sich mehr oder weniger auf andere erstrecken. Jeder ist mit seinem Tun in die Gemeinschaft, in der er lebt, verflochten und am Tun der anderen beteiligt. So ist im sozialen Leben Stellvertretung geradezu ein allgemeines Phänomen. Schon die arbeitsteilige Struktur des Berufslebens hat Stellvertretungscharakter.
Wer einen Beruf ausübt, steht darin für das Ganze ein, dem er dient, und er ist ebenso angewiesen auf die spezifischen Tätigkeiten, denen andere sich auch zu seinen Gunsten widmen. Dass auch das Ergehen im Guten und Bösen von Einzelnen oder von Teilgruppen stellvertretend für eine Gesamtheit getragen werden kann, erfährt man gerade in außergewöhnlichen Zeiten. Das ist dem deutschen Volk besonders deutlich vor Augen geführt durch die Vertreibung der Bewohner seiner Ostprovinzen und durch die Spaltung Deutschlands, die dazu führte, dass die Teile des deutschen Volkes in ganz verschiedenem Maße die Folgen des Krieges zu tragen hatten. Vieles, was einer Gemeinschaft als ganzer widerfährt, trifft in besonderer Weise einzelne ihrer Glieder oder einen Teil, der in solcher Situation die ganze Gesellschaft repräsentiert. Der Individualismus ethischer Verantwortlichkeit kann sich aus solchen Verflechtungen nie ganz lösen, ohne den Zusammenhang mit der Wirklichkeit des menschlichen Lebens zu verlieren. Umgekehrt kann aber auch nur unter Voraussetzung der allgemeinen Bedeutung von Stellvertretung für das Zusammenleben der Menschen sinnvoll nach einer stellvertretenden Bedeutung des Todes Jesu gefragt werden. Ohne das allgemeine Phänomen der Stellvertretung im Zusammenleben der Menschen bliebe die christliche Lehre von der stellvertretenden Kraft des Sterbens Jesu eine sinnlose Behauptung.
Die stellvertretende Kraft des Todes Jesu gilt in erster Linie, wie die obigen Erwägungen ergaben, dem Gottesvolk Israel. Aber schon der Umstand, dass Israel von Gott stellvertretend für die ganze Menschheit erwählt wurde, und ferner die Beteiligung des Pilatus an der Kreuzigung Jesu ließen erkennen, dass der Tod Jesu nicht nur für Israel, sondern für alle Menschen stellvertretende Bedeutung hat. Die Allgemeingültigkeit der Heilsbedeutung des Todes Jesu ist allerdings daran gebunden, dass alle Menschen in ihrem Leben teilhaben an jenem Widerspruch gegen Gott, der sich in der Verurteilung Jesu durch seine Richter zeigt. Daher hat Paulus die Allgemeinheit der Sünde der Menschen als Bedingung der Heilsbedeutung des Kreuzes Jesu für alle Menschen darstellen können. Weil alle gesündigt haben, weil alle in der Daseinsverfassung der Gotteslästerung leben, die in der Verwertung Jesu als Gotteslästerer sogar durch die Anführer des von Gott selbst erwählten Volkes zum Ausdruck gekommen ist, darum hat Jesus auch nicht nur für das jüdische Volk, sondern für alle Menschen die Strafe der Gotteslästerung stellvertretend getragen. Die Universalität der Sünde ermöglicht die Universalität des Heils der Erlösung (Röm 11,32; 3,21 ff). So ist die Verwertung Jesu durch sein Volk nach Gottes Ratschluss die Versöhnung der Welt geworden (Röm 11, 15). Das blieb bei Paulus nicht nur eine allgemeine Behauptung, sondern wurde zu einer geschichtlich wirkenden und die Welt verändernden Kraft. Denn die Verwerfung Jesu im Namen des Gesetzes hatte das Gesetz selbst außer Kraft gesetzt und ermöglichte so die paulinische Botschaft vom Zugang zum Heil durch Jesus ohne das Gesetz.
Die stellvertretende Kraft des Todes Jesu bedeutet nun freilich nicht, dass, weil Jesus für uns gestorben ist, sonst niemand mehr sterben müsste. Sie bedeutet nur, dass fortan niemand mehr allein sterben muss, sondern gerade im Tode Gemeinschaft mit dem Tode Jesu haben kann. Diese Gemeinschaft unseres menschlichen Sterbens mit dem Sterben Jesu ist der grundlegende Inhalt der stellvertretenden Bedeutung seines Todes. Dadurch, dass Jesus unser Sterben in das seine aufnimmt, verändert sich der Charakter unseres Sterbens. In Gemeinschaft mit Jesus verliert es seine Hoffnungslosigkeit und ist schon überwunden durch das Leben, das in Jesu Auferstehung erschienen ist. Den Tod des Gotteslästerers, des von aller Gemeinschaft mit Gott Ausgeschlossenen, hat Jesus ein für allemal hinweggenommen. Solche Trennung von Gott, von dem Ursprung allen Lebens, ist ja der letzte Ernst des Todes, wenn wir den Tod mit Paulus als die Besiegelung der Selbstabschließung der Menschen vom göttlichen Ursprung des Lebens verstehen. Diesen Tod aber braucht seit dem Sterben Jesu niemand mehr zu

sterben, der in Gemeinschaft mit Jesus, im Vertrauen auf ihn lebt und stirbt. In Gemeinschaft mit dem Tode Jesu, dem ja die Bestätigung Jesu durch Gott selbst gefolgt ist, verliert unser Sterben seine Trostlosigkeit und ist zu einem Sterben in Hoffnung verwandelt.

Wolfhart Pannenberg

1.	Arbeiten Sie den Gedankengang des Textes von Pannenberg heraus.
2.	Vergleichen Sie den Text inhaltlich und argumentativ mit dem folgenden von Joseph Ratzinger/Papst Benedikt XVI.

Welche Stellung nimmt eigentlich das Kreuz innerhalb des Glaubens an Jesus als den Christus ein? [...] Das christliche Allgemeinbewusstsein ist in dieser Sache [...] weithin von einer reichlich vergröberten Vorstellung der Sühnetheologie Anselms von Canterbury bestimmt [...]. Für sehr viele Christen und besonders für jene, die den Glauben nur ziemlich von weitem kennen, sieht es so aus, als wäre das Kreuz zu verstehen innerhalb eines Mechanismus des beleidigten und wiederhergestellten Rechtes. Es wäre die Form, wie die unendlich beleidigte Gerechtigkeit Gottes mit einer unendlichen Sühne wieder versöhnt würde. So erscheint es den Menschen als Ausdruck einer Haltung, die auf einem genauen Ausgleich zwischen Soll und Haben besteht; zugleich behält man das Gefühl, dass dieser Ausgleich dennoch auf einer Fiktion beruht. Man gibt zuerst im Geheimen mit der linken Hand, was man feierlich mit der rechten wieder entgegennimmt. Die »unendliche Sühne«, auf der Gott zu bestehen scheint, rückt so in ein doppelt unheimliches Licht. Von manchen Andachtstexten her drängt sich dem Bewusstsein dann geradezu die Vorstellung auf, der christliche Glaube an das Kreuz stelle sich einen Gott vor, dessen unnachsichtige Gerechtigkeit ein Menschenopfer, das Opfer seines eigenen Sohnes, verlangt habe. Und man wendet sich mit Schrecken von einer Gerechtigkeit ab, deren finsterer Zorn die Botschaft von der Liebe unglaubwürdig macht.

So verbreitet dieses Bild ist, so falsch ist es. In der Bibel erscheint das Kreuz nicht als Vorgang in einem Mechanismus des beleidigten Rechtes; in ihr steht das Kreuz vielmehr ganz umgekehrt da als Ausdruck für die Radikalität der Liebe, die sich gänzlich gibt, als der Vorgang, in dem einer das ist, was er tut, und das tut, was er ist; als Ausdruck für ein Leben, das ganz Sein für die anderen ist. Für den, der genauer zusieht, drückt sich in der Kreuzestheologie der Schrift wahrhaft eine Revolution aus gegenüber den Sühne- und Erlösungsvorstellungen der außerchristlichen Religionsgeschichte, wobei freilich nicht zu leugnen ist, dass im späteren christlichen Bewusstsein diese Revolution weitgehend wieder neutralisiert und selten in ihrer ganzen Tragweite erkannt worden ist. In den Weltreligionen bedeutet Sühne gewöhnlich die Wiederherstellung des gestörten Gottesverhältnisses mittels sühnender Handlungen der Menschen. Fast alle Religionen kreisen um das Problem der Sühne; sie steigen auf aus dem Wissen des Menschen um seine Schuld vor Gott und bedeuten den Versuch, dieses Schuldgefühl zu beheben, die Schuld zu überwinden durch Sühneleistungen, die man Gott anbietet. Das sühnende Werk, mit dem Menschen die Gottheit versöhnen und gnädig stimmen wollen, steht im Mittelpunkt der Religionsgeschichte.

Kreuze im bayerisch-katholischen Altötting

Im Neuen Testament sieht die Sache fast genau umgekehrt aus. Nicht der Mensch ist es, der zu Gott geht und ihm eine ausgleichende Gabe bringt, sondern Gott kommt zum Menschen, um ihm zu geben. Aus der Initiative seiner Liebesmacht heraus stellt er das gestörte Recht wieder her, indem er durch sein schöpferisches Erbarmen den ungerechten Menschen gerecht macht, den Toten lebendig. Seine Gerechtigkeit ist Gnade; sie ist aktive Gerechtigkeit, die den verkrümmten Menschen richtet, das heißt zurechtbiegt, richtig macht. Hier stehen wir vor der Wende, die das Christentum in die Religionsgeschichte getragen hat: Das Neue Testament sagt nicht, dass die Menschen Gott versöhnen, wie wir es eigentlich erwarten müssten, da ja sie gefehlt haben, nicht Gott. Es sagt vielmehr, dass »Gott in Christus die Welt mit sich versöhnt hat« (2 Kor 5,19). Das ist etwas wahrhaft Unerhörtes, Neues – der Ausgangspunkt der christlichen Existenz und die Mitte neutestamentlicher Kreuzestheologie: Gott wartet nicht, bis die Schuldigen kommen und sich versöhnen, er geht ihnen zuerst entgegen und versöhnt sie. Darin zeigt sich die wahre Bewegungsrichtung der Menschwerdung, des Kreuzes. Demgemäß erscheint im Neuen Testament das Kreuz primär als eine Bewegung von oben nach unten. Es steht nicht da als die Versöhnungsleistung, die die Menschheit dem zürnenden Gott anbietet, sondern als Ausdruck jener törichten Liebe Gottes, die sich weggibt, in die Erniedrigung hinein, um so den Menschen zu retten; es ist *sein* Zugehen auf uns, nicht umgekehrt. Mit dieser Wende in der Sühne-Idee, also in der Achse des Religiösen überhaupt, erhält im Christlichen auch der Kult, die ganze Existenz, eine neue Richtung. Anbetung erfolgt im Christlichen *zunächst* im dankenden Empfangen der göttlichen Heilstat. Die wesentliche Form des christlichen Kultes heißt daher mit Recht Eucharistia, Danksagung. In diesem Kult werden nicht menschliche Leistungen vor Gott gebracht; er besteht vielmehr darin, dass der Mensch sich beschenken lässt; wir verherrlichen Gott nicht, indem wir ihm vermeintlich aus dem Eigenen geben – als ob es nicht immer schon das Seinige wäre! –, sondern indem wir uns das Seinige schenken lassen und ihn dadurch als den einzigen Herrn anerkennen. Wir beten ihn an, indem wir die Fiktion eines Bereichs fallen lassen, mit dem wir uns wie selbstständige Geschäftspartner ihm gegenüberstellen könnten, während wir doch in Wahrheit nur in ihm und von ihm her überhaupt sein können. Christliches Opfern besteht nicht in einem Geben dessen, was Gott ohne uns nicht hätte, sondern darin, dass wir ganz Empfangende werden und uns ganz nehmen lassen von ihm. Das Handelnlassen Gottes an uns – das ist das christliche Opfer.

Das Kreuz als Anbetung und Opfer. Damit ist freilich noch nicht das Ganze gesagt. Wenn man das Neue Testament von Anfang bis Ende liest, wird man die Frage nicht unterdrücken können, ob es nicht doch die Sühnetat Jesu als Opferdarbringung an den Vater schildert, das Kreuz als das Opfer darstellt, das Christus im Gehorsam dem Vater übergibt. In einer Reihe von Texten erscheint es dennoch als die aufsteigende Bewegung von der Menschheit zu Gott, so dass alles wieder aufzutauchen scheint, was wir eben abgewiesen hatten. In der Tat, mit der absteigenden Linie allein kann man den Befund des Neuen Testaments nicht erfassen. Wie aber sollen wir uns dann das Verhältnis der beiden Linien erklären? Müssen wir etwa eine zugunsten der anderen ausschließen? Und wenn wir es tun wollten, welcher Maßstab berechtigte uns dazu? Es ist klar, dass wir nicht so vorgehen können: Damit würden wir schließlich die Willkür unserer eigenen Meinung zum Maßstab des Glaubens erheben.

Um vorwärtszukommen, müssen wir unsere Frage ausweiten und uns klarzumachen versuchen, wo der Ausgangspunkt der neutestamentlichen Sinndeutung des Kreuzes liegt. Man muss sich zunächst bewusst werden, dass das Kreuz Jesu den Jüngern fürs Erste als das Ende, als das Scheitern seines Beginnens erschien. Sie hatten geglaubt, in ihm den König gefunden zu haben, der nie mehr gestürzt werden könne, und waren unversehens zu Gefährten eines Hingerichteten geworden. Die Auferstehung gab ihnen zwar die Gewissheit, dass Jesus dennoch König war, aber wozu das Kreuz diente, mussten sie erst langsam verstehen lernen. Das Mittel des Verstehens bot ihnen die Schrift, das heißt das Alte Testament, mit dessen Bildern und Begriffen sie das Geschehene auszulegen sich mühten. So zogen sie auch dessen liturgische Texte und Vorschriften heran, in der Überzeugung, dass alles dort Gemeinte in Jesus erfüllt sei, ja, dass man von ihm her nun umgekehrt erst eigentlich begreifen könne, um was es dort in Wahrheit ging. Auf diese Weise finden wir im Neuen Testament das Kreuz unter anderem auch mit den Gedanken der alttestamentlichen Kulttheologie erklärt.

Die konsequenteste Durchführung dieses Bemühens begegnet uns im Brief an die Hebräer, der den Tod Jesu am Kreuz mit Ritus und Theologie des jüdischen Versöhnungsfestes in Beziehung setzt und ihn als das wahre kosmische Versöhnungsfest auslegt. Der Gedankengang des Briefes ließe sich dabei in Kürze etwa so wiedergeben: Alles Opferwesen der Menschheit, alle Versuche, durch Kult und Ritus Gott zu versöhnen, von denen die Welt voll ist, mussten hilfloses Menschenwerk bleiben, weil Gott nicht Stiere und Böcke sucht, oder was immer sonst ihm rituell dargeboten wird. Man kann ganze Hekatomben von Tieren Gott allenthalben auf der Welt opfern; er braucht sie nicht, weil alles das ohnedies ihm gehört und weil dem Herrn des Alls nichts gegeben wird, wenn man solches zu seiner Ehre verbrennt. »Ich nehme den Stier aus deinem Stall nicht an und Böcke aus deinen Hürden. Alles Wild des Waldes ist ja mein Eigentum, der Tiere auf meinen Bergen sind tausend. Die Vögel der Luft sind mir alle bekannt, was im Felde sich regt, gehört mir an. Hätte ich Hunger, dann sagte ich dir's nicht, denn mein ist der Erdkreis und seine Fülle. Genieße ich denn Stierfleisch überhaupt, trinke ich denn das Blut von Böcken? Bringe Gott Danksagung als Opfer dar …«, so sagt ein Gottesspruch des Alten Testaments (Ps 50 [49], 9–14). Der Verfasser des Hebrä-

Kreuze in der Wallfahrtskapelle in Altötting – von Gläubigen gespendet

erbriefs stellt sich in die geistige Linie dieses und ähnlicher Texte. Mit noch endgültigerem Nachdruck betont er die Vergeblichkeit des rituellen Bemühens. Gott sucht nicht Stiere und Böcke, sondern den Menschen; das uneingeschränkte Ja des Menschen zu Gott könnte allein die wahre Anbetung sein. Gott gehört alles, dem Menschen aber ist die Freiheit des Ja und des Nein, der Liebe und der Verweigerung, verliehen; das freie Ja der Liebe ist das Einzige, worauf Gott warten muss – die Anbetung und das »Opfer«, das allein Sinn haben kann. Das Ja zu Gott, in dem der Mensch sich selbst zurückgibt an Gott, ist aber nicht durch das Blut von Stieren und Böcken zu ersetzen und zu vertreten. »Was könnte der Mensch als Ersatz für sich selber bieten?« heißt es einmal im Evangelium (Mk 8,37). Die Antwort kann nur lauten: Es gibt nichts, womit er sich aufwiegen könnte. Da aber der ganze vorchristliche Kult auf der Idee des Ersatzes, der Vertretung beruht, das zu ersetzen versucht, was unersetzbar ist, musste dieser Kult vergeblich bleiben. Der Hebräerbrief kann im Lichte des Christusglaubens es wagen, diese vernichtende Bilanz der Religionsgeschichte zu ziehen, die auszusprechen in einer Welt voller Opfer als ungeheurer Frevel erscheinen musste. Er kann es wagen, dies völlige Scheitern der Religionen ohne Rückhalt auszusagen, weil er weiß, dass in Christus die Idee des Ersatzes, der Vertretung einen neuen Sinn bekommen hat. Er, der religionsgesetzlich gesehen ein Laie war, kein Amt im Kultdienst Israels innehatte, er war – so sagt es der Text – der einzige wahre Priester der Welt. Sein Tod, der innergeschichtlich gesehen einen völlig profanen Vorgang darstellte – die Hinrichtung eines Mannes, der als politischer Verbrecher verurteilt war –, dieser Tod war in Wirklichkeit die einzige Liturgie der Weltgeschichte, kosmische Liturgie, in der nicht im abgegrenzten Bereich des liturgischen Spiels, im Tempel, sondern in der Öffentlichkeit der Welt Jesus durch den Vorhang des Todes hindurch in den wirklichen Tempel, das heißt vor das Angesicht Gottes selbst, hintrat, um nicht Dinge, Blut von Tieren oder was auch immer, sondern sich selbst darzubringen (Hebr 9,11 ff).

Achten wir auf diese grundlegende Umkehrung, die zum Kerngedanken des Briefes gehört: Was irdisch betrachtet ein profanes Geschehen war, ist der wahre Kult der Menschheit, denn der ihn vollzog, hat den Raum des liturgischen Spiels durchbrochen und Wahrheit gemacht: Er gab sich selbst. Er nahm den Menschen die Opfersachen aus der Hand und setzte an ihre Stelle die geopferte Persönlichkeit, sein eigenes Ich. Wenn in unserem Text dennoch gesagt wird, Jesus habe durch sein *Blut* die Versöhnung vollzogen (9,12), so ist dieses Blut nicht wieder als eine sachliche Gabe zu verstehen, als ein quantitativ zu bemessendes Sühnemittel, sondern es ist einfach die Konkretisierung einer Liebe, von der gesagt ist, dass sie bis zum Äußersten reicht (Joh 13,1). Es ist Ausdruck der Totalität seiner Hingabe und seines Dienstes; Inbegriff der Tatsache, dass er nicht mehr und nicht weniger bringt als sich selbst. Der Gestus der alles gebenden Liebe, er und er allein war nach dem Hebräerbrief die wirkliche Versöhnung der Welt; deshalb ist die Kreuzesstunde der kosmische Versöhnungstag, das wahre und endgültige Versöhnungsfest. Einen anderen Kult gibt es nicht und einen anderen Priester nicht als den, der ihn vollzog: Jesus Christus.

Joseph Ratzinger/Papst Benedikt XVI.

3. Setzen Sie sich mit den Argumenten von Pannenberg und Ratzinger/Papst Benedikt XVI. auseinander und nehmen Sie einen begründeten Standpunkt ein.

4. Beziehen Sie sich bei Ihrer Stellungnahme auch auf den biblischen Text Jes 52,13–53,10 (Das vierte Lied vom Gottesknecht):

Das vierte Lied vom Gottesknecht

13 Seht, mein Knecht hat Erfolg, / er wird groß sein und hoch erhaben.

14 Viele haben sich über ihn entsetzt, / so entstellt sah er aus, nicht mehr wie ein Mensch, / seine Gestalt war nicht mehr die eines Menschen.

15 Jetzt aber setzt er viele Völker in Staunen, / Könige müssen vor ihm verstummen. Denn was man ihnen noch nie erzählt hat, / das sehen sie nun; was sie niemals hörten, / das erfahren sie jetzt.

53,1 Wer hat unserer Kunde geglaubt? / Der Arm des Herrn – wem wurde er offenbar?

2 Vor seinen Augen wuchs er auf wie ein junger Spross, / wie ein Wurzeltrieb aus trockenem Boden. Er hatte keine schöne und edle Gestalt, / sodass wir ihn anschauen mochten. Er sah nicht so aus, / dass wir Gefallen fanden an ihm.

3 Er wurde verachtet und von den Menschen gemieden, / ein Mann voller Schmerzen, / mit Krankheit vertraut. Wie einer, vor dem man das Gesicht verhüllt, / war er verachtet; wir schätzten ihn nicht.

4 Aber er hat unsere Krankheit getragen / und unsere Schmerzen auf sich geladen. Wir meinten, er sei von Gott geschlagen, / von ihm getroffen und gebeugt.

5 Doch er wurde durchbohrt wegen unserer Verbrechen, / wegen unserer Sünden zermalmt. Zu unserem Heil lag die Strafe auf ihm, / durch seine Wunden sind wir geheilt.

6 Wir hatten uns alle verirrt wie Schafe, / jeder ging für sich seinen Weg. Doch der Herr lud auf ihn / die Schuld von uns allen.

7 Er wurde misshandelt und niedergedrückt, / aber er tat seinen Mund nicht auf. Wie ein Lamm, das man zum Schlachten führt, / und wie ein Schaf angesichts seiner Scherer, / so tat auch er seinen Mund nicht auf.

8 Durch Haft und Gericht wurde er dahingerafft, / doch wen kümmerte sein Geschick? Er wurde vom Land der Lebenden abgeschnitten / und wegen der Verbrechen seines Volkes zu Tode getroffen.

9 Bei den Ruchlosen gab man ihm sein Grab, / bei den Verbrechern seine Ruhestätte, obwohl er kein Unrecht getan hat / und kein trügerisches Wort in seinem Mund war.

10 Doch der Herr fand Gefallen an seinem zerschlagenen (Knecht), / er rettete den, der sein Leben als Sühnopfer hingab. Er wird Nachkommen sehen und lange leben. / Der Plan des Herrn wird durch ihn gelingen.

Jes 52,13–53,10

Nach den Aussagen des Koran starb Jesus nicht am Kreuz. Die türkische Miniatur (1583) zeigt, wie Jesus unmittelbar von Engeln in den Himmel erhoben wurde.

7. Jesus ganz ohne Kreuz? – Zum Jesusverständnis im Islam

Geistig waren sozusagen Abraham und Jesus Vorfahren des Propheten. Das ist nicht die Ansicht von Außenseitern, sondern im Koran selber festgeschrieben, es ist Bestandteil der islamischen Lehre. In anderen Kulturen ist die Frage nach historischen Vorläufern nicht so entscheidend, im semitischen Kulturkreis jedoch haben sie sich als fundamental erwiesen. Juden, Christen und Moslems sehen sich alle in einem bestimmten Rhythmus der Geschichte, die gleichzeitig die Geschichte des göttlichen Handelns ist. […]

Abraham ist im Koran nicht einfach ein Jude oder auch nur ein Prototyp des Juden. Er ist *muslim*, was treu, (Gott) ergeben heißt. Er ist der Prototyp des späteren Moslem. Wir wollen hier betonen, dass man das Wort *muslim* oft besser als Eigenschaftswort denn als Hauptwort verwenden sollte. In religiösen Angelegenheiten ist eigentlich nicht so entscheidend, ob einer als Christ oder Moslem auftritt, sondern ob er wirklich christlich oder *muslim* ist, d.h. ob er sich wie ein Christ oder ein Frommer verhält. Jedenfalls wurde Abraham als die große Gestalt der Frühzeit der Menschheit gesehen, die wahrhaft *muslim* war. […]

Auch Jesus wird im Koran und in der islamischen Überlieferung hoch geachtet. Er hat zwar nicht den Status von Mohammed, aber er ist nichtsdestoweniger ein großer Prophet. In einigen Fällen gibt der Koran Aussagen des Neuen Testamentes eine andere Betonung. Aber von Göttlichkeit bei Jesus (oder irgendeinem Menschen) kann keine Rede sein – das wäre Blasphemie. Und eine etwas dunkle Passage im Koran scheint zu besagen, dass Jesus nicht am Kreuze starb. Darin spiegelt sich vielleicht der Sinn des Islam für den Erfolg, für die Gunst Gottes. Wie könnte ein so großer Prophet ein so schimpfliches Ende nehmen?

Ein großer Teil des im ersten Jahrzehnt der islamischen Eroberungen in Nordarabien überrannten Gebietes war christlich. Die positive Bewertung von Jesus seitens des Islam – der jedoch alle Ansprüche hinter dem unwürdigen theologischen Streit um die Natur Christi ablehnte, der dazu beigetragen hatte, das Christentum im Osten zu schwächen – hatte u.a. zur Folge, dass viele dieser Christen den Islam als eine saubere neue Religion empfinden konnten. Eine Religion, die sowohl soziale Reformen wie eine neue Einfachheit des Glaubens bringen würde.

Ninian Smart

1. Inwiefern sehen sich Muslime in der Tradition Abrahams und Jesu?

2. Diskutieren Sie das Zitat von Dorothee Sölle: »Nach dem Koran ließ Gott Jesus nicht ans Kreuz kommen, weil er ›viel zu milde‹ dazu war; er gab einen anderen Übeltäter an Christi Statt dahin und nur die ahnungslosen Christen wurden betrogen … Aber ›wer den bitteren Christus nicht haben will, wird sich am Honig totfressen‹ (Thomas Müntzer). Der bittere Christus wird erfahren in der Leidensnachfolge. Leiden, nicht nur Glauben, ist der Weg zu Gott.«

3. Überlegen Sie, ob der Zugang zum Kreuz – wie er im Folgenden aus einer bestimmten muslimischen Richtung (Sufismus) erfolgt – mit den Überlegungen von Dorothee Sölle vereinbar ist!
»Das Kreuz und die Christen nahm ich von allen Seiten in Augenschein. Er war nicht am Kreuz. Ich ging zum Hindu-Tempel, zu der alten Pagode. An beiden Orten fand ich keine Spur von ihm. Ich ging zu den Höhen von Herat und nach Kandahar, schaute mich um. Er war nicht auf den Höhe und nicht in der Niederung. Entschlossen stieg ich zur Spitze des Kaf-Berges. Dort wohnte nur der Anqa-Vogel. Ich ging zur Kaaba und traf ihn dort nicht. Ich fragte Ibn Sina nach seinem Wesen: er war jenseits der Definitionen des Philosophen Avicenna … Ich schaute in mein eigenes Herz. An diesem Orte sah ich ihn. Er ist an keinem anderen Ort.« (Rumi)

8. Der Tod Jesu und Buddhas im Vergleich – Eine buddhistische Annäherung

Im Buddhismus wird nur die Erleuchtung gebraucht, keine Kreuzigung, keine Auferstehung. […] In der Erleuchtung finden wir Glückseligkeit und echte Transzendenz. Die irdischen Dinge erfahren ihre Erneuerung, eine Verwandlung, die sie wieder unverbraucht macht. Eine neue Sonne geht über dem Horizont auf und das ganze Universum offenbart sich.

Durch diese Erleuchtungserfahrung erlangt jedes Wesen individuell und kollektiv Buddhaschaft. Es ist nicht nur ein einzelnes, historisch bestimmbares Wesen, das dabei zum Zustand der Erleuchtung erwacht, es ist der ganze Kosmos, jedes Staubteilchen in ihm, der teilhat an der Erleuchtung. Ich hebe meinen Finger und die tausendmal dreitausend Welten leuchten auf und ein *asamkheyya* (= Gruppe) von Buddhas und Bodhisattvas grüßt mich einschließlich aller menschlichen Wesen.

Ohne nachfolgende Auferstehung hat die Kreuzigung keinerlei Sinn. […]

Die Symbolik des Christentums hat viel mit dem

Der Tod des Buddha und sein Eintritt ins Nirvana, Rollbild, Japan, 1392

Matthias Grünewald, Die Kreuzigung. Isenheimer Altar, um 1512–1516

menschlichen Leiden zu tun. Die Kreuzigung ist in ihr der Gipfel des Leidens. Auch Buddhisten sprechen oft vom Leiden, aber für sie sitzt Buddha heiter lächelnd unter dem Bodhi-Baum am Fluss Niranjana. Christus trägt sein Leiden bis ans Ende seines irdischen Lebens, Buddha dagegen beendet es lebend und fährt danach fort das Evangelium der Erleuchtung zu predigen, bis er unter dem Sala-Zwillingsbaum sacht verschied. Die Bäume stehen aufrecht und der Buddha, im Nirvana, liegt, waagerecht wie die Ewigkeit selbst.

Christus hängt hilflos, voller Traurigkeit, an dem senkrecht aufragenden Kreuz. Für das östliche Empfinden ist der Anblick fast unerträglich. Buddhisten sind an den Anblick des Jizo Bosatsu *(Kshitigarbba-Bodhisattva)* an den Straßen gewöhnt. Die Figur ist ein Sinnbild der Zärtlichkeit. Sie steht aufrecht, aber welch ein Kontrast zu dem christlichen Leidenssymbol!

Lassen Sie mich einen gleichsam geometrischen Vergleich anstellen zwischen einer Statue, die mit gekreuzten Beinen in Meditation sitzt, und einem Kruzifix. Zunächst einmal erweckt die Vertikale (des Kruzifixes) den Eindruck von Aktion, Bewegung und Drang nach oben. Die Horizontale – wie im Falle des liegenden Buddha – lässt uns an Frieden und Erfülltheit denken. Eine sitzende Figur vermittelt uns die Vorstellung von Zuverlässigkeit, fester Überzeugung und Unerschütterlichkeit. Der Körper sitzt mit Hüften und gekreuzten Beinen sicher auf dem Boden. Der Schwerpunkt liegt in den Lenden. Das ist die sicherste Stellung, die ein zweifüßiges Wesen im Leben einnehmen kann. Sie ist zugleich ein Sinnbild von Frieden, Ruhe und Selbstvertrauen. Aufrechte Haltung erweckt im Allgemeinen den Eindruck eines kämpferischen Geistes, in Verteidigung oder Angriff. Sie gibt einem zudem das Gefühl der eigenen Bedeutung, ein Gefühl, das aus Individualität und Kraft geboren wird. […]

Als Buddha seine höchste Erleuchtung erlangte, befand er sich in sitzender Haltung. Er war weder an die Erde gefesselt, noch von ihr gelöst. Er war eins mit

ihr, wuchs aus ihr hervor und war ihr doch nicht untertan. Als Neugeborener [...] erklärte er, aufrecht stehend, die eine Hand zum Himmel empor-, die andere zur Erde hinabweisend: »Über mir Himmel, unter mir Himmel, ich allein bin der Gepriesene!«
Der Buddhismus hat drei Hauptsymbole, die 1. Geburt, 2. Erleuchtung und 3. das Nirvana versinnbildlichen. Das sind die drei Grundstellungen, die der Mensch einnehmen kann: Stehen, Sitzen und Liegen. Daraus ersehen wir, dass der Buddhismus tief mit dem menschlichen Leben in seinen verschiedenen Formen friedlicher Tätigkeit verbunden ist – dass er dagegen nicht mit irgendwelcher Art kriegerischer Aktivität zu tun hat.
Andererseits bietet das Christentum einige Dinge, die schwer zu begreifen sind, namentlich das Symbol der Kreuzigung. Der gekreuzigte Christus ist ein schrecklicher Anblick und ich kann nicht anders, in meiner Vorstellung verbindet er sich mit dem sadistischen Impuls einer seelisch überreizten Phantasie. [...] Welch ein Gegensatz zwischen der Vorstellung des gekreuzigten Christus und dem Bild Buddhas, wie er auf einem Bett liegt, von Jüngern und anderen Wesen, menschlichen und nicht-menschlichen umgeben! Ist es nicht interessant und erhellend zu sehen, wie alle möglichen Tiere zusammenströmen, um den Tod Buddhas zu betrauern?
Dass Christus aufrecht am Kreuz starb, während Buddha liegend verschied – symbolisiert das nicht den fundamentalen Unterschied in mehr als einer Hinsicht zwischen Buddhismus und Christentum?
»Aufrecht« bedeutet Aktion, Streitbarkeit, Ausschließlichkeit, indes »waagerecht« Frieden, Duldsamkeit und Weitherzigkeit meint. In seiner Aktivität hat das Christentum etwas, das aufreizt, erregt und beunruhigt. In seiner Streitbarkeit und Ausschließlichkeit neigt es dazu, eine selbstherrliche und manchmal herrische Gewalt über andere auszuüben – trotz des erklärten Zieles der Christenheit von Demokratie und allgemeiner Verbrüderung.
In dieser Hinsicht erweist der Buddhismus sich als das gerade Gegenteil des Christentums. Die horizontale Lage des Nirvana-Buddha mag manchmal den Eindruck von Indolenz, Indifferenz und Tatenlosigkeit erwecken, obwohl der Buddhismus in Wirklichkeit die Religion der Tapferkeit und einer unendlichen Geduld ist – eine Religion des Friedens, der Heiterkeit, des Gleichmuts und des Gleichgewichts. Er weigert sich, streitbar und exklusiv, ausschließlich sein zu wollen. Er tritt im Gegenteil ein für Weitherzigkeit, allumfassende Toleranz und Sichfernhalten von weltlichen Streitigkeiten. [...]

Daisetz Taitaro Suzuki

1. Erläutern Sie, worin der Autor entscheidende Unterschiede zwischen dem Tod Jesu und des Buddha sieht.
2. »Nein, das Kreuz ist kein Zeichen der Ehre und kein Zeichen der Verehrung. Es ist die Zusammenballung alles Gegenmenschlichen, alles Gegengöttlichen, und wenn es in der Stunde des Karfreitags irgendetwas zu bedenken und zu überlegen gibt, so einzig, wie man das Kreuz in aller Zukunft *vermeiden, abschaffen, beseitigen, unnötig* machen kann in jeder Form« (Eugen Drewermann). Erörtern Sie dieses Zitat und vergleichen Sie Drewermanns und Suzukis Einstellung zum Kreuz Jesu.
3. Der gekreuzigte Jesus – wirklich nur ein schrecklicher Anblick? Wie wird im Christuslied des Philipperbriefes (s. S. 9) das Kreuz gedeutet? Erörtern Sie diese Fragen.
4. Erörtern Sie den folgenden Textauszug aus dem Evangelischen Erwachsenenkatechismus.

Es gehört zu den tiefsten Erfahrungen des christlichen Glaubens, dass der *Blick auf den gekreuzigten Christus* Kräfte des Glaubens, der Liebe, der Hoffnung gerade dann entbindet, wenn sich der Mensch in gleicher Situation vorfindet. So kann die Ohnmacht Jesu gerade für den Menschen, der sich in der gleichen Anfechtung wie er befindet, bedeutsam werden.
»Wir haben das Ärgernis des Kreuzes mit Rosen umkränzt, wir haben eine Heilstheorie daraus gemacht. Aber das ist nicht das Kreuz. Das ist nicht die in ihm wohnende, die von Gott in es hineingelegte Härte. Hegel hat das Kreuz definiert: ›Gott ist tot‹ – und er hat wahrscheinlich darin richtig gesehen, dass hier die Macht der wirklichen, der letzten und undeutbaren Gottesferne vor uns steht ... Unser Glaube beginnt in jener Härte und Macht, die die Macht des Kreuzes, der Verlassenheit, der Anfechtung und des Zweifels an allem ist, was es gibt! Wirklich, was es gibt! Unser Glaube muss dort geboren werden, wo alle Gegebenheiten ihn verlassen; er muss geboren werden aus dem Nichts, er muss dieses Nichts schmecken und zu schmecken bekommen [...]« (Iwand).

Evangelischer Erwachsenenkatechismus

Bei einem verheerenden Unwetter am 12. Februar 1998 in Peru, bei dem über 200 Tote zu beklagen waren und 200 000 Menschen obdachlos wurden, ist auch der abgebildete Friedhof verwüstet worden. 123 Särge wurden von den Fluten weggeschwemmt.
Wie fordert solches Schicksal den Glauben heraus?

9. Die Außenseite und die Innenseite der Passion Jesu

Obwohl der Kern der Passionsgeschichte zu den ältesten Bestandteilen der Evangelienüberlieferung gehört, sind für uns nicht alle Umstände, die schließlich zur Verhaftung und zur Hinrichtung führten, eindeutig erfassbar. Im *Prozess vor dem Obersten Gericht* des Volkes gaben – so nimmt ein Teil der heutigen Forschung an – religiöse Gründe den Ausschlag. Es ist in der Tat denkbar, dass Jesus zwar nicht wegen einer speziellen Gotteslästerung, aber im Endeffekt wegen der Lästerung des Hohen Rates schuldig gesprochen wurde. Markus berichtet von der Ankündigung Jesu: »... ihr werdet sehen des Menschen Sohn sitzen zur rechten Hand der Kraft und kommen mit des Himmels Wolken« (Mk 14,62).

Damit beansprucht Jesus der Menschensohn-Richter über dieses Gericht zu sein. Bei einer solchen Aussage, zu der Jesus möglicherweise vom Hohenpriester Kaiphas herausgefordert war, stand einer sofortigen Urteilssprechung nichts im Wege; denn Jesus war längst verdächtig ein Verführer des Volkes zu sein (vgl. Dtn 13). Weil das Recht auf Leben und Tod bei den Römern lag, musste man bei *Pilatus,* dem Rechtsvertreter des Kaisers, die Hinrichtung beantragen oder notfalls sogar erzwingen. Da der Ausdruck Verführer in den Evangelien (Mt 27,63; Joh 7,12.47) bereits auf Jesus angewandt ist, hat diese Schau der Zusammenhänge viel für sich. Außerdem war es Gewohnheit den Verführer »am Fest« zu Tode zu bringen, »auf dass ganz Israel höre und fürchte sich« (Dtn 13,12). Andere Forschungen bezweifeln das Recht der Darstellung des Markus und gehen nur davon aus, dass Jesus vom Standpunkt der Römer aus als Landfriedensbrecher erscheinen konnte, weshalb diese an seiner Beseitigung interessiert sein mussten. Tatsächlich ist die Kreuzigung eine römische Hinrichtungsart.

Wenn Jesus unschuldig verurteilt wurde, dann ist dies ein Justizirrtum. Wenn der Prozess aber juristisch korrekt gewesen sein sollte, dann hat man also genügend Gründe gefunden, um Jesus selbst als Boten Gottes zur Strecke zu bringen. Wie immer es gewesen sein mag – für den Tod Jesu waren nicht nur jüdische, sondern auch andere Menschen verantwortlich. Daher kann man die Schuld am Tode Jesu keineswegs zu einem Argument für den Antisemitismus machen [...]. Selbst die Jünger wurden zu Verrätern, Verleugnern und Abtrünnigen. [...]

Alle vier Evangelisten stimmen darin überein: Jesus blieb bis zum Tode derjenige, als der er allzeit gewirkt hat: der »Knecht Gottes«, der »Sohn des Vaters«. Indem er allezeit Verantwortung für die Menschen vor Gott trug und auch im Tode noch seiner Berufung treu blieb, handelte er stellvertretend für die Menschen. Daher kann sein Tod auch als Opfer [...] begriffen werden. Auf den Gedanken des Opfers deutet auch der Zeitpunkt seines Todes hin: Jesus starb am Passafest, mit dem die tiefsten Verheißungen des jüdischen Volkes verbunden waren. Die erste christliche Gemeinde verstand Jesus deshalb als das wahre Passalamm (1 Kor 5,7), das »Lamm Gottes, das der Welt Sünde trägt« (Joh 1,29).[...]

In der Beschreibung des Geschehens auf Golgata weichen die Evangelisten zwar zum Teil voneinander ab, die Tatsache des *Todes Jesu* jedoch bezeugen sie einstimmig. Historisch steht fest, dass Jesus an einem Passafest, wahrscheinlich am Rüsttag (= Vortag) desselben, nach dem jüdischen Kalender der 14. Nisan, hingerichtet wurde. Versucht man das Jahr zu bestimmen, so bietet sich am ehesten das Jahr 30 an. Der überlieferte Wochentag, ein Freitag, steht außer Zweifel.

Der älteste Evangelist *Markus* berichtet, dass Jesus mit lautem Schrei gestorben sei. Als letztes Wort Jesu überliefert er (und mit ihm Matthäus) den Ruf: »Mein Gott, mein Gott, warum hast du mich verlassen?« (Mk 15,34). Eine atheistische Auslegung hat daraus den Schluss gezogen, Jesus sei als gescheiterte religiöse Existenz oder im Protest gegen Gott gestorben.

»›Warum hast du mich verlassen?‹ das war ein aufrührerischer Schrei, nicht wahr? ... Und er war kein Übermensch, das dürfen Sie mir glauben. Er hat seine Todesangst herausgeschrien und darum liebe ich ihn, meinen Freund, der da starb mit der Frage auf den Lippen. Das Unglück besteht darin, dass er uns allein gelassen hat, auf dass wir weitermachen, was auch geschehe, selbst wenn wir im Ungemach hausen« (Camus).

Ist Jesu Ruf »Mein Gott, mein Gott, warum hast du mich verlassen« eine Absage an Gott? In diesem Ruf zeigt sich die Anfechtung, der Aufruhr und die Verzweiflung Jesu. Jesus ist nicht in seelischem Gleichmut allen Schmerzen entrückt, sondern unter körperlichen und seelischen Qualen gestorben. Gerade diese menschliche Seite des Sterbens Jesu spricht viele Menschen, auch Nicht-Christen, an, weil sie darin eine Solidarität Jesu mit sich spüren. Dennoch trifft die atheistische Auslegung nicht zu. Das Kreuzeswort Jesu drückt gewiss die ganze Härte des Sterbens aus, aber eben nicht als Protest gegen Gott, sondern als ein Gebet. Mit einem Wort aus den Psalmen, dem Gebetbuch des Volkes Israel: »Mein Gott, mein Gott, warum hast du mich verlassen?« (Ps 22,1) bringt Jesus seine ausweglose Situation vor den Gott, von dem er sich verlassen fühlt.

Evangelischer Erwachsenenkatechismus

KOMPETENZEN

Am Ende dieses Kapitels sollten Sie Fortschritte beim Erwerb folgender Fähigkeiten erworben haben:

Wahrnehmungs- und Darstellungsfähigkeit – religiös bedeutsame Phänomene wahrnehmen und beschreiben:	• Leid als Situation erfassen, in der letzte Fragen nach Grund, Sinn, Ziel und Verantwortung des Lebens aufbricht • religiöse Spuren und Dimensionen in der Lebenswelt aufdecken • das Kreuz als grundlegende religiöse Ausdrucksform (Symbol) wahrnehmen und in verschiedenen Kontexten wiedererkennen und einordnen • die ethische Herausforderung Leid und Leiden in der individuellen Lebensgeschichte sowie in unterschiedlichen gesellschaftlichen Handlungsfeldern wie Kultur, Wissenschaft, Politik und Wirtschaft als religiös bedeutsame Entscheidungssituationen zu erkennen.
Deutungsfähigkeit – religiös bedeutsame Sprache und Zeugnisse verstehen und deuten:	• religiöse Sprachformen wie die Psalmen analysieren und als Ausdruck existentieller Erfahrungen verstehen • religiöse Motive und Elemente in Texten, ästhetisch-künstlerischen und medialen Ausdrucksformen identifizieren und ihre Bedeutung und Funktion erklären (Beispiele: biographische und literarische (Texte, Bilder, Passions-Musik, Werbung, Filme) • biblische Texte wie die Passionserzählungen methodisch reflektiert auslegen • konkurrierende theologische Texte (im weiteren Sinne) zur Passion Jesu sachgemäß erschließen • Glaubenszeugnisse in Beziehung zum eigenen Leben und zur gesellschaftlichen Wirklichkeit setzen und ihre Bedeutung aufweisen.
Urteilsfähigkeit – in religiösen und ethischen Fragen begründet urteilen:	• Formen theologischer Argumentation vergleichen und bewerten • Gemeinsamkeiten von Konfessionen und Religionen bei der Betrachtung des Leids sowie deren Unterschiede erklären und kriteriengeleitet bewerten • im Kontext der Pluralität einen eigenen Standpunkt zur Frage von Einwilligung in Leiden und Protest gegen das Leiden einnehmen und argumentativ vertreten.
Dialogfähigkeit – am religiösen Dialog argumentierend teilnehmen:	• die Perspektive eines anderen, etwa eines Buddhisten, zur Frage nach der religiösen Dimension von Leiden einnehmen und in Bezug zum eigenen Standpunkt setzen • den Tod Jesu mit dem Tod eines Religionsstifters einer anderen Weltreligion vergleichen • Gemeinsamkeiten von religiösen und weltanschaulichen Überzeugungen sowie Unterschiede benennen und im Blick auf mögliche Dialogpartner kommunizieren • sich aus der Perspektive des christlichen Glaubens mit anderen religiösen und weltanschaulichen Überzeugungen argumentativ auseinandersetzen • Kriterien für eine konstruktive Begegnung, die von Verständigung, Respekt und Anerkennung von Differenz geprägt ist, in dialogischen Situationen berücksichtigen.
Gestaltungsfähigkeit – religiös bedeutsame Ausdrucks- und Gestaltungsformen verwenden:	• typische Sprachformen der Bibel, die sich mit Leiden und Sterben beschäftigen, theologisch reflektiert transformieren • Aspekten des christlichen Glaubens in textbezogenen Formen Ausdruck verleihen • Einsatz für die Verminderung von Leiden als Ausdrucksform des christlichen Glaubens erproben und ihren Gebrauch reflektieren • Trauerrituale als religiöse Elemente der Alltagskultur kriterienbewusst gestalten • religiös relevante Inhalte und Positionen medial und adressatenbezogen präsentieren.

V. Vom Tod zum Leben – Dem Auferstandenen begegnen

Der Glaube an die Auferstehung/Auferweckung Jesu besagt, dass sein Tod nicht als Scheitern, sondern als Durchbruch zu einem neuen Anfang gesehen wurde. Mit dem Tod Jesu hat sich für alle, die an ihn glauben, etwas verändert. Es gibt Hoffnung auf neues Leben über menschliche Grenzen hinaus. Das älteste Zeugnis von der Auferweckung Jesu spricht nur mit einer kurzen Formel davon, dass Jesus gemäß der Schrift am dritten Tag nach seinem Tode auferweckt wurde und dem Petrus erschienen ist, danach auch anderen und dem Paulus selbst (1 Kor 15,3–5). Die erzählenden Darstellungen der Evangelisten sind später entstanden.

Im Blick auf Vorstellungen eines »Lebens nach dem Tod« scheint die Auferstehungshoffnung ihre Anziehungskraft heute weniger zur Geltung zu bringen als in früheren Jahrhunderten. Der Gedanke der Wiedergeburt aus östlichen Religionen oder aus Naturreligionen gewinnt an Attraktivität. Der Vergleich von Judentum, Christentum, Islam mit dem Buddhismus oder der Religion der Indianer zeigt die Verschiedenheit im Denken und Fühlen.

Eine Episode von Wolfdietrich Schnurre (1) führt zur Problematik eines besseren Verstehens der Auferstehungszeugnisse hin. Es folgen die neutestamentlichen Zeugnisse von der Auferweckung/Auferstehung Jesu (2) Dabei werden ergänzend auch Hindernisse auf dem Weg zum ursprünglichen Osterglauben und eine mögliche Deutung der Auferweckungserzählungen nach Peter Fiedler vorgestellt. Kontrastierende theologische Deutungen der Auferstehung werden thematisiert (3). Der weitere Gang des Kapitels zentriert sich um die Alternative »Auferstehung oder Wiedergeburt?« (4). Die unterschiedlichsten Vorstellungen vom »Leben nach dem Tod« werden zur Diskussion gestellt: Meinungen von Oberstufenschülerinnen und Oberstufenschülern, der buddhistische Glaube an die Wiedergeburt, die Erzählung eines indianischen Schamanen, der christliche Auferstehungsglaube, ein jüdisches Bekenntnis sowie Vorstellungen von Auferstehung und Gericht nach islamischer Lehre. Aus dem Vergleich der verschiedenen religiösen Richtungen kann das Profil christlicher Auferstehungshoffnung deutlich werden, die abschließend (5) erneut aufgegriffen und zusammenfassend dargestellt wird.

Johannes Muggenthaler, Hoffnung, 1991
– eine von 2 Farbfotografien

1. »Und das mit der Auferstehung?« – Eine Episode

Ob ich mir Jesus schon mal vorgestellt hätte. »Ja«, sagte ich. »Er ist barfuß und hat ein endloses Hemd an. Schmale Hüfte, traurige Augen. Geht immer ein bisschen vornübergebeugt, so, als suchte er was.«
»Eben nicht«, sagte Vater. »Jesus war ein ganz gewöhnlicher junger Mann.«
»Beschreib ihn.« Gespannt ruckelte ich mich zurecht. Vater zuckte die Schultern. »Wir haben ihn allein auf dem Arbeitsamt bestimmt schon Dutzende von Malen gesehen.«
»Dann wundert's mich«, sagte ich, »dass es nur den einen Jesus gibt und nicht zweitausenddreihundert.«
»Es *gibt* zweitausenddreihundert«, sagte Vater. »Es gibt nur nicht den einen.«
»Und das mit der Auferstehung?«
»Jeder kann auferstehen«, sagte Vater. »Man muss nur genügend Leute zurücklassen, die das forcieren.«
Ich war ziemlich enttäuscht. Ich hatte nicht direkt an ihn geglaubt. Aber irgendwie hatte er mir doch imponiert.
»Und was ist mit den Wundern?«
Vater lief erst ein paarmal im Nachthemd im Zimmer herum und rieb sich fröstelnd die Oberarme dabei. Dann blieb er dicht vor mir stehen.
»Liebst du die Menschen?« Er schien die Luft anzuhalten; man hörte auf einmal seinen Atem nicht mehr.
»Hör mal«, sagte ich, »wo wir so viel nette kennen.«
»Also.« Vater atmete aus und stieg wieder ins Bett.
»Was heißt ›also‹?«, fragte ich.
»›Also‹ heißt, dann kannst du auch Wunder vollbringen.«
Ich hatte auf einmal Herzklopfen bekommen. »Du meinst, Wunder kriegt jeder fertig?« »Jeder, der liebt«, verbesserte Vater und boxte sich sein Kissen zurecht.

Wolfdietrich Schnurre

1.	Arbeiten Sie heraus, was der Erzähler unter »Auferstehung« und was dessen Vater darunter versteht.
2.	Setzen Sie sich damit auseinander. Wie deuten Sie selber »Auferstehung«?

Arièle Bonzon, Chère absente: Epiphanies, 1992/1994

Auferstehungsfeier in der Grabeskirche von Jerusalem

2. Die Zeugnisse von der Auferweckung/Auferstehung Jesu im NT

a// Ein synoptischer Vergleich

Mk 16,1–8	Mt 28,1–10	Lk 24,1–12	Joh 20,1–10
1 Und als der Sabbat vorüber war, kauften Maria aus Magdala und die Maria des Jakobus und Salome Balsam, um hinzugehen und ihn zu salben.			1 Am ersten Tage der Woche aber kommt Maria aus Magdala früh, als es noch dunkel war, zur Gruft und sieht den Stein von der Gruft hinweggenommen.
2 Und sehr früh am ersten Tag der Woche kamen sie zur Gruft, als die Sonne aufgegangen war. 3 Und sie sagten zueinander: Wer wird uns den Stein von der Türe der Gruft wegwälzen? 4 Und wie sie aufblickten, sahen sie, dass der Stein fortgewälzt war. Er war nämlich sehr groß. 5 Und sie gingen in die Gruft hinein und sahen einen Jüngling zur Rechten sitzen, bekleidet mit einem langen weißen Gewand; und sie erschraken. 6 Er aber sagte zu ihnen: Erschrecket nicht!	1 Nach dem Sabbat aber, als es zum ersten Tag der Woche aufleuchtete, kamen Maria aus Magdala und die andre Maria, um das Grab zu besehen. 2 Und siehe, es geschah ein großes Erdbeben; denn ein Engel des Herrn kam aus dem Himmel herab, trat hinzu, wälzte den Stein weg und setzte sich darauf. 3 Sein Aussehen aber war wie der Blitz und sein Kleid weiß wie der Schnee. 4 Aus Furcht vor ihm aber erbebten die Wächter und wurden wie tot. 5 Der Engel jedoch begann und sprach zu den Frauen: Ihr sollt euch nicht fürchten; denn ich weiß, dass ihr Jesus, den Gekreuzigten, sucht.	1 Am ersten Tage der Woche aber kamen sie am frühen Morgen zur Gruft und brachten den Balsam, den sie bereitet hatten. 2 Da fanden sie den Stein von der Gruft weggewälzt. 3 Als sie aber hineingingen, fanden sie den Leib des Herrn Jesus nicht. 4 Und es begab sich, während sie darüber ratlos waren, siehe, da traten zwei Männer in blitzendem Gewand zu ihnen. 5 Als sie aber in Furcht gerieten und das Angesicht zur Erde neigten, sprachen sie zu ihnen:	2 Sie läuft nun und kommt zu Simon Petrus und zu dem andern Jünger, dem, den Jesus lieb hatte, und sagt zu ihnen: Sie haben den Herrn aus der Gruft hinweggenommen und wir wissen nicht, wo sie ihn hingelegt haben. 3 Da gingen Petrus und der andere Jünger hinaus und machten sich auf den Weg zur Gruft. 4 Die beiden liefen aber miteinander. Und der andere Jünger lief voraus, schneller als Petrus, und kam zuerst an die Gruft. 5 Und wie er sich hineinbeugt, sieht er die leinenen Binden daliegen; doch ging er nicht hinein.
Ihr sucht Jesus von Nazaret, den Gekreuzigten; er ist auferweckt worden, er ist nicht hier;	6 Er ist nicht hier; denn er ist auferweckt worden, wie er gesagt hat.	Was sucht ihr den Lebendigen bei den Toten? 6 Er ist nicht hier, sondern er ist auferweckt worden.	6 Nun kam auch Simon Petrus, der ihm folgte, und ging in die Gruft hinein. Und er sieht die Binden daliegen 7 und das Schweißtuch, das auf seinem

Im niederrheinischen Kleinjerusalem hat man die Grabkammer Jesu in einer Wallfahrtskirche nachgebildet und die Szene in einem Bild (1654) umgesetzt. Was halten Sie davon, die Ostergeschichte in dieser konkreten Form zu aktualisieren?

siehe da den Ort, wo sie ihn hingelegt haben.	Kommet her, sehet den Ort, wo er gelegen hat;	Erinnert euch, wie er zu euch geredet hat, als er noch in Galiläa war, 7 indem er sagte: Der Sohn des Menschen muss ausgeliefert werden in die Hände sündiger Menschen und gekreuzigt werden und am dritten Tage auferstehen. 8 Und sie erinnerten sich seiner Worte.	Haupte gewesen war, nicht bei den Binden liegen, sondern an einem Ort für sich zusammengewickelt. 8 Da nun ging auch der andere Jünger hinein, der zuerst an die Gruft gekommen war, und sah und glaubte. 9 Denn sie verstanden die Schrift noch nicht, dass er nämlich von den Toten auferstehen müsse. 10 Da gingen die Jünger wieder heim.
7 Aber gehet hin, sagt seinen Jüngern und dem Petrus: Er geht euch voran nach Galiläa; dort werdet ihr ihn sehen, wie er euch gesagt hat.	7 und gehet eilends hin und saget seinen Jüngern, dass er von den Toten auferweckt worden ist! Und siehe, er geht euch voran nach Galiläa, dort werdet ihr ihn sehen. Siehe, ich habe es euch gesagt.	9 Und sie kehrten von der Gruft zurück und verkündigten dies alles den Elfen und allen übrigen. 10 Maria aus Magdala und Johanna und Maria des Jakobus und die übrigen mit ihnen sagten dies zu den Aposteln. 11 Und diese Worte kamen ihnen vor wie leeres Gerede und sie glaubten ihnen nicht.	
8 Und sie gingen hinaus und flohen von der Gruft, denn Zittern und Entsetzen hatte sie ergriffen. Und sie sagten niemanden etwas, denn sie fürchteten sich.	8 Und sie gingen eilends von der Gruft hinweg mit Furcht und großer Freude und liefen, um es seinen Jüngern zu verkündigen. 9 Und siehe, Jesus kam ihnen entgegen und sprach: Seid gegrüßt! Sie aber traten hinzu, ergriffen seine Füße und warfen sich vor ihm nieder. 10 Da sagt Jesus zu ihnen: Fürchtet euch nicht; gehet hin, verkündigt meinen Brüdern, dass sie nach Galiläa gehen sollen, und dort werden sie mich sehen.		

1. Nennen Sie Gemeinsamkeiten und Unterschiede der Auferstehungserzählungen! Sie können sich beim synoptischen Vergleich an folgenden Leitfragen orientieren:
- Wer kommt als Erster zum Grab Jesu?
- Wen sehen die Frauen am Grab?
- Wie viele Personen werden genannt?
- Wo befinden sich die Engel/jungen Männer?
- Warum kommen die Frauen zum Grab?
- Welche Gegenstände finden sich im Grab?
- Was war mit dem Verschlussstein des Grabes?
- Welche Aussagen machen die Engel/jungen Männer?
- Wer ist Augenzeuge der Auferstehung?

2. Versuchen Sie zu erklären, wie es zu den verschiedenen Fassungen kommen kann!

3. Vergleichen Sie die Evangelienerzählungen formal und inhaltlich mit dem wohl ältesten Auferstehungszeugnis aus dem 1. Korintherbrief:
»Christus starb für unsere Sünden, den Schriften gemäß; er wurde begraben und auf erweckt am dritten Tage, den Schriften gemäß. Er erschien dem Kephas (Petrus) und danach den Zwölfen. Hierauf erschien er mehr als fünfhundert Brüdern zugleich; von ihnen sind die meisten bis jetzt noch am Leben; einige aber sind entschlafen. Danach erschien er dem Jakobus, dann allen Aposteln.« (1 Kor 15,3b–7).

4. Überlegen Sie, welche Schwierigkeiten beim Verständnis der Osterbotschaft entstehen, und bedenken Sie, wie diese Schwierigkeiten überwunden werden können! Berücksichtigen Sie dazu auch die Gedanken von Peter Fiedler (S. 152).

b// Hindernisse auf dem Weg zum ursprünglichen Osterglauben

Die Vorstellungen, die [...] bei vielen Menschen über Ostern hervorgerufen werden, sind bekannt: Felsengrab und Erdbeben; die ängstlichen Frauen und die Engelserscheinung; der Auferstandene, der durch verschlossene Türen kommt; der aus seiner Verborgenheit hervortreten und wieder verschwinden kann; der am Ende seiner vierzigtägigen Wirksamkeit unter seinen Jüngern vor ihren Augen gen Himmel fährt. Solche Vorstellungen lassen begreifen, weshalb das Thema Ostern außerhalb der kirchlichen Liturgie bei uns als etwas Exotisches gilt – ebenso wie Weihnachten. Denn welcher moderne Mensch will so etwas noch ernst nehmen? Die Einwände liegen parat: *»Engel und so, nichts für mich! Da glauben heute höchstens noch kleine Kinder und alte Leute dran.«*

»Vielleicht haben die Jünger doch nachgeholfen? Die Leiche Jesu heimlich weggeschafft?« »Er war halt nur scheintot... soll doch später bis Pakistan oder Indien gekommen sein! Man liest doch immer wieder solche Dinge.«

»Vermutlich haben seine Leute Gespenster gesehen. Das stell ich mir vor – nach dem Schock mit der Kreuzigung! Die wollten das einfach nicht wahrhaben, dass mit Jesus jetzt Schluss sein sollte.«

Alexej Jawlensky, Stilles Leuchten, 1921

So oder ähnlich denken viele Menschen bei uns über die Auferstehung Jesu. Haben sie nicht Recht? Gehört der Glaube an die Auferstehung Jesu nicht wirklich zu den Überbleibseln einer Vergangenheit, die außer einigen vertrauten Gefühlen uns heutigen Menschen nichts mehr bringen? In der Tat – wenn diese Vorstellungen, die wir gewöhnlich mit der Auferstehung Jesu verbinden, den Inhalt des Osterglaubens ausmachten, dann könnte ich ihn auch nicht mehr ernst nehmen. [...] Nun steht das, was unsere Maler gemalt haben, was unsere Kirchenlieder besingen und was deshalb unsere Vorstellungen von Ostern bestimmt, mehr oder weniger so in den Ostererzählungen des Neuen Testaments. Die Frage nach dem Inhalt des Osterglaubens ist deswegen nicht so leicht zu beantworten. Zwei Vorbemerkungen dazu:

Erste Vorbemerkung: Wie bei vielen Texten der Bibel, so ist ganz besonders bei den Aussagen des Neuen Testaments über die Auferstehung Jesu zu unterscheiden zwischen den Sätzen und Begriffen, die verwendet werden, und dem Inhalt, der damit ausgesagt werden soll. Beim Ostergeschehen geht es ja um eine Wirklichkeit jenseits unserer erfahrbaren raum-zeitlichen Welt; unsere Sprache kann aber über diese andere Wirklichkeit, die Welt Gottes, den »Himmel« im landläufigen Sinn, nur in Begriffen und Bildern reden, die unserer erfahrbaren Welt entstammen. Das trifft bereits auf »Auferstehung« selbst zu: Von der alltäglichen Erfahrung, dass wir vom Schlaf aufstehen, wird die Vorstellung auf das Lebendig-Werden nach dem Tod angewendet, der als Schlaf, als Todes-Schlaf, bildhaft gesehen wird. Dieses und andere Bilder sind uns geläufig. Vermutlich sind sich aber nur die wenigsten Christen des Bildcharakters bewusst, wenn sie im Glaubensbekenntnis sprechen: »Auferstanden von den Toten, aufgefahren in den Himmel, sitzt er zur Rechten Gottes«.

Eine zweite Vorbemerkung zum Verständnis der Osteraussagen des Neuen Testaments: Viele Begriffe und Sätze sind uns heute fremd, weil sich Sprache und Vorstellung zu sehr gewandelt haben. Wir müssen also immer zuerst danach fragen, was Christen damals, als die Osteraussagen entstanden, darunter verstanden haben – oder jedenfalls was sie darunter verstehen konnten. Nur so können wir erwarten den ursprünglichen Sinn des Osterglaubens zu erfassen.

Peter Fiedler

1. Zeigen Sie auf, welchen Weg Peter Fiedler zu einem besseren Verstehen der Auferstehungsbotschaft weist.
2. Interpretieren Sie die künstlerischen Darstellungen.

C// Eine mögliche Deutung der Auferweckungserzählungen

Im Zentrum dieser Erzählung steht nicht die Entdeckung des leeren Grabes. Das Zentrum der Erzählung bildet vielmehr das offenbarende Wort des Gottesboten: »Ihr sucht Jesus von Nazaret, den Gekreuzigten. Er wurde auferweckt; er ist nicht hier.« Das sagt der Engel den Frauen in der ältesten Fassung, im 16. Kapitel des Markus-Evangeliums, bevor er auf den leeren Platz hinweist, auf dem der Leichnam des Gekreuzigten lag.

Die meisten von uns heute werden mit der Gestalt des Engels nicht mehr viel anzufangen wissen; doch sein Auftreten ist nicht nur stilgemäß, sondern auch für die Sache entscheidend, um die es geht. Mit dem Auftreten des Gottesboten und mit seinen Worten macht der Evangelist nämlich klar: Die Osterbotschaft – hier in der ganz ursprünglichen Gestalt »Jesus wurde auferweckt« – ist den Frauen nicht von allein in den Sinn gekommen, von ihnen nicht aus der Entdeckung des wunderbar geöffneten und leeren Grabes gefolgert worden. Vielmehr wurde sie ihnen durch eine göttliche Offenbarung mitgeteilt. In Anbetracht dieser göttlichen Offenbarung kann das leere Grab nur eine zusätzlich bestätigende, aber keine eigenständige Bedeutung haben.

Wir dürfen auch nicht übersehen, dass das leere Grab mehrdeutig ist. Wir wissen nämlich aus dem Matthäus-Evangelium, dass es von jüdischer Seite den Vorwurf gab, die Jünger hätten durch Diebstahl des Leichnams nachgeholfen. Der Verfasser des Matthäus-Evangeliums zahlt dann mit der Geschichte von den bestochenen Grabwächtern mit gleicher Münze zurück:

»Einige von den Wächtern kamen in die Stadt und berichteten den Hohenpriestern alles, was geschehen war. Diese fassten gemeinsam mit den Ältesten den Beschluss die Soldaten zu bestechen. Sie gaben ihnen viel Geld und sagten: Erzählt den Leuten: Seine Jünger sind bei Nacht gekommen und haben ihn gestohlen,

Matthias Grünewald, Auferstehung Christi. Isenheimer Altar, um 1512–1516

Lucio Fontana, Concetto Spaziale – Attesa, 1959

während wir schliefen. Falls der Statthalter davon hört, werden wir ihn beschwichtigen und dafür sorgen, dass wir nichts zu befürchten haben. Die Soldaten nahmen das Geld und machten alles so, wie man es ihnen gesagt hatte« (Mt 28,11–15).

Aber auch ein Irrtum wäre ja nicht auszuschließen: So erklärt Maria von Magdala ihre Trauer am leeren Grab mit diesen Worten:

»Man hat meinen Herrn weggenommen und ich weiß nicht, wohin man ihn gelegt hat« (Joh 20,13).

Wenn man also mit der Entdeckung eines wunderbarerweise geöffneten, leeren Grabes rechnet, dann kann es auch für uns heute nur die Bedeutung haben, dass es den Osterglauben zusätzlich bestätigt. Aber einen eigenständigen Beweis stellt das leere Grab nicht dar. Als Christen sind und bleiben wir auf das Zeugnis der Urzeugen angewiesen.

Dies bestätigt auch die Grabeserzählung, genauer jetzt: die Erzählung von der Offenbarung der Osterbotschaft im Grab. Denn Markus erwähnt in Vers 7 neben den Jüngern ausdrücklich den Petrus. Darüber hinaus findet sich hier ein Satz, der in dieselbe Richtung weist wie die Hoheitstitel in den Bekenntnis-Aussagen. Der Engel befiehlt nämlich, den Jüngern, vor allem dem Petrus, zu sagen:

»Er geht euch voraus nach Galiläa« (Mk 16,7).

Im Konzept des Markus-Evangeliums verbindet sich aber nun mit dem Stichwort Galiläa die erste Etappe des Wirkens Jesu, wo er in der Öffentlichkeit seine Botschaft, seine Lehre, kundtut. Die Jünger werden also an die Botschaft des irdischen Jesus zurückverwiesen. Diese Verkündigung Jesu und der damit verbundene Anspruch sind durch die Auferweckung endgültig geworden – ebenso behaupten es die alten Bekenntnisse, die wir eingangs erörtert haben.

Ob wir also die Erzählungen des österlichen Geschehens wie herrliche Osterbilder auf uns wirken lassen oder ob uns die Vorstellungen und Motive nur noch wenig sagen können – der Anspruch des Auferstandenen ist davon nicht berührt. Es geht eben wirklich nicht um felsenerschütternde Erdbeben und blitzende Engelsauftritte, ja eben auch nicht um ein leeres Grab, auf dessen Suche wir uns so gern begeben, und um diese oder jene Begegnung mit dem Auferstandenen, die in den Evangelien vermeintlich so konkret, in Wirklichkeit freilich unvorstellbar erzählt wird. Einem

Hermann-Josef Kuhna, aimer la vie, 2006

Mann wie dem Verfasser des Lukas-Evangeliums und der Apostelgeschichte war das deutlich bewusst. Obwohl er in seinen Ostererzählungen bis an die Grenzen des Darstellbaren geht, lässt er seine beiden Engel im Grab die Frauen ausdrücklich davor warnen, den Lebenden, also den Auferstandenen, bei den Toten zu suchen, d.h. im Grab. Ebenso wenig wird in der Apostelgeschichte den Jüngern gestattet dem zu Gott erhöhten Jesus in den Himmel nachzuschauen. Vielmehr sollen sie darangehen seine Weisungen auszuführen. Auf andere Weise sagt das Johannes-Evangelium, wie unergiebig, ja hemmend für das christliche Leben ein Spekulieren um die Auferstehungswirklichkeit Jesu ist. Das Verlangen des ungläubigen Thomas nach handfesten Beweisen wird zwar vom Auferstandenen erfüllt, aber die Geschichte, die die Macht Jesu demonstriert, läuft eindeutig auf die Aufforderung an die Leser oder Hörer des Evangeliums zu: Selig sind, die nicht sehen und doch glauben. Und dieser Glauben zielt auf nichts anderes, als mit dem Auferstandenen im täglichen Leben Ernst zu machen.

So können wir für die verschiedenen Osterzeugnisse des Neuen Testaments festhalten: Der Glaube muss sich zwar in Bildern und Begriffen aus unserer Welt ausdrücken. Aber wir dürfen nicht an den Bildern und Begriffen hängen bleiben.

Peter Fiedler

1. Fassen Sie die Gedanken mit eigenen Worten zusammen.
2. Beurteilen Sie, ob die Überlegungen weiterhelfen.
3. Erläutern Sie, was darunter verstanden werden kann, »mit dem Auferstandenen im täglichen Leben Ernst zu machen«.

3. Kontrastierende theologische Deutungen der Auferstehung Jesu im Vergleich

a// Auferstehung als »Wiedersehen – bitte auch mit Dackel«

Michael Fritzen war Redakteur der F.A.Z. und ist Lehrbeauftragter für Printjournalismus.

Wenn Umfragen Recht haben, erwartet in Deutschland nur etwa jeder zweite Christ die Auferstehung für sich. Dass das Ich, die ganze Person, aus dem Tod gerettet wird und sich wieder als Ich erkennt, bleibt, solange man lebt, eine reine Glaubensfrage. Dass mit dem Tod alles aus ist, ebenfalls.

Man kann sich also unbefangen für das eine oder für das andere entscheiden. Es gibt kein rationales Wissen, das eine Version ausschlösse. Warum aber glauben dann nicht viel mehr Menschen an die schönere Version, an die Überwindung des Todes und an den Zustand höchster, vollendeter, ewiger Seligkeit? Mit solch herrlicher Aussicht könnte man – trotz aller Ungewissheit – hienieden wenigstens »das Glück der Hoffnung auf Glück« genießen. Schon das allein wäre ein Gewinn. Und hat man Glück, kommt es ja wirklich und für immer, das Glück. Sollte das Leben stattdessen im Nichts enden, müsste man seinen Irrtum nicht erleben. […]

Wer Auferstehung und ewiges Leben noch für irgendwie glaubwürdig hält, fürchtet oft insgeheim eine so erhabene und farblose Gleichförmigkeit, dass er nur noch widerwillig und flügellahm hofft. »Für viele Menschen«, hat ein Theologe mal gesagt, »hat der Himmel zu wenig mit der Erde, mit diesem Leben, zu wenig mit ihren Hoffnungen zu tun. Die Langeweile seiner Ausstattung hat allmählich die Hoffnungsimpulse der Menschen überdeckt.« Selige Schau, ewige Ruhe, unsagbare Wirklichkeit, ewiges Licht, Vereinigung mit Jesus, Maria, den Engeln und den Heiligen, Liebesgemeinschaft mit der Heiligsten Dreifaltigkeit, immerwährendes Hochzeitsmahl: Worte und Bilder, die viele kaum noch packen. Ludwig Thomas »Münchner im Himmel« oder Witze und Redensarten über Harfezupfen, ständiges Umherfliegen und jenseitige Monotonie sind zwar übertriebene Zerrbilder, aber sie sagen einiges über gängige Vorstellungen vom »Drüben«.

Dabei gibt es tatsächlich Auferstehung. Täglich gibt es Auferstehung. Glückliche, wenn auch oft flüchtige Auferstehung aus dem matten Alltag, aus Kummer, Sorgen, Qual, Öde, schlechter Laune, Hetze oder Stress. Wenn Schmerz plötzlich nachlässt, Leid für Momente im Hintergrund verschwindet, Rettung aus größter Not geschieht, ein Lächeln umwirft, ein Gesicht bestrickt, Thymian duftet, Rosmarin blassblau blüht,

Andy Warhol, Porträt von Maurice, 1976

Wolken aufreißen, Birken lichtgrün ausschlagen, Meisen im Nistkasten brüten, die Tomatenpflänzchen auf der Fensterbank langsam gedeihen. Unverhofftes Wiedersehen, unerwartetes Lob, erlösende Nachricht, eine geniale Idee, ein gelungener Witz, duftender Kaffee, ein kühles Bier auf heißen Durst. Wenn man versonnen zwischen Weizenfeldern radelt, einen Gipfel erklommen hat, wenn eine Melodie verzaubert, eine Geschichte in Bann schlägt, eine Pasta gelingt, wenn man den Job kriegt nach tausend Bewerbungen, mit Freunden fröhlich feiert, sich unsterblich verliebt – dann ist für kurze oder lange Augenblicke ein Stückchen vom Himmel auf Erden. Und man wünscht sich, so möge es immer bleiben. Auferstehung vor dem Tod kann jeder erleben. [...]

Mehr von solchen täglichen Auferstehungen müsste in die Hoffnungsbilder eingehen. Nicht nur »unsagbare Wirklichkeit«, sondern viel mehr sagbare. Die Vorstellung von der Auferstehung im Tod müsste sich mit lebendigerem Leben füllen. Wenn ich »in den Himmel komme«, muss, wenn ich »ich« bleiben soll, logischerweise alle Liebe, alles Gute, jeder Jubel, jedes Lachen dahin kommen – meine ganze Welt, geheilt und vollendet. Und es muss darüber hinaus ein nie aufhörendes Kennenlernen geben, stets unerhört Neues geschehen, immer etwas los sein, unendlich glückliche Abwechslung herrschen.

Bei weitem nicht zuletzt aber muss es ein Wiedersehen für immer mit allen Geliebten und Freunden geben. Möglichst sogar mit meinem Dackel. Und das Bewusstsein muss so weit werden, dass es das alles fassen kann. Dass dies alles und unendlich viel mehr ohne Gott nur grundlose Hirngespinste wären, versteht sich, nebenbei gesagt, von selbst. Wenn die Bilder all das bärgen und verhießen, könnte häufiger und fröhlicher an »Himmel« geglaubt werden. Und als schöner Nebeneffekt erwiese sich die Erwartung des Lebens dort oben als hilfreiche Lebenskunst hier unten: Glück der Hoffnung auf Glück. [...]

Es gibt nicht wenige Theologen, die das – vielleicht mit Ausnahme des Dackels – so oder wenigstens ein wenig so sehen und verkünden. Einer von ihnen hat gesagt, man müsse genug Phantasie haben, um sich den Himmel vorzustellen. Aber andere bleiben in langer Tradition zu oft grämlich, mürrisch, blass und ängstlich. Wann hat man zum letzten Mal eine Predigt darüber gehört, wie paradiesisch-irdisch, wie jenseitig-diesseitig es im Himmel ist? Man hört und liest, am besten sei es, sich gar nichts auszumalen; man vernimmt fahl-ätherische Worte und theologisch-kirchliche Begriffe, die nur Insider ansprechen; man wird ermahnt, den Gedanken einer Wiedersehensfeier nach dem Tod, bei der Gott draußen bleibe, nicht über sich Herr werden zu lassen; man wird davor gewarnt, sich das »Drüben« zu sehr ausstaffiert mit vertrauten Wirklichkeiten vorzustellen, denn so werde die radikale Unbegreiflichkeit dessen, was mit ewigem Leben gemeint sei, verharmlost. Man dürfe das eigentlich Wesentliche, die unmittelbare Gottesschau, nicht herabstufen zu einer erfreulichen Beschäftigung neben anderen. Das und Ähnliches trifft nicht gerade ins Herz. Es trägt dazu bei, dass man sich das Jenseits nichtssagend und langweilig denkt und für gar nicht oder kaum erwägenswert und erstrebenswert hält.

Drohen denn solche Gefahren wirklich, wenn man sich den Himmel etwas vitaler vorstellt? Immerhin ist es der liebe Gott, der sich die irdischen Freuden ausgedacht hat. Unsere Erde wächst auf geheimnisvolle Weise in den Himmel. Diese Glaubensmöglichkeit weitaus weiter als bisher zu öffnen, hat Zukunft. Vielleicht.

Michael Fritzen

1. Skizzieren Sie die Überlegungen von Michael Fritzen in Grundzügen.
2. Nehmen Sie begründet Stellung – gegebenenfalls noch fragmentarisch.

b// Was Auferstehung existenziell bedeutet … – Meinungen und Stellungnahmen

1| Gerd Lüdemann

Mein eigenes Verständnis von Ostern vermag an Bibel und Bekenntnis nicht mehr direkt anzuknüpfen. Denn Jesu Auferstehung fand nicht statt und seine Wiederkunft wird daher ausfallen. Auferstehung hat mit dem gegenwärtigen Leben zu tun. Dieses ist wie ein kleines Floß, auf dem Menschen im dunklen Ozean auszuharren verurteilt sind. In tiefer Nacht weht ihnen ein eiskalter Wind entgegen. Die Menschen auf dem Floß sind miteinander vereint durch das Band des gemeinsamen Todes und können vom unpersönlichen All kein Mitleid erwarten. Der furchtbare Zusammenstoß mit solchem Schrecken wird als Geburtsstunde von Demut, Weisheit und Liebe zur Schwelle eines neuen Lebens. Fortan beuge ich mich nicht mehr länger vor der Sündenstrafe des Todes noch hoffe ich auf die Auferstehung, sondern die Vergänglichkeit wird zu einem Teil von mir. Damit entsteht eine neue Ostervision, die gegenüber dem Sog der Panik unerschütterlich bleibt und – vereint mit anderen Menschen – das Leben im Licht der Liebe zur täglichen Aufgabe macht. Gerade dann gilt: das Leben ist stärker als der Tod.

2| Hans-Joachim Eckstein

Es lässt sich bei den Evangelienberichten wie auch bei der Darstellung der Christusoffenbarung durch Paulus durchgängig zeigen, dass die Erfahrung der Auferstehungserscheinung zugleich als Erfahrung der *Berufung* wahrgenommen wird (Mt 28,10; Lk 24,47ff; Joh 20,17.21ff; 21,15ff; vgl. Gal 1,11f.15f). Das Erkennen des erhöhten Herrn bewirkt zugleich das Anerkennen und Bekennen seiner Herrschaft; und die Begegnung mit dem Auferstandenen drängt darauf, mitgeteilt zu werden. Auf diese Weise führt die Erkenntnis der Wirklichkeit der Auferstehung Jesu Christi – sie komme durch eigenes Sehen oder durch die Worte der Augenzeugen zustande – zugleich zum wirklichen Leben durch und für den Auferstandenen: »… gehe aber zu meinen Brüdern und sage ihnen: ›Ich gehe hinauf zu meinem Vater und zu eurem Vater, zu meinem Gott und zu eurem Gott.‹ Maria von Magdala geht und verkündigt den Jüngern: ›Ich habe den Herrn gesehen!‹, und dies habe er zu ihr gesagt (Joh 20,17f).«

Wolfgang Tillmans, himmelblau, 2005

Schaukasten von St. Georg in Weikersheim

3| Sabine Rückert

Die vier Evangelisten erheben durchaus Anspruch auf eine Wahrheit. Im Gegensatz zur Orpheussage ist die Auferstehung eingebettet in die Wirklichkeit des antiken Jerusalems. In einer Art Datierungsfetischismus werden im Neuen Testament genaue Zeitangaben gemacht, akribisch alle Orte und alle am Geschehen Beteiligten mit Vor- und Nachnamen aufgezählt. Irgendetwas muss passiert sein, damals, im Garten des Josef von Arimathia. Irgendetwas, dessen Kraftstoß ein paar verstörte Fischer zu Gründern einer Weltreligion werden ließ, ein Kraftstoß, der das Christentum bis heute vorwärts trägt.

Was auch immer es war – die Jünger sind nach dem, was sie als Begegnung mit dem Auferstandenen wahrgenommen haben wollen, nicht mehr dieselben. Nicht mehr wiederzuerkennen. Wo sind die Feiglinge, die in die Dunkelheit flüchten, wenn ihr Meister von Soldaten abgeholt wird? Die Wackelkandidaten, die ihn verleugnen, bis der Hahn kräht? Die Zweifler, die sich verbarrikadieren, während er am Kreuz erstickt? Mit einem Mal sind sie Apostel. Herolde der Überzeugung. Bereit, sich für ihre Botschaft zu opfern. Ihnen ist etwas Ungeheuerliches widerfahren, und jetzt tragen sie dieses Erlebnis übers Land – eindringlich und offenbar glaubwürdig durch das Ausmaß ihrer persönlichen Erschütterung.

Viele schenken ihnen Glauben. Vor allem an der Wucht, mit der seine Jünger von ihm erzählt haben, dürfte es liegen, dass keine Figur der Antike eine vergleichbare, bis heute anhaltende Wirkung entfaltet hat wie Jesus. Kein Kaiser, kein Philosoph. Die Apostel Petrus und Paulus wurden in Rom hingerichtet für die Unbeirrbarkeit, mit der sie auf der verrückten Legende von der Auferstehung beharrten. Sie wurden Märtyrer, das heißt auf Griechisch: Zeugen. Die Urchristen haben sich massenhaft verfolgen, foltern und einsperren lassen, bei römischen Zirkusspielen von wilden Tieren anfallen oder als Fackeln in Brand stecken lassen – und das alles für eine Idee. Für die Geschichte von einem vergeblich hingerichteten Verlierer, die sie bloß vom Hörensagen kannten. […]

Ich glaube die Geschichte übrigens inzwischen auch. Auferstehungen gibt es. Nicht in Form einer fleischlichen Wiederherstellung, einer Art Neuauflage meiner Person, die plötzlich auf dem Planeten herumspaziert. Gespenstergeschichten für bare Münze zu nehmen verlange ich mir nicht ab. Die Auferstehung ist für mich ein Sinnbild für die Befreiung aus den lähmenden Gesetzmäßigkeiten – denen der Welt und meinen eigenen. Und vielleicht auch für die Liebe, die über den Tod hinausgeht: Maria.

Das Christentum ist keine Religion der Gesetzlichkeit, sondern proklamiert deren Überwindung, so begreife ich es. Der Christ ist frei. Alles ist ihm möglich. Alles ist zu schaffen. *Yes, we can!* Christen können übers Wasser gehen, Stürme stillen, den Teufel besiegen. Bei ihnen weicht die Physik der Metaphysik. Und genau das illustrieren die Wundergeschichten: Die Naturwissenschaft mag die Gesetzmäßigkeit des Machbaren bestimmen, das biblische Denken hält sich nicht dran. Natürlich bin ich anatomisch gefangen in der Biologie, ich kenne die medizinischen und physikalischen Grenzen meiner Natur, aber diese Erkenntnis hält mich nicht am Leben. Nur weil ich weiß, wie viele Haare ich auf dem Kopf habe, warum ich der Erdanziehung unterworfen bin und wie mein Stoffwechsel funktioniert, habe ich noch lange nicht verstanden, wozu dieses Leben da ist. Was ich bedeuten soll. Und warum ich alt werden und sterben muss.

Das Prinzip des Lebens ist zunächst das Prinzip Angst. Vor den vielen kleinen Verlusten. Und vor dem einen großen. Fürchtet Euch sehr – lautet die Botschaft in den Zeitungen. Ein kleines bisschen Sicherheit herzustellen ist unser täglich Brot. Ganz besonders in Zeiten der Wirtschaftskrise. Der Mensch ist mit seiner ängstlichen Absicherung derart beschäftigt, dass er nicht bemerkt, wie er den Mörtel rührt zur Zementierung der bestehenden Verhältnisse und der ihn umgebenden Mauer aus Ansprüchen.

Das Evangelium und im Besonderen die Auferstehungsgeschichte lehren mich das Gegenteil. Ich, die ich mich verzweifelt am Bestehenden – an meinem Besitz, meinem Status, meinem sozialen Gefüge – festklammere, bin eine Tote. »Lass die Toten ihre Toten begraben«, steht im Neuen Testament. Brutaler geht es nicht. Durch die schiere Angst vor der Verarmung, der Erkrankung, dem Verlassenwerden und dem Untergang, durch das starre Festhalten an eigenen Bedürfnissen und alten Ordnungen hat sich der Tod in mein Leben geschlichen. Eine Art geistiger Tod, der mitten in der Geschäftigkeit von mir Besitz ergreift und der mich verfaulen lässt, während ich noch atme. [...]

Beim Herantasten an letzte Einsichten in eine angstfreie Existenz helfen mir die Parameter, denen die Materie gehorcht, nicht weiter – kein Zitronensäurezyklus, keine Newtonschen Gesetze, keine Wahrscheinlichkeitsrechnungen. Dazu brauche ich Symbole, Bilder und Geschichten. In denen es nicht um richtige oder falsche Gleichungen geht, sondern um bewusstseinserweiternde Gleichnisse. Bilder, die mich aus meiner Berechenbarkeit, aus meiner Determination reißen und mir helfen, größer zu werden, als ich bin. Bilder, in denen ich nicht wiederzuerkennen bin. Es ist eben nicht so, dass ein rationaler Mensch – und ich halte mich dafür – die biblischen Geschichten nicht verstehen könnte. Ich behaupte das Gegenteil: Nur dem aufgeklärten Geist erschließen sie sich überhaupt. Nur wer bei nüchternem Verstand ist, kann sie ertragen und glauben. Würden wir die Bibel und ihre Wundergeschichten eins zu eins wörtlich nehmen, wir fielen zurück in die Zeiten der Finsternis und der selbst verschuldeten Naivität. [...]

Wenn ich sage, ich glaube an die Auferstehung, meine ich nicht die historische Bejahung, das physikalische Für-real-Halten eines widernatürlichen Vorgangs. Diese Frage stellt sich mir ebenso wenig wie die nach dem Jüngsten Tag. Und was meine eigene Auferweckung angeht – da lasse ich mich überraschen. Jetzt und hier will ich mir bloß den Himmel ein bisschen offen halten. Und in dem hellen Strahl, der durch den Spalt herausfällt, ändert sich für mich die Welt. Nicht im Großen, aber im Ganzen. Der Schund, das Läppische, Erwartbare lauert im Konkreten. Das Unfassbare, Transzendente, Immerwährende wohnt im Glauben. Und das eine gehört zum anderen wie ein ungleicher Zwilling. Aus dem Blick, den ich auf meine Umgebung werfe, sickert die mich durchströmende Transzendenz in meinen schundbeladenen Alltag und verleiht ihm Würde und Dynamik.

Und was ist dynamischer als das christliche Bild von der Auferstehung? Von der Auflehnung gegen das höchste und böseste Naturgesetz? An Ostern hallt die Kirche wider vom befreiten Gelächter der Gläubigen, die diese letzte Erwartbarkeit durchbrochen haben. Jeder, der die *h-Moll-Messe* von Johann Sebastian Bach hört, wird an der Stelle, da sich der vereinte Chor, von Trompeten vorangepeitscht, im Fortissimo zum *et resurrexit* aufbäumt, von dieser zutiefst optimistischen Weltsicht gepackt, geflutet von einer unverwüstlichen Zuversicht.

1. Stellen Sie die Positionen zum Auferstehungsglauben aus den drei Texten jeweils in Grundzügen dar.
2. Setzen Sie sich mit diesen Positionen auseinander.

4. Auferstehung oder Wiedergeburt? – Vorstellungen vom »Leben nach dem Tod«

a// Ergebnisse einer Befragung von Oberstufenschülern

1. »Ich habe keine bestimmte Vorstellung, aber ich glaube, dass wir noch ein Leben haben und von Gott aufgenommen werden …«
2. »Ich glaube, dass das Leben nach dem Tod wie ein langer Schlaf ist, die Vollendung des Lebens, nicht das Ende des Lebens. Wahrscheinlich finde ich auch die Wiedergeburt als eine andere Person …«
3. »In meiner Religion weiß ich, dass man wieder als Mensch geboren wird, wenn man ein guter Mensch war, als man gelebt hat; sonst wird man als Tier wiedergeboren …«
4. »Ich glaube nicht, dass es ein Leben nach dem Tod gibt. Ein Leben nach dem Tod übersteigt meine Vorstellungskraft…«
5. »… ich glaube daran, dass die Seele nach dem Tod entweicht. Wohin die Seele sich dann begibt, ist natürlich eine interessante Frage …«
6. »Das Paradies ist hier …«
7. »Ich glaube an die Wiedergeburt.«
8. »… glaube definitiv nicht daran!«

Setzen Sie sich mit den Stellungnahmen auseinander.

Hermann-Josef Kuhna, ohne Titel (roter Druck), 1971

Lassen Sie das Bild auf sich wirken! Erspüren Sie den Farbrhythmus, die Formelemente in ihrer Dynamik, in kreisenden Formen mit Drehmomenten in den Strukturen. Welche Gedanken und Emotionen stößt dieses Bild in seiner Abstraktheit an?

b// Der Glaube an die Wiedergeburt – Was Buddhisten erwarten

Der griechisch-stämmige Fürst Milindo (Melandros), der – zum Buddhismus übergetreten – im Indus-Gebiet 180–160 v. Chr. ein großes Reich regierte, unterhält sich mit dem buddhistischen Mönch Nagaseno:

Der König sprach: »Derjenige, ehrwürdiger Nagaseno, der wiedergeboren wird, ist das wohl derselbe (wie derjenige, der stirbt) oder ein anderer?« »Weder derselbe noch ein anderer.« »Gib mir ein Beispiel!«
»Was meinst du wohl, o König, bist du wohl jetzt als Erwachsener noch derselbe, der du damals als kleiner junger, unmündiger Säugling warst?«
»Das nicht, o Herr! Denn eine andere Person war ja jener kleine junge, unmündige Säugling, und eine ganz andere Person bin ich jetzt als Erwachsener.«
»Wenn dies wirklich so wäre, o König, so hättest du (der Erwachsene) ja weder Vater noch Mutter noch Lehrer, und somit könnte es niemanden geben, der Wissen, Sittlichkeit und Einsicht besitzt. Dann hätte wohl auch jeder der fünf embryonalen Zustände eine andere Mutter und das Kind eine andere Mutter als der Erwachsene? Und derjenige, der eine Wissenschaft erlernt, sollte wohl gar eine andere Person sein als derjenige, der die Wissenschaft ausgelernt hat, und der Übeltäter eine andere Person als derjenige, dem zur Strafe dafür Hände und Füße abgehauen werden?« »Nicht doch, o Herr! Wie würdest du aber die Sache erklären?«
»Ich, o König, war damals der kleine, junge, unmündige Säugling und ich bin jetzt der Erwachsene. Denn aufgrund eben dieses Körpers werden (in unserem Denken) alle diese Zustände zu einer Einheit zusammengefasst.« »Gib mir ein Gleichnis!«
»Sagen wir, o König, ein Mann zünde eine Lampe an. Möchte wohl diese Lampe die ganze Nacht hindurch brennen?« »Gewiss, o Herr!«
»Wie aber, o König, ist die Flamme in der ersten Nachtwache dieselbe wie die Flamme in der mittleren und die Flamme in der mittleren Nachtwache dieselbe wie die Flamme in der letzten?« »Gewiss nicht, o Herr.«
»Dann brennt wohl, o König, eine Lampe in der ersten Nachtwache, eine andere in der mittleren und wieder eine andere in der letzten Nachtwache?«
»Das nicht, o Herr! Denn das Licht war während der ganzen Nacht abhängig von ein und derselben Lampe.«
»Genau in derselben Weise, o König, schließt sich die Kette der Erscheinungen aneinander. Eine Erscheinung entsteht, eine andere schwindet, doch reihen sie sich alle ohne Unterbrechung aneinander. Auf diese Weise gelangt man weder als dieselbe Person noch als eine andere bei der letzten Bewusstseinsverfassung an.«
»Gib mir noch ein weiteres Gleichnis!«
»Es ist genau derselbe Vorgang, o König, wenn die frische Milch nach einiger Zeit zu Dickmilch wird, die Dickmilch zu Butter und die Butter zu Butteröl. Wenn da nun einer sagen sollte, dass Milch und Dickmilch oder Butter und Butteröl ein und dasselbe seien, spräche der wohl die Wahrheit?« »Gewiss nicht, o Herr! Denn erst durch die Abhängigkeit von dem einen Zustand ist der andere ins Dasein getreten.«
»Genau in derselben Weise, o König, schließt sich die Kette der Erscheinungen aneinander. Eine Erscheinung entsteht, eine andere schwindet, doch reihen sie sich alle ohne Unterbrechung aneinander. Auf diese Weise gelangt man weder als dieselbe Person noch als eine andere bei der letzten Bewusstseinsverfassung an.«
»Weise bist du, ehrwürdiger Nagaseno!«

1. Erläutern Sie anhand der »Fragen des Königs Milindo« die buddhistische Vorstellung von der Wiedergeburt. Berücksichtigen Sie die Begriffe »Karma« (Vergeltung der Taten in diesem Leben durch eine spätere Existenzform) und »Samsara« (Kreislauf der Geburt und Wiedergeburt).

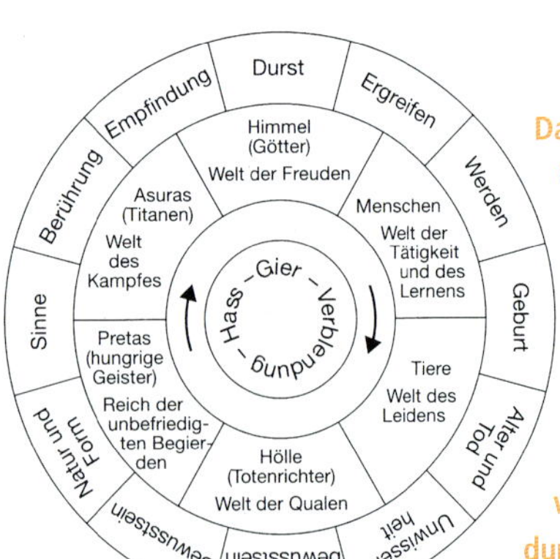

Das Lebensrad, Tibet, 19. Jh. Das Bild veranschaulicht symbolisch die Vorstellung vom Wirken des Karma (der Summe der Folgen menschlichen Tuns). Im äußeren Kreis sind die das menschliche Leben bestimmenden Daseinsfaktoren dargestellt. Das erste Glied dieser Kette ist die Unwissenheit. Zwischen den Speichen des Rades erscheinen die Daseinsbereiche, in denen Wiedergeburt sich vollziehen kann. Die Aufenthaltsorte drehen sich um ein Zentrum: die ineinander verbissenen Tiere Hahn, Schwein, Schlange sind Symbole für die Grundübel Gier, Verblendung und Hass. Sie lassen dem nackten Menschen nur zwei Möglichkeiten: sich freizumachen von den dunklen Kräften, dem Schatten, der ihm folgt, oder zurückzufallen in den dumpfen Zustand eines Tieres. Der Weg, der zur Befreiung von den Grundübeln führt, ist durch den Buddha (»der Erwachte«) vorgelebt und verkündet worden.

2. Arbeiten Sie heraus, was unter »Nirvana« verstanden wird. Beziehen Sie sich auf Buddhas Lehrrede über das Nirvana, wie sie im Theravada-Buddhismus gängig ist:

Grab eines Buddhisten

Buddha hat ebenso wenig wie Sokrates und Jesus etwas Schriftliches hinterlassen. Seine Reden sind auch nicht mitgeschrieben worden. Alle Kenntnisse über Buddhas Lehre beruhen deshalb auf der späteren mündlichen Überlieferung seiner Schüler. Die nachstehenden Textauszüge gehören zur Tradition des Theravada-Buddhismus. Für diese Richtung des Buddhismus bedeutet Nirvana das absolute Gegenteil zum Samsara, dem Kreislauf der Wiedergeburten: Nirvana ist ein Zustand ewiger Ruhe, ohne jegliche Aktivität und ohne Beziehung zur Leidenswelt.

»Es gibt, ihr Mönche, eine Stätte, wo es weder Erde noch Wasser noch Feuer noch Luft gibt. Es ist nicht die Stätte der Raumunendlichkeit noch die der Bewusstseinsunendlichkeit noch die des Nichtseins noch auch die Stätte, wo es weder ein Vorstellen noch ein Nichtvorstellen gibt. Es ist nicht diese Welt noch jene Welt, sei es der Mond oder die Sonne. Ich nenne es, ihr Mönche, weder ein Kommen noch ein Gehen noch ein Stehen, weder ein Vergehen noch ein Entstehen. Es ist ohne Stütze, ohne Anfang, ohne Grundlage – das eben ist das Ende des Leidens ...«

»Schwer einzusehen ist die Lehre vom Nicht-Ich, denn die Wahrheit ist nicht leicht zu begreifen. Besiegt ist die Gier in dem Wissenden. Für den Schauenden aber gibt es nichts...«

»Es gibt, ihr Mönche, ein Nichtgeborenes, ein Nichtgewordenes, ein Nichtgemachtes, ein Nichtverursachtes. Wenn es, ihr Mönche, dieses Nichtgeborene, Nichtgewordene, Nichtgemachte, Nichtverursachte nicht gäbe, so ließe sich für das Geborene, das Gewordene, das Gemachte, das Verursachte kein Ausweg finden. Weil es aber, ihr Mönche, ein Nichtgeborenes, ein Nichtgewordenes, ein Nichtgemachtes, ein Nichtverursachtes gibt, darum findet sich auch ein Ausweg für das Geborene, das Gewordene, das Gemachte, das Verursachte ...«

»Bei dem, was von anderem abhängig ist, gibt es Bewegung, bei dem, was von nichts anderem abhängig ist, gibt es keine Bewegung, wo keine Bewegung ist, da ist Ruhe, wo Ruhe ist, da ist kein Verlangen, wo kein Verlangen ist, da gibt es kein Kommen und Gehen und wo es kein Kommen und Gehen gibt, da gibt es kein Sterben und Wiederentstehen, wo es kein Sterben und Wiederentstehen gibt, da gibt es weder ein Diesseits noch ein Jenseits noch ein Dazwischen – das eben ist das Ende des Leidens.«

Udana 8, 1–4

Buddha beim Eingang in das Nirvana

C// Ein indianischer Schamane erzählt von seinen Wiedergeburten – Der Ansatz einer Naturreligion

Aus dem Berichtsjahr 1915/1916 wird die Geschichte eines Winnebago-Indianers von Paul Radin überliefert, die von einer zweifachen Wiedergeburt erzählt. Die Winnebago, ein Sioux-Stamm am Westufer des Michigan-Sees, glauben an die Wiedergeburt jener, die ein gutes Leben geführt haben oder im Krieg gefallen sind.

Ich lebte einst in einer Horde, die etwa 20 Lager zählte. Als ich zu einem Jüngling herangewachsen war, ohne doch schon groß genug zu sein, um eine Flinte zu handhaben, griff uns eine Abteilung an, die sich auf dem Kriegspfade befand, und tötete uns alle. Doch wusste ich nicht, dass ich getötet worden war. Ich glaubte wie gewöhnlich umherzulaufen, bis ich auf dem Boden einen Haufen Leichen sah und meine darunter. Niemand war da uns zu beerdigen. So lagen wir da und verwesten.

Ich (d.h. mein Geist) wurde nach dem Ort gebracht, wo die Sonne untergeht. Dort lebte ich mit einem altem Ehepaar. Dieser Ort ist ausgezeichnet und die Leute haben es sehr gut. Wenn man irgendwohin gehen will, so ist alles, was man zu tun hat, sich dorthin zu wünschen, und dann ist man da. Während ich dort weilte, dachte ich daran, dass ich wieder auf die Erde zurück möchte, und der alte Mann, bei dem ich war, sagte zu mir: »Sprachst du nicht davon, dass du wieder auf die Erde zurückzukehren wünschst?« Ich hatte tatsächlich nur daran gedacht, doch kannte er meinen Wunsch. Dann sprach er zu mir: »Du kannst gehen, aber du musst zuerst den Häuptling fragen.«

Darauf ging ich dem Häuptling des Dorfes mein Verlangen mitzuteilen und er sprach zu mir: »Du magst gehen und dich (an den Leuten, die deine Verwandten und dich töteten) rächen.«

Nun wurde ich auf die Erde herabgebracht. Ich ging nicht in den Leib einer Frau ein, sondern wurde in ein Zimmer gebracht. Eines Tages hörte ich das Lärmen von kleinen Kindern und andere Töne von draußen und ich dachte deshalb daran herauszugehen. Darauf schien es mir, als ob ich durch eine Tür gehe, doch in Wirklichkeit wurde ich aus dem Leibe einer Frau wiedergeboren. Beim Herausgehen wurde ich plötzlich von einem kalten Luftzug getroffen und begann zu schreien.

Dort wurde ich aufgezogen und gelehrt, viel zu fasten. Nachher tat ich nichts anderes als in den Krieg zu ziehen und sicherlich nahm ich für meinen und meiner Verwandten Tod Rache, da dieses der Zweck meines Kommens auf die Erde war.

Dort lebte ich, bis ich vor Alter starb. Sogleich lösten sich meine Knochen in den Gelenken, meine Rippen fielen ein und ich starb zum zweiten Mal. Ich fühlte beim Tode nicht mehr Schmerzen als beim ersten Mal.

Dieses Mal wurde ich in der damals üblichen Art begraben. Ich wurde in eine Decke gehüllt und ins Grab gelegt. Zuerst wurden Stöcke ins Grab gelegt. Dort verweste ich. Ich beobachtete die Leute, die mich beerdigten.

Während ich dort lag, sagte jemand zu mir: »Komm, lass uns fortgehen.« So gingen wir zum Sonnenuntergang. Dort kamen wir zu einem Dorf, wo wir alle Toten trafen. Mir wurde mitgeteilt, dass ich hier 4 Nächte zu verweilen hätte, aber in Wirklichkeit blieb ich dort 4 Jahre. Die Leute vergnügten sich dort. Die ganze Zeit über führten sie muntere Tänze aller Art aus. Von dort kamen wir zu dem Ort, wo »Erdmacher« lebte, und dort sah ich ihn und sprach mit ihm von Angesicht zu Angesicht, gerade so, wie ich mit dir spreche. Ich sah auch die Geister und ich war wirklich wie einer von ihnen. Von dort kam ich zum dritten Mal auf die Erde und hier bin ich. Ich mache dasselbe durch, was ich schon vorher kannte.

1. Charakterisieren Sie die Vorstellung von der Wiedergeburt nach der Erzählung des Schamanen! Vergleichen Sie diese mit folgender indianischen Weisheit: »Es ist indianischer Glaube, dass nach dem Tod eines Menschen sein Geist irgendwo auf der Erde oder im Himmel weiterlebt, wir wissen nicht genau wo, aber wir sind sicher, dass sein Geist noch lebt…«

2. Erläutern Sie anhand des folgenden Wortes von Schwarzer Hirsch (1863–1950), einem Schamanen der Sioux, wie sich die Vorstellung der Wiedergeburt im Kontext indianischer Weltanschauung darstellt: »Alles, was ein Indianer vollbringt, ist kreisförmig, weil die Kraft der Erde sich immer in Kreisen vollzieht und alles rund sein will…
Ich habe gehört, dass die Erde so rund wie ein Ball sein soll, genauso die Sterne. Der Wind wirbelt im Kreise, die Nester der Vögel sind rund, denn sie haben dieselbe Religion wie wir … Selbst die Jahreszeiten wechseln im Kreis, kommen immer wieder dorthin zurück, wo sie bereits einmal waren. Das Leben eines Menschen verläuft von einer Kindheit zur anderen und so ist es bei allem, in dem Kraft wirkt…«

3. »Es gibt keinen Tod. Nur einen Wechsel von Welten« (Häuptling Seattle, 1786–1866). Welches Lebensgefühl ergibt sich aus dieser Auffassung?

d// Der christliche Auferstehungsglaube

Ed Ruscha, The End, 1991

Aus dem 15. Kapitel des 1. Korintherbriefes:
35 Es könnte aber jemand fragen: Wie werden die Toten auferstehen und mit was für einem Leib werden sie kommen?
36 Du Narr: Was du säst, wird nicht lebendig, wenn es nicht stirbt.
37 Und was du säst, ist ja nicht der Leib, der werden soll, sondern ein bloßes Korn, sei es von Weizen oder von etwas anderem.
38 Gott aber gibt ihm einen Leib, wie er will, einem jeden Samen seinen eigenen Leib.
39 Nicht alles Fleisch ist das gleiche Fleisch, sondern ein anderes Fleisch haben die Menschen, ein anderes das Vieh, ein anderes die Vögel, ein anderes die Fische.
40 Und es gibt himmlische Körper und irdische Körper; aber eine andere Herrlichkeit haben die himmlischen und eine andere die irdischen.
41 Einen anderen Glanz hat die Sonne, einen anderen Glanz hat der Mond, einen anderen Glanz haben die Sterne; denn ein Stern unterscheidet sich vom andern durch seinen Glanz.
42 So auch die Auferstehung der Toten. Es wird gesät verweslich und wird auferstehen unverweslich.
43 Es wird gesät in Niedrigkeit und wird auferstehen in Herrlichkeit. Es wird gesät in Armseligkeit und wird auferstehen in Kraft.
44 Es wird gesät ein natürlicher Leib und wird auferstehen ein geistlicher Leib. Gibt es einen natürlichen Leib, so gibt es auch einen geistlichen Leib. *1 Kor 15,35–44*

1. Interpretieren Sie den Text unter inhaltlichen und formalen Gesichtspunkten.

2. Erörtern Sie, wodurch sich »Auferstehung« von »Wiedergeburt« unterscheidet.

3. »Auferstehung des Leibes« – Wie ist das zu verstehen? Setzen Sie sich mit dieser Frage auseinander.
Hinweis: Eine mögliche Interpretationshilfe finden Sie gegebenenfalls im 5. Abschnitt dieses Kapitels »Was Sie wissen sollten: Die christliche Auferstehungshoffnung«!

4. Entfalten Sie, wie in den beiden Gedichten von »Auferstehung« gesprochen wird.

Leichenreden
ihr fragt
wie ist
die auferstehung der toten?
ich weiß es nicht

ihr fragt
wann ist
die auferstehung der toten?
ich weiß es nicht

ihr fragt
gibts
eine auferstehung der toten?
ich weiß es nicht

ihr fragt
gibts
keine auferstehung der toten?
ich weiß es nicht

ich weiß
nur
wonach ihr nicht fragt:
die auferstehung derer die leben

ich weiß
nur
wozu Er uns ruft:
zur auferstehung heute und jetzt

Kurt Marti

Auferstehung

Manchmal stehen wir auf
Stehen wir zur Auferstehung auf
Mitten am Tage
Mit unserem lebendigen Haar
Mit unserer atmenden Haut.

Nur das Gewohnte ist um uns
Keine Fata Morgana von Palmen
Mit weidenden Löwen
Und sanften Wölfen.
Die Weckuhren hören nicht auf zu ticken
Ihre Leuchtzeiger löschen nicht aus.

Und dennoch leicht
Und dennoch unverwundbar
Geordnet in geheimnisvolle Ordnung
Vorweggenommen in ein Haus aus Licht.

Marie Luise Kaschnitz

Ed Ruscha, A Particular Kind of Heaven, 1983

e// Ein jüdischer Religionswissenschaftler zum Auferstehungsglauben

Sicher ist vor allem, dass das Weizenkornwort Jesu zur historischen Wirklichkeit geworden ist: »Wenn das Weizenkorn nicht in die Erde fällt und erstirbt, so bleibt's allein. Wenn es aber erstirbt, so bringt es viele Frucht« (Joh 12,24). Mit den Worten Rabbi Chijas, des Sohnes Josephs:

»Wenn ein Weizenkorn, das nachts begraben wird, mit so vielen prächtigen Kleidern aufersteht, so und noch viel mehr die Gerechten« (Ketubot 111a).

Man fragte Rabbi Pinchas von Koretz: »Warum soll, wie uns überliefert ist, der Messias am Jahrestag der Zerstörung Jerusalems geboren werden?«

Rabbi Pinchas antwortete: »Das Korn, das in die Erde gesät ist, muss zerfallen, damit die neue Ähre sprießt. Die Kraft kann nicht *auferstehen,* wenn sie nicht in die große Verborgenheit eingeht« (M. Buber).

Wie viele solcher »Weizenkörner« wurden in Israel nicht zu Grabe getragen und starben dahin – ohne irdische Frucht zu bringen! Nur dieses Weizenkorn, so scheint es, fiel in fruchtbare Glaubenserde, so dass sein Tod unzähligen Menschen in aller Welt zu einem besseren Leben und einer unsterblichen Hoffnung verhalf.

Alle ehrliche Theologie ist zutiefst gesehen Katastrophen-Theologie, die ihren Antrieb aus dem Elend und dem Adel unseres Menschentums erhält:

Aus der Todesangst, dem Lebenswillen und der großen Hoffnung, dass mit dem Tod nicht alles zu Ende geht;

einer Hoffnung, die einer Vorahnung jener unfassbaren Unendlichkeit und letzten Wirklichkeit entspringt, die wir Gott benennen;

einer Hoffnung, die sich nicht damit begnügen kann, dass unser Dasein mit Geburtswehen beginnt und in einem letzten Röcheln ausklingt;

einer Hoffnung, dass Tränen, Tod und Trauer nicht das letzte Wort behalten; einer Hoffnung, die aus dem Vertrauen »nach oben« den Mut »nach vorne« schöpft; Mut über das Sterben hinaus auf ein Weitersein, das dem Tod seinen Stachel nimmt, um unserem Leben einen Sinn zu geben, der nicht vergehen noch verwesen kann; einer Hoffnung, die die Kraft verleiht, sich fraglos auszuliefern an den Gott, »der tötet und lebendig macht« (Dtn 32,39) und Seiner Gerechten nicht vergisst (Ps 37,25). Das ist die Quintessenz des biblischen Auferstehungsglaubens von Juden und Christen. Und sonst nichts.

Wenn man Einblick in die Volksseele des heutigen Rest-Israels gewinnen könnte, um seinem Selbstverständnis auf den Grund zu kommen, käme man höchstwahrscheinlich zur Schlussfolgerung, dass Auschwitz und die Staatsgründung in demselben geistigen Verhältnis zueinander stehen wie Karfreitag und Ostersonntag im Herzen gläubiger Christen. Derselbe Abgrund gähnt zwischen dem Kreuz und der Auferstehung wie zwischen dem Massen-Golgota der Hitlerjahre und der nationalen Auferstehung im Jahre 1948. Ohne die Auferstehung Jesu, nach Golgota, hätte es kein Christentum gegeben, so wie Auschwitz ohne die darauf folgende Neugründung Israels das Ende des Judenvolkes hätte sein können. Denn wer von euch Christen weiß, wie viel unbegründeter Zuversicht und Zukunftsglaubens es bedarf, um nach 1945 jüdische Kinder in die Welt zu setzen? So ist die Sache Jesu im Grunde die Sache Israels. Sowohl die Lehre als die Leiden, das gläubige Erleben Gottes, das Überleben des Martertodes und das ewige Leben, das wir erhoffen. Hier sehe ich das eigentliche und den Ursinn jenes Heilsgeschehens am Pascha-Ostersonntag in Jerusalem.

Eine Auferstehung unserer Lebenshoffnung, die Juden und Christen gemeinsam bejahen:

»Aber seine Toten werden leben, Deine Leichname werden auferstehen. Wachet auf und jubelt, die ihr liegt unter der Erde! Denn ein Tau der Lichter ist dein Tau, Und die Erde wird die Toten herausgeben.« (Jes 26,19)

Eine letzte Frage: Muss die Auferstehung der Toten ein Wunder sein?

Die Werke unseres Schöpfers sind allesamt wunderbar – aber nicht mirakulös. Sie überspringen nicht willkürlich die natürliche Ursachenreihe wie die Werke des Zauberers im Märchen. Da ist z.B. das Wunder einer menschlichen Eizelle. Nichts als Materie ist zunächst konstatierbar. Zwanzig Jahre später ist daraus ein Wesen geworden, das die Grenze pflanzlichen und tierischen Lebens durchbrochen hat, »Ich« sagen kann und gegen den Trend seiner Triebe imstande ist selbstlos zu lieben. Im größeren Rahmen gesehen heißt das: Am Anfang war die tote Materie. In einer jahrmilliardenlangen »Entwicklung« wurde daraus Leben, aus dem Leben langsam Bewusstsein, und aus dem Bewusstsein mühsam und langwierig: Liebe und Selbsterkenntnis – mit einem Wort: eine globale, allumfassende Auferstehung aus dem Toten.

Dieses Wunderwerk wird dadurch, dass wir immer mehr Zwischenstufen dieser »Evolution« in den Blick bekommen, wahrhaftig nicht weniger grandios. Ist denn nicht jeder Baum, jede Blume und jedes Kind ein Wunder Gottes? Wir aber sind derart abgestumpft durch den Rost und Grünspan der Alltäglichkeit, dass wir einen Shakespeare, einen Johann Sebastian Bach und einen großen van Gogh benötigen, um das Staunen neu zu erlernen. Warum soll das Wiedererwachen eines personalen Ich nach dem Todesdurchgang mirakulöser vor sich gehen als das allmähliche

Lucy D'Souza-Krone, Das Weizenkorn – ein Mandala, o.J.

Erwachen eines Menschen aus der leblosen Materie einer befruchteten Eizelle. Und wenn die Physiker behaupten, dass in diesem unerschöpflich großen Universum kein einziges Gramm von Substanz verloren geht, sondern lediglich seine Gestalt verwandelt, warum soll dann ausgerechnet das Kostbarste, das Gott uns schenken wollte: ein Funke von Seinem Feuer, der Hauch Seines Geistes, nach unserem irdischen Ableben spurlos verschwinden? Solch eine Annahme straft doch nicht nur alle Zuversicht auf das Heil Lügen, sondern widerspricht auch der elementaren Logik der Naturwissenschaft.

So ist also die Hoffnung auf die Auferstehung ein vernünftiger Glaube, der für ein sinnvolles, erfüllbares Leben auf Erden genügen sollte.

Pinchas Lapide

1. Skizzieren Sie, wie Pinchas Lapide »Auferstehung« sieht.
2. Untersuchen Sie, ob seine Überlegungen von christlicher Seite aus geteilt werden können.
3. Setzen Sie sich mit der Frage auseinander, inwiefern die christliche Auferstehungshoffnung auf dem Judentum basiert. Beziehen Sie sich auf die Überlegungen von Rudolf Hoppe.

Auferstehung ist *die* Zentralaussage des christlichen Glaubens über das Heilshandeln Gottes am gekreuzigten Jesus von Nazaret. Begriffe und Gedanke wurden aber nicht erst in neutestamentlicher Zeit entworfen, sondern gehen auf das vorchristliche Judentum zurück.

Das Judentum nach dem Exil spricht oft von der Erwartung der endzeitlichen Aufrichtung der Herrschaft Gottes (Jes 43,15; 44,6; Sach 14,9.16f., Jes 24,1–23): JHWH wird sich gegen alle kosmischen Mächte und irdischen Herrscher durchsetzen und über alle Völker herrschen. Und auch den Tod wird er für immer vernichten (vgl. Jes 25,8). Die Gewissheit, dass Gott aus der Gewalt des Todes herausführt, bezeugt u.a. Ps 49. Israel hatte ja über Jahrhunderte die geschichtliche Glaubenserfahrung mit JHWH gemacht und seinen unbedingten Heilswillen durch alle Krisen hindurch kennen gelernt. Im Anschluss an den Glauben an den aus dem Tod errettenden JHWH ist die Hoffnung auf die Auferstehung der Toten in sich konsequent. Letztlich will also der Glaube des Judentums die Herrschaft Gottes in der Geschichte bezeugen.

Ein wichtiger jüdischer Test ist 2 Makk 7, das Martyrium der 7 Brüder um der Gesetzestreue willen. Dort sprechen die Brüder ihre im Glauben an JHWH gründende Hoffnung aus: »Der König der Welt wird uns zu einem neuen, ewigen Leben auferwecken ...«. Ähnliches sagt das Buch der Weisheit aus dem 1. Jh. v. Chr., das den Frommen in der todüberwindenden Gemeinschaft mit Gott sieht: »In den Augen der Menschen werden sie (die Gerechten) bestraft, doch ihre Hoffnung ist voll Unsterblichkeit« (Weish 3,4). – An solche Vorstellungen des Judentums konnte das frühe Christentum mit seinem Auferstehungszeugnis anknüpfen. Für den Glauben an Gott im christlichen Sinne bildete der jüdische Auferstehungsglaube das wichtigste Vorverständnis. Dennoch ist der Osterglaube nicht identisch mit der jüdischen Überlieferung. Das NT bezeugt den Osterglauben sehr vielfältig und das hat sich auch literarisch unterschiedlich niedergeschlagen. Wir kennen kurze Bekenntnissätze wie »Gott hat Jesus auferweckt« o.a., sodann die bekannten Grabes- und Erscheinungserzählungen der Evangelien. Diese bezeugen zwar dasselbe Geschehen, aber in erzählerischer Form.

Was hat die Christen dazu gebracht davon zu sprechen, Jesus sei nicht im Tode geblieben? Man kann das nicht einfach mit den Mitteln der Gegenständlichkeit ausdrücken, denn nicht nur das, was wir mit unseren Augen sehen oder mit den Händen greifen, ist »wirklich« und »wahr«. Die Jünger kamen – das lässt sich auch historisch sicher sagen – nach dem Karfreitag wieder zusammen und bezeugten den gekreuzigten Jesus als bei Gott Lebenden. Aber sie hatten den von Gott eingesetzten Heilsbringer auch als lebendig erfahren. Erscheinungen hatten ihnen den toten Jesus lebendig vor Augen geführt und damit ihren Glauben neu begründet. Dies ist umso erstaunlicher, als für den frommen Juden der Gekreuzigte nicht nur ein politisch, sondern auch ein von Gott Verurteilter war. Im Buch Deuteronomium (Dtn 21,23) steht der Satz: »Ein Gehenkter ist ein von Gott Verfluchter«, ein Satz, der es dem frommen Juden eigentlich unmöglich machte an jemand festzuhalten, der diesen Verbrechertod gestorben war. Umso glaubhafter erscheint deshalb das Zeugnis derjenigen, die die Erscheinungen hatten. Diese Erfahrung, die die Jünger mit dem Gekreuzigten gemacht hatten, konnten sie dann sprachlich mit Begriffen deuten, die ihnen das Judentum vorgegeben hatte, z.B. mit dem Begriff »Auferstehung«. Wenn Gott also am toten Jesus gehandelt hat, so der Osterglaube, dann wird er auch an uns lebenstiftend handeln, ja er wird die Welt umwandeln, um in allem und über alles der Herr zu sein (vgl. 1 Kor 15,28).

Rudolf Hoppe

f// Auferstehung und Gericht nach islamischer Lehre

Aus dem Koran:

Denkt der Mensch, dass Wir ihn nicht (auferstehen lassen und) seine Knochen wieder zusammenbringen können? Ja, fürwahr, Wir sind fähig, sogar seine Fingerspitzen ganz zu machen! *Sure 75, 3-4*

Das wird ihre Vergeltung dafür sein, dass sie Unsere Botschaften verworfen und gesagt haben: »Nachdem wir zu Knochen und Staub geworden sind, werden wir fürwahr in einem neuen Schöpfungsakt von den Toten auferweckt werden?« Sind sie denn nicht gewahr, dass Gott, der die Himmel und die Erde erschaffen hat, die Macht hat, sie erneut in ihrer eigenen Gleichheit zu erschaffen, nachdem Er ohne jeden Zweifel eine Frist für ihre Auferstehung gesetzt hat? Doch alle (solche) Übeltäter sind unwillig, irgendetwas außer Blasphemie zu akzeptieren! *Sure 17,98 f*

Einer, der zu fragen gesinnt ist, mag nach dem Leiden fragen, das (im Jenseits) jene bestimmt treffen wird, welche die Wahrheit leugnen. (Wisse denn, dass) nichts es abwehren kann, (da es) von Gott (kommen wird), zu dem es viele Wege des Aufstiegs gibt: alle Engel und alle (dem Menschen jemals gewährte) Eingebung steigen (täglich) zu Ihm auf, an einem Tag, dessen Länge (wie) fünfzigtausend Jahre ist ... Deshalb (o gläubiger Mensch,) ertrage alle Widrigkeit mit gefälliger Geduld: siehe, die Menschen sehen diese (Abrechnung) als etwas weit Entferntes an – aber Wir sehen sie als nahe! (Sie wird) an einem Tag (stattfinden), da der Himmel wie geschmolzenes Blei sein wird, und die Berge wie Wollbüschel sein werden, und (da) kein Freund nach seinem Freund fragen wird. *Sure 70,1–10*

Und seid euch des Tages bewusst, an dem ihr zu Gott zurückgebracht werdet, woraufhin jedem Menschen voll zurückgezahlt werden wird, was er erworben hat, und keinem wird Unrecht geschehen. *Sure 2,281*

Aber Wir werden ganz gewiss jenen, die (also) darauf aus sind, die Wahrheit zu leugnen, einen Geschmack von schwerem Leiden geben, und Wir werden ihnen

Jörg Immendorff, Es gibt keine Hölle, 1985

ganz gewiss entsprechend dem Schlechtesten ihrer Taten vergelten! Jene Vergeltung an Gottes Feinden wird das Feuer (des Jenseits) sein: in ihm werden sie eine Bleibe von unermesslicher Dauer haben als ein Ergebnis davon, dass sie Unsere Botschaften wissentlich verworfen haben. (...)
(Aber) siehe, was jene angeht, die sagen: »Unser Erhalter ist Gott« und dann standhaft den rechten Weg verfolgen – auf sie steigen oftmals Engel herab (und sagen:) »Fürchtet euch nicht und seid nicht bekümmert, sondern empfangt die frohe Kunde von jenem Paradies, das euch versprochen worden ist! Wir sind euch nahe im Leben dieser Welt und (werden dies sein) im kommenden Leben; und in jenem (kommenden Leben) werdet ihr alles haben, was eure Seelen wünschen mögen, und darin werdet ihr alles haben, wofür ihr immer gebetet habt, als ein gastlicher Empfang von Ihm, der vielvergebend ist, ein Gnadenspender!« *Sure 41,27–28; 30–32*

Ed Ruscha, Hell Heaven, 1988

Die Propheten und auch Jesus werden als Zeugen im Gericht auftreten und je nach ihren Taten die Menschen aus ihren Völkern anklagen, zu denen sie gesandt wurden. Wenn Gott es zulässt, können Propheten und Engel für einzelne Fürsprache einlegen, so dass Gnade vor Recht ergeht.
Das Ende bricht jedoch weder unvorbereitet noch unerwartet über die Menschen herein. Das Wissen um den Tod bereitet auf das letzte Urteil im jüngsten Gericht vor. Wenn der Todesengel abberuft, nimmt er die Seele mit. Vor Gott erfolgt dann eine Art Abrechnung, man könne auch sagen, ein vorläufiges Gericht. Ein Zurück in das Leben gibt es nicht mehr. Diejenigen, die in ihrem Leben Unrecht getan haben, sind von der Wahrheit zu spät überzeugt. Für die Ungläubigen gibt es nur den Weg in die Hölle, den Gläubigen steht der Weg ins Paradies offen.

1. Nennen Sie die Hauptaussagen zum Thema »Auferstehung« aus islamischer Sicht.
2. Vergleichen Sie diese mit der christlichen Sicht.

5. Die christliche Auferstehungshoffnung

Zum ganzen Menschen gehört auch sein Bezug zur Welt und zu den Mitmenschen, der sich im Leib vollzieht. Die Hoffnung auf die leibhafte Auferweckung der Toten ist daher kein später und fremder Zusatz zum Gottesglauben, sondern dessen innere Konsequenz. In den *biblischen Zeugnissen* wird die Tatsache der künftigen Auferstehung mit festem Glauben bekannt, aber die Art und Weise, wie sie geschieht, nicht beschrieben. Die Gewissheit dieses Glaubens erwächst aus dem Gottesgedanken in bedrückenden menschlichen Erfahrungen […].

Wenn […] davon die Rede ist, dass alle, die in den Gräbern sind, »herauskommen« werden, die das Gute getan haben, um zum Leben aufzuerstehen, die das Böse getan haben, zum Gericht (vgl. Joh 5,29), erheben sich für den heutigen naturwissenschaftlich denkenden Menschen *Verständnisschwierigkeiten.* Aber wie sollte die Bibel das Geheimnis der künftigen Welt und der mit ihr verbundenen Totenauferstehung anders als in der Sprache und Vorstellung ihrer Zeit ausdrücken? Es ist auch nicht so, dass erst wir heute Schwierigkeiten mit der Botschaft von der leiblichen Auferstehung haben. Die Schwierigkeiten in der damaligen außerjüdischen, vor allem hellenistischen Welt waren noch wesentlich größer. Auf die leibliche Auferstehung zu hoffen, galt geradezu als töricht und skandalös. Als Paulus darüber vor den Weisen des Areopag in Athen sprach, »spotteten die einen, andere aber sagten: Darüber wollen wir dich ein andermal hören« (Apg 17,32). Die Frage ist damals wie heute: Wie sollen wir uns das denken, wie soll das geschehen? Schon Paulus weiß um diese Frage: »Nun könnte einer fragen: Wie werden die Toten auferweckt. Was für einen Leib werden sie haben?« (1 Kor 15,35). Es ist offenkundig, dass diese Fragen innerhalb unseres modernen, von den Naturwissenschaften geprägten Weltbilds nochmals eine ganz neue Dringlichkeit erhalten […].

Versteht man unter dem Leib im Sinn der Heiligen Schrift den für die menschliche Person wesentlichen und ihr eigenen Bezug zur Mitwelt und Umwelt, dann meint die leibliche Auferstehung, dass der Bezug zu den anderen und zur Welt in einer neuen und vollen Weise wiederhergestellt wird. Es geht bei der Auferstehung der Toten also nicht bloß um die Vollendung des Einzelnen, sondern um die *Vollendung aller Wirklichkeit.* […]

Alles, was aus Liebe getan wurde, wird bleibend eingestiftet sein in den Bestand der Wirklichkeit. »Die Liebe wird bleiben wie das, was sie einst getan hat.«

Katholischer Erwachsenenkatechismus

René Magritte, Das Jenseits, 1938

KOMPETENZEN

Am Ende dieses Kapitels sollten Sie Fortschritte beim Erwerb folgender Fähigkeiten erworben haben:

Wahrnehmungs- und Darstellungsfähigkeit – religiös bedeutsame Phänomene wahrnehmen und beschreiben:	• »Auferstehungs«-Situationen erfassen, in denen letzte Fragen nach Grund, Sinn, Ziel und Verantwortung des Lebens aufbrechen • religiöse Spuren und Dimensionen in der Lebenswelt aufdecken • grundlegende religiöse Ausdrucksformen (Symbole, Riten, Mythen, Räume, Zeiten) wahrnehmen und in verschiedenen Kontexten wiedererkennen und einordnen
Deutungsfähigkeit – religiös bedeutsame Sprache und Zeugnisse verstehen und deuten:	• religiöse Sprachformen für »Auferstehungshoffnung« identifizieren und als Ausdruck existentieller Erfahrungen verstehen • religiöse Motive und Elemente in Texten, ästhetisch-künstlerischen und medialen Ausdrucksformen erfassen und ihre Bedeutung und Funktion erklären (Beispiele: biographische und literarische Texte, Bilder, Musik, Werbung, Filme) • Auferstehungserzählungen der Evangelien und die paulinische Tradition methodisch reflektiert auslegen • theologische Texte sachgemäß erschließen • Auferstehung als zentrales Glaubenszeugnis des Christentums in Beziehung zum eigenen Leben und zur gesellschaftlichen Wirklichkeit setzen und ihre Bedeutung für den Glauben aufweisen.
Urteilsfähigkeit – in religiösen und ethischen Fragen begründet urteilen:	• Formen theologischer Argumentation vergleichen und bewerten, etwa bei der Frage der Deutung der neutestamentlichen Auferstehungszeugnisse • Gemeinsamkeiten und Unterschiede von Auferstehungsvorstellungen der drei monotheistischen Religionen erklären und kriteriengeleitet bewerten • die Menschenwürde theologisch begründen und als Grundwert in aktuellen ethischen Konflikten zur Geltung bringen • im Kontext der Pluralität einen eigenen Standpunkt zu religiösen und ethischen Fragen einnehmen und argumentativ vertreten.
Dialogfähigkeit – am religiösen Dialog argumentierend teilnehmen:	• die Perspektive eines anderen zum Thema »Auferstehung« einnehmen und in Bezug zum eigenen Standpunkt setzen • Gemeinsamkeiten von religiösen und weltanschaulichen Überzeugungen sowie Unterschiede benennen und im Blick auf mögliche Dialogpartner kommunizieren, etwa eine buddhistische und eine naturreligiöse Auffassung zum Thema »Wiedergeburt« • sich aus der Perspektive des christlichen Glaubens mit anderen religiösen und weltanschaulichen Überzeugungen argumentativ auseinandersetzen • Kriterien für eine konstruktive Begegnung, die von Verständigung, Respekt und Anerkennung von Differenz geprägt ist, in dialogischen Situationen berücksichtigen.
Gestaltungsfähigkeit – religiös bedeutsame Ausdrucks- und Gestaltungsformen verwenden:	• typische Sprachformen der Bibel theologisch reflektiert transformieren • Aspekten des christlichen Glaubens in textbezogenen Formen Ausdruck verleihen • Ausdrucksformen des christlichen Glaubens erproben und ihren Gebrauch reflektieren • religiöse Symbole und Rituale der Alltagskultur kriterienbewusst (um-) gestalten • religiös relevante Inhalte und Positionen medial und adressatenbezogen präsentieren.

VI. Zum Schluss: Wie die Botschaft von Jesus weiterwirkt …

Der evangelische Theologe Heinz Zahrnt:

Dass ich Christ bin, verdanke ich der Kirche – sie hat mir die Bibel erschlossen. Aber ich könnte nicht mit Martin Luther sagen: »Ich hab sie lieb, die werte Magd.« Es geht mir mit der Kirche wie (dem ehemaligen Bundespräsidenten) Gustav Heinemann mit dem Staat, der, auf sein Verhältnis zu ihm angesprochen, zu antworten pflegte, er liebe nicht den Staat, sondern seine Frau.

Für mich ist die Kirche […] ein lebenslang ungelöstes Problem. Ich kann mein Verhältnis zur Kirche daher in den knappen Satz fassen: Ich lebe als Christ durch die Kirche, in der Kirche – und immer wieder – trotz der Kirche.

Dieses zwiespältige Verhältnis entspricht der Zweideutigkeit, die dem Faktum »Kirche« von seinem Ursprung her anhaftet. Die Tatsache, dass es *die* Kirche nur in *den* Kirchen gibt – dieses unauflösliche Ineinander von Singular und Plural – weist auf das Grundproblem aller »Kirchlichkeit« hin. Der katholische Theologe Alfred Loisy hat es in den berühmten Satz gefasst: »Jesus hat das Reich Gottes angekündigt und die Kirche ist gekommen.« […]

Jesus aus Nazaret hat in der Tat keine Kirche gegründet, sondern eine endzeitliche Glaubens- und Sammlungsbewegung entfacht. Er hat selbst von sich gesagt: »Ich bin gekommen, ein Feuer auf Erden anzuzünden« und hat voll Bangen hinzugefügt: »was wollte ich lieber, als es brennte schon« (Lk 12,49). Nicht irgendeine weitere religiöse Organisation sollte entstehen und auch wieder vergehen – das Reich Gottes sollte endgültig hereinbrechen! Für eine Kirche blieb da keine Zeit mehr.

Aber wenn die Kirche von Jesus auch nicht vorgesehen war, so war ihre Entstehung doch vorauszusehen. Denn es kam anders, als Jesus es erwartet und die Urgemeinde erhofft hatte. Das Reich Gottes brach nicht an, die Welt nahm weiter ihren Lauf. Sollte die von Jesus entfachte Glaubens- und Sammlungsbewegung sich nicht wieder verlaufen, so musste ihre »Vorläufigkeit«, um im Gang zu bleiben, institutionell stabilisiert werden. […]

Dazu musste ein geschichtliches Gebilde entstehen, das, wie alle Gebilde in der Geschichte, seinen Bestand in der Welt mit den Mitteln der Welt behauptet. Und so ist fast von selbst »die Kirche gekommen« mit Schriften, Dogmen und Ämtern, mit Kultus, Macht und

Wolfgang Tillmans, roadworks 98, 1998

Die Nachfolge Jesu: Eine bleibende Baustelle?

Recht, mit Hierarchie, Bürokratie und Finanzen – nicht anstelle des von Jesus angesagten Reiches Gottes, sondern infolge seiner Ansage des Reiches Gottes, mithin als mittelbare, nicht als unmittelbare Fortwirkung seines Glaubens und Verkündigens. [...] Jede kirchliche Institution, auch die vollkommenste, wird hoffnungslos hinter dem Reich Gottes zurückbleiben und jeder kirchliche Lehrsatz, auch der paradoxeste, die Fülle der göttlichen Offenbarung nur unzureichend fassen. [...]
Die Kirche ist die mittelbare Fortsetzung des Wirkens Jesu. Als Tradentin der »memoria Jesu« hat sie das Feuer seines Geistes in der Welt am Brennen zu halten.

Heinz Zahrnt

1. Geben Sie wieder, was Heinz Zahrnt unter »Kirche« versteht. Wie sehen Sie selber »Kirche«? Vergleichen Sie.
2. Beschreiben Sie die Beziehung von Jesus und der Kirche nach dem Text von Heinz Zahrnt. Stimmen Sie seiner Verhältnisbestimmung zu? Nehmen Sie einen begründeten Standpunkt ein.
3. »Allen, die sich sorgen und fragen: ›Was wird aus der Kirche?‹ sei es gesagt: Vergesst die Kirche – denkt an das Reich Gottes, trachtet nach seiner Gerechtigkeit, dann wird euch die lebendige Kirche von selbst zufallen!« (Jürgen Moltmann).
Was halten Sie von diesem Zitat? Nehmen Sie Stellung.
4. Setzen Sie sich mit der Frage auseinander, wie es zum Bruch von Synagoge und Kirche kam und wie heute dieses Verhältnis neu bestimmt werden kann. Beziehen Sie sich auf den folgenden Text.

In die Ansätze einer christlichen Gemeindebildung und der Evangelienschreibung ist in einer tragischen Weise die feindschaftliche Entfremdung zwischen Christen und Juden mit hineinverwoben. Nach allem, was die historisch-kritische Forschung uns heute über Jesus erkennen lässt, war er ein Jude, der den jüdischen Glauben lebte, der sich seinem Volk zugehörig wusste und auch mit seiner prophetischen Botschaft im Überlieferungsrahmen Israels seinen Ort hat. Die früheste Jesus-Gemeinde, also die urchristliche Keimzelle, war zunächst eine jüdische Gruppierung, die nicht nur trotz, sondern auch wegen ihrer Jesus-Nachfolge im jüdischen Glaubenskontext beheimatet war und ihr christologisches Proprium nicht als Distanzierung vom eigenen Volk verstand. Die antijüdischen Akzente und Polemiken, die in den später entstehenden Evangelien begegnen, und zwar umso ausgeprägter, je größer der Abstand zu Jesus wird, sind der vorösterlichen Jüngerschaft unbekannt und auch frühesten Quellen der Jesusüberlieferung noch fremd. Sie wurden dem ursprünglichen Material erst in späteren Jahrzehnten eingearbeitet, und zwar mit einer gewissen soziologischen Gesetzlichkeit im Prozess der eigenen christlichen Identitätsausbildung. Insofern stützen sich Gemeindeentwicklung und Evangelienbildung wechselseitig.

Pérez Celis, Die Bedeutung des Westens, 1990

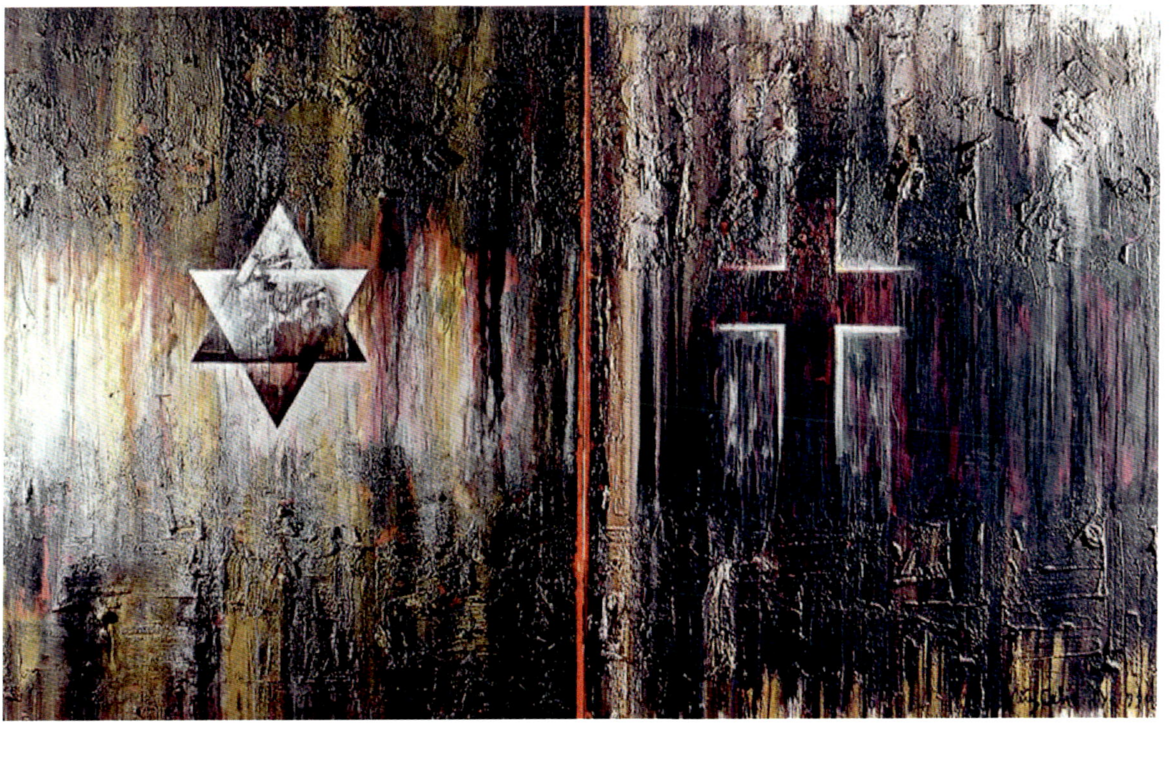

Besiegte Synagoga und triumphierende Ecclesia am Dom in Trier. Die allegorischen Figuren zeigen das theologische Selbstverständnis der Kirche im Mittelalter, das zu Judenfremdheit und Judenfeindschaft über die Jahrhunderte hinweg führte.

Erster wesentlicher Anstoß zu dieser Entwicklung wurden die von den judenchristlichen Gemeinden integrierten Nicht-Juden, die sich von der Christusbotschaft angesprochen fühlen. Die auf dem sogenannten Apostelkonzil (etwa im Jahre 48/49) geführten Auseinandersetzungen (vgl. Apg 15,1–35; Gal 2,11–21) lassen erkennen, dass zunächst die Ansicht herrschte, dass ein zur Gemeinde hinzukommender »Heide« zu Israel konvertieren müsse, um als Zugehöriger zu Israel ein Mitglied der Jesus-Gemeinde sein zu können. Offenbar hatte der Glaube aber bereits liberale Einstellungen gegenüber der Tora-Frömmigkeit entstehen lassen, so dass Paulus dem Kephas sagen konnte: »Wenn du als Jude nach Art der Heiden und nicht nach Art der Juden lebst, wie kannst du dann die Heiden zwingen, wie Juden zu leben?« (Gal 2,14). Obwohl noch ganz in der jüdischen Tradition verwurzelt, war in der um den Namen Jesu versammelten Gemeinde also bereits eine unterscheidende Lebensform im Entstehen, die nunmehr von Jahr zu Jahr deutlicher das Bemühen um Distanzgewinn und Eigenprofil erkennen lässt. Ein sehr entscheidender Faktor für diesen Loslösungsprozess war dabei die Lehre des Paulus, dass der Mensch nicht aus den Werken des Gesetzes, sondern allein aus Glauben an Christus Jesus »gerechtfertigt« werde. Dadurch wurde nicht allein die Beschneidung relativiert, sondern das Leben nach dem Gesetz insgesamt herabgewertet und – späterhin – immer öfter, immer schärfer verächtlich gemacht. Zwar hielt man weiterhin an der »Schrift« Israels fest, aber die jüdischen Lehrautoritäten, die diese Schrift zur Geltung brachten, schied man aus, so dass schließlich allein die Berufung auf Jesus von Nazaret als »dem einzigen normativen Rabbi« übrig blieb.

In der Fortsetzung dieser Entwicklung steht ein wachsender Antijudaismus. Die Sammlung und Bearbeitung der mündlichen Jesusüberlieferung fällt zusammen mit dem Bemühen um deutliche Abgrenzungen, das seine wachsende Intensität in der von Jahrzehnt von Jahrzehnt zunehmenden Judenpolemik der Evangelien findet. Die Tendenz zu solcher Abgrenzung ist im ältesten Evangelium nach Markus erst verhalten spürbar, doch bricht sie bei Matthäus schon deutlich

Ein Bild aus unserer Zeit: Ein Christ und ein Jude im Gespräch über gemeinsame Grundlagen des Glaubens – hier in der Laubhütte der Synagoge Wuppertal an Sukkot

hervor, besonders in der verhängnisvollen Szene 27,24 f., die den späteren christlichen Volks-Antijudaismus immer wieder neu motiviert hat: »Als aber Pilatus sah, dass er nichts ausrichtete, sondern dass der Tumult nur noch größer wurde, nahm er Wasser und wusch sich die Hände, wobei er sprach: Ich bin unschuldig an diesem Blut. Seht ihr zu! Und es antwortete das ganze Volk und sagte: Sein Blut auf uns und unsere Kinder!«

Bei Lukas steigert sich die Tendenz die Römer aus ihrer Zuständigkeit für den Tod Jesu zu entlassen, indem dreimal betont wird, Pilatus habe Jesus freigeben wollen. Im vierten und letzten Evangelium aber erreicht der frühe christliche Antijudaismus seinen ersten Höhepunkt. Während Matthäus und Lukas mit einem pauschalen »die Juden« noch sehr zurückhaltend waren – je fünfmal –, begegnet der Terminus bei Johannes einundsiebzigmal, überwiegend negativ gerichtet und mit der Tendenz das jüdische Volk insgesamt als Feind Jesu abzustempeln. Franz Mußner resümiert: »Die Kirche hat sich zu der Zeit, da das Johannesevangelium geschrieben wurde, schon endgültig von den Juden getrennt… (Sie) entwickelte im Zusammenhang dieser Loslösung von Israel ähnlich wie die Essener von Qumran ein oppositionelles Selbstverständnis, was Feindbilder entstehen ließ, wie ›die Pharisäer‹, ›die Juden‹.« Der in der weiteren Wirkungsgeschichte dogmatisch ausgebaute Vorwurf, also hätten die Juden den »Sohn Gottes« umgebracht und seien deshalb »Gottesmörder«, war im Fortgang der Geschichte und ihren Judenpogromen leicht mit der pseudotheologischen Rechtfertigung zu verbinden, Judenmord sei eine bereits im Neuen Testament vorgesehene Strafe. […]

Mit dem Abkommen von Mailand gab Kaiser Konstantin im Jahre 313 dem bis dahin randständigen Christentum den Status einer religio licita, eine staatliche Anerkennung, die das Judentum schon vorher im Römischen Reich genoss. Mit dieser Wende beginnt eine Zeit der Demütigung und Verfolgung, die das Leben der Juden bis in unsere Zeit hinein mit unermeßlichem Leid überschüttete. Die verfolgte Kirche wurde ohne Übergänge zur verfolgenden Kirche.

Hubertus Halbfas

Glossar

Das Glossar enthält Fremdwörter und Fachbegriffe, soweit sie nicht aus dem Textzusammenhang erschließbar sind. Die Angaben beziehen sich auf die Bedeutung der Begriffe, wie sie im Text verwendet werden, und müssen gegebenenfalls durch Hinzuziehen von Lexika ergänzt werden.

adoptianisch wie ein eigenes Kind annehmend
Anthropozentrik Vorstellung, der Mensch sei Mittelpunkt im Kosmos
Antizipation Vorwegnahme
apokryph nicht zum Kanon der Heiligen Schrift gehörend, jedoch den anerkannten biblischen Schriften in Form und Inhalt recht nahe
Archetyp eine Komponente des kollektiven seelischen Unbewussten im Menschen, das die ererbte Grundlage der Persönlichkeitsstruktur bildet
Aura Ausstrahlung einer Person; Fluidum
Blasphemie Gotteslästerung
D. (Ehren-)Doktor der evangelischen Theologie
Danaiden in der griechischen Sage Töchter des Königs Danaos, die gegen ihren Willen verheiratet wurden, ihre Männer in der Hochzeitsnacht ermordeten, dafür als Strafe in der Unterwelt Wasser in ein durchlöchertes Fass schöpfen müssen
Deus ex machina Gott aus der Maschine, als unerwarteter Helfer aus einer Notlage
Dogma kirchlicher Glaubenssatz mit dem Anspruch auf unbedingte Geltung
en bloc zusammenhängend
Eucharistie griechischer Ausdruck für Danksagung, gemeint ist das Abendmahl
evident offensichtlich
Exposition Darlegung, Erörterung; einführender Teil eines Dramas
Heroe Held
ideologiekritisch ein Verfahren beim Textverstehen anwenden, das auf die Kritik der weltanschaulichen, politischen, gesellschaftlichen Voraussetzungen abzielt
Intention Absicht
intrapsychisch innerhalb der Seele als Prozess ablaufend
kanonisch der Bibel zuzurechnen
katalysieren eine chemische Reaktion herbeiführen, beschleunigen oder verlangsamen
Katechese Religionsunterricht, der außerhalb der Schule erteilt wird und vor allem Glaubensverkündigung darstellt
Keryma Verkündigung
kerygmatisch die Verkündigung betreffend, auf sie abzielend
Kollaborateur Angehöriger eines von feindlichen Truppen besetzten Gebietes, der mit dem Feind zusammenarbeitet
Kombattant Mitkämpfer
kompilatorisch aus Teilen verschiedener Werke zusammengestellt
konfessionalistisch die eigene Konfession übermäßig betonend
Konzil Versammlung der Bischöfe der Weltkirche; die Beschlüsse eines Konzils sind für die gesamte Kirche verbindlich (heute röm.-kath.)
Logos Wort, Rede, Sinn; im Johannesprolog mit Christus identifiziert
marginalisieren an den Rand, an die Grenze legen; ausgrenzen
memoria Gedächtnis, Erinnerung
Messias – im griechischen/lateinischen Vokabular »Christos«/ »Christus« – bezeichnet den Gesalbten Gottes im kultischen und im übertragenen Sinn, z. B. den König, den Hohenpriester
Metaphysik philosophische Lehre von den letzten Gründen und Zusammenhängen des Seins
Mikrophysik Physik der Moleküle und Atome
Misanthrop Menschenverächter
Mischna Sammlung jüdischer Lehre aus dem 2. Jahrhundert n.Chr.; die Mischna bildet die Grundlage des Talmud
narzisstisch eitel, selbstbezogen
Nomenklatur Zusammenstellung von Fachbegriffen eines Wissensgebietes
numinos Gott als unbegreifliche, zugleich Schauder wie Vertrauen erweckende Macht
Orpheusaussage Das Gedicht Orpheus und Eurydike des antiken Dichters Ovid ist im zehnten Buch seiner »Metamorphosen« zu finden. Es entstand um. 8 n. Chr. und thematisiert den Mythos von Orpheus, der – nach einer möglichen Interpretation – die Liebe über den Tod stellt, indem er sagt, dass er im Reich der Toten bleiben werde, wenn er Eurydike nicht zurückbekomme. So verdeutlicht er, dass er um seiner Liebe willen bereit ist, auf sein weiteres Leben zu verzichten.
orthodox rechtgläubig, strenggläubig; die »orthodoxen Kirchen« sind die seit 1054 von Rom getrennten morgenländischen oder auch Ostkirchen
Perikope Bibelabschnitt
Peripetie Umschwung; entscheidender Wendepunkt
perpetuieren verewigen, immer weiter fortsetzen
philologisch auf die Sprach- und Literaturwissenschaft bezogen
pneumatisch auf den Geist Gottes bezogen
Präexistenz Vorstellung von einem Leben vor dem Leben
Prophet Mann, der von Gott gerufen, den Willen Gottes verkündet und zur Umkehr aufruft
Proprium Eigenes; Identität; Selbstgefühl
Psychoanalyse Richtung der Tiefenpsychologie, von Sigmund Freud begründet
psychologisch die Lehre von den seelischen Vorgängen und vom menschlichen Verhalten betreffend
Psychotherapie Behandlung psychischer und körperlicher Erkrankungen durch systematische Beeinflussung
Quantentheorie die auf Planck zurückzuführende Physik der elementaren Gebilde, die sich mit der Wechselbeziehung zwischen den Elementarmengen und der Materie befasst
Rekonstitution Wiedereinsetzung
reziprok wechselseitig aufeinander bezogen
Ritus religiöser Brauch, Vorgehen nach festgelegter Ordnung
Sadduzäer altjüdische Partei des Priesteradels; die Sadduzäer schrieben nur der Thora, nicht aber dem von den Schriftgelehrten aufgestellten mündlichen Gesetzen Autorität zu; neuere Vorstellungen wie den Glauben an die Auferstehung, an Lohn und Strafe nach dem Tod, an Dämonen und Engel sowie endzeitliche Spekulationen wiesen sie zurück; es ging den Sadduzäern vor allem um die Thora und den Tempelkult; sie traten engagiert für das politische Gleichgewicht ein; deshalb hielten sie Jesus auch als Unruhestifter für gefährlich
Sakrament eine zeichenhafte Handlung, die göttliche Gnade vermitteln soll
Satisfaktionstheorie eine Vorstellung mittelalterlicher Theologie, die besagt, Jesus habe sterben müssen, um die Beleidigung Gottes durch die Sünden der Menschen zu sühnen
Schamane Zauberpriester, der mit Geistern und Verstorbenen Kontakt aufnehmen kann
Sisyphus König von Korinth, der wegen seines schlimmen Lebenswandels in der Unterwelt einen stets zurückrollenden Stein auf einen Gipfel wälzen muss
Spiritualität Geistigkeit, Geistlichkeit
Sukkot Laubhüttenfest, das Juden im Herbst feiern
symptomatisch auf das äußere Erscheinungsbild, nicht auf die Ursachen z. B. einer Krankheit bezogen
Synopse vergleichende Übersicht der Evangelien des Matthäus, Markus, Lukas
Synoptiker Die Evangelisten Matthäus, Markus, Lukas
Talmud riesiges Sammelwerk zu Fragen der jüdischen Glaubensauslegung, aus dem ersichtlich wird, wie unter gewandelten Verhältnissen die Weisungen der Bibel und der jüdischen Tradition befolgt werden können
Titanen in der griechischen Mythologie Söhne und Töchter der göttlichen Urahnen Uranos (»Himmel«) und Gäa (»Erde«); im »Kampf der Titanen« unterliegen sie Zeus
Travestie komisch-satirische Umformung ernster Dichtung
ubiquitär überall verbreitet
u. E. unseres Erachtens

Kleine Sehschule

Mit Bildern kann man sehr unterschiedlich umgehen. Man kann mit ihnen z. B. Räume schmücken, seine soziale Stellung betonen, protestieren, werben, beeinflussen und sich einfach ihrer Wirkung aussetzen; man kann Bilder auch verehren. Systematische methodische Bildererschließung schärft den Blick, stärkt die Sehgeduld und vertieft das Verständnis für die Aussagekraft von Bildern.
Die folgenden Schritte werden dem Kunstwerk gerecht und geben zugleich dem subjektiven Erleben Raum:

Spontane Wahrnehmung: Was sehe ich?
Spontane Eindrücke zulassen – geduldig und konzentriert hinsehen – sich mit anderen austauschen

Bildbestand und Bildordnung: Wie ist das Bild aufgebaut?
Einteilung in oben und unten, links und rechts, Vordergrund und Hintergrund – Farben und Farbzusammenstellung – Licht und Dunkel – Formen (wie Kreis, Quadrat, Kugel, Würfel) – Elemente der Natur (wie Sonne und Mond, Pflanzen und Tiere, Gestein und Wasser) – Architektur (wie Häuser, Brücken) – Möbel und Gebrauchsgegenstände – Kleidung und Körpersprache (wie Mimik, Gestik, Haltung, Größe, Alter, Geschlecht, soziale Stellung) – Verbindungslinien – Entsprechungen und Gegensätze – Kompositionen (wie kreisförmiger, diagonaler, symmetrischer oder dreieckiger Aufbau)

Innenkonzentration: Was ruft das Bild wach?
Erinnerungen und Einfälle – Gefühle und Stimmungen – Neugier – Ablehnung, Widerspruch, Widerstand – Zustimmung, Begeisterung, Ergriffenheit – Fragen

Analyse des Bildgehalts: Was hat das Bild zu bedeuten?
Bezug zu individuellen Lebenssituationen und geschichtlichen Ereignissen – zu biblischen Texten, kirchlichen Dokumenten, Legenden und anderen Quellen – zu Liturgie und Brauchtum – Verwendung von Symbolen und kunstgeschichtlichen »Zitaten« – Zuordnung zur (religiösen) Mentalität und Vorstellungswelt einer Epoche – künstlerische Verarbeitung überlieferter Motive (z. B. Wiederholung, Zusammenstellung, Veränderung, Verfremdung).

Identifizierung: Wie stehe ich zu diesem Bild?
Hinterlässt es einen nachhaltigen Eindruck? Erkenne ich meine eigene oder eine mir vertraute Situation wieder? Was halte ich von den ins Bild gesetzten Ängsten und Hoffnungen, Konflikten und Träumen? Kann ich sie teilen oder wenigstens nachempfinden? Könnte das Bild meine Wahrnehmung anderer Menschen, früherer Zeiten, ja überhaupt menschlicher Möglichkeiten und Grenzen erweitern? Macht es mich auf meine Vorentscheidungen aufmerksam? Hilft es Einstellungen zu korrigieren? Bestärkt es mich in meiner Sicht? Spricht es mein Mitgefühl an? Halte ich den Grenzsituationen, die das Bild zum Ausdruck bringt, stand?

Ilsetraud Ix / Rüdiger Kaldewey

Kompetenzorientiertes Lernen und operatorengesteuertes Arbeiten

Der Kurs versteht sich als Beitrag zu religiöser Bildung, die grundlegende Kompetenzen umfasst, welche im Religionsunterricht der Oberstufe – nach den Erläuterungen der KMK* – erworben werden sollen:

Wahrnehmungs- und Darstellungsfähigkeit – religiös bedeutsame Phänomene wahrnehmen und beschreiben:	• Situationen erfassen, in denen letzte Fragen nach Grund, Sinn, Ziel und Verantwortung des Lebens aufbrechen • religiöse Spuren und Dimensionen in der Lebenswelt aufdecken • grundlegende religiöse Ausdrucksformen (Symbole, Riten, Mythen, Räume, Zeiten) wahrnehmen und in verschiedenen Kontexten wiedererkennen und einordnen • ethische Herausforderungen in der individuellen Lebensgeschichte sowie in unterschiedlichen gesellschaftlichen Handlungsfeldern wie Kultur, Wissenschaft, Politik und Wirtschaft als religiös bedeutsame Entscheidungssituationen erkennen.
Deutungsfähigkeit – religiös bedeutsame Sprache und Zeugnisse verstehen und deuten:	• religiöse Sprachformen analysieren und als Ausdruck existentieller Erfahrungen verstehen (Beispiele: Gebet, Lied, Segen, Credo, Mythos, Grußformeln, Symbole) • religiöse Motive und Elemente in Texten, ästhetisch-künstlerischen und medialen Ausdrucksformen identifizieren und ihre Bedeutung und Funktion erklären (Beispiele: biographische und literarische Texte, Bilder, Musik, Werbung, Filme) • biblische Texte, die für den christlichen Glauben grundlegend sind, methodisch reflektiert auslegen • theologische Texte sachgemäß erschließen • Glaubenszeugnisse in Beziehung zum eigenen Leben und zur gesellschaftlichen Wirklichkeit setzen und ihre Bedeutung aufweisen.

* zu den Kompetenzen, Anforderungsbereichen und Operatoren: KMK (Hrsg.), Einheitliche Prüfungsanforderungen in der Abiturprüfung Evangelische Religionslehre/Katholische Religionslehre, Berlin–Bonn 2006.

Urteilsfähigkeit – in religiösen und ethischen Fragen begründet urteilen:	• deskriptive und normative Aussagen unterscheiden • Formen theologischer Argumentation vergleichen und bewerten • Gemeinsamkeiten von Konfessionen und Religionen sowie deren Unterschiede erklären und kriteriengeleitet bewerten • Modelle ethischer Urteilsbildung kritisch beurteilen und beispielhaft anwenden • die Menschenwürde theologisch begründen und als Grundwert in aktuellen ethischen Konflikten zur Geltung bringen • im Kontext der Pluralität einen eigenen Standpunkt zu religiösen und ethischen Fragen einnehmen und argumentativ vertreten.
Dialogfähigkeit – am religiösen Dialog argumentierend teilnehmen:	• die Perspektive eines anderen einnehmen und in Bezug zum eigenen Standpunkt setzen • Gemeinsamkeiten von religiösen und weltanschaulichen Überzeugungen sowie Unterschiede benennen und im Blick auf mögliche Dialogpartner kommunizieren • sich aus der Perspektive des christlichen Glaubens mit anderen religiösen und weltanschaulichen Überzeugungen argumentativ auseinandersetzen • Kriterien für eine konstruktive Begegnung, die von Verständigung, Respekt und Anerkennung von Differenz geprägt ist, in dialogischen Situationen berücksichtigen.
Gestaltungsfähigkeit – religiös bedeutsame Ausdrucks- und Gestaltungsformen verwenden:	• typische Sprachformen der Bibel theologisch reflektiert transformieren • Aspekten des christlichen Glaubens in textbezogenen Formen Ausdruck verleihen • Ausdrucksformen des christlichen Glaubens erproben und ihren Gebrauch reflektieren • religiöse Symbole und Rituale der Alltagskultur kriterienbewusst (um-) gestalten • religiös relevante Inhalte und Positionen medial und adressatenbezogen präsentieren.

Die Kompetenzen werden auf der Ebene von drei Anforderungsbereichen angezielt:

Anforderungsbereich I	
Der Anforderungsbereich I umfasst die **Zusammenfassung von Texten, die Beschreibung von Materialien und die Wiedergabe von Sachverhalten** unter Anwendung bekannter bzw. eingeübter Methoden und Arbeitstechniken.	Geforderte Reproduktionsleistungen sind insbesondere: • Wiedergabe von fachspezifischem Grundwissen (z. B. Daten, Fakten, Modelle, Definitionen, Begriffe) oder Wiedergabe von Textinhalten • Zusammenfassen von Textinhalten • Beschreiben von Bildern oder von anderen Materialien • Darstellen von fachspezifischen Positionen

Anforderungsbereich II	
Der Anforderungsbereich II umfasst das **selbstständige Erklären, Bearbeiten und Ordnen bekannter Inhalte** und das **Anwenden gelernter Inhalte** und Methoden auf neue Sachverhalte.	Geforderte Reorganisations- und Transferleistungen sind insbesondere: • Einordnen von fachspezifischem Grundwissen in neue Zusammenhänge • Herausarbeiten von fachspezifischen Positionen • Belegen von Behauptungen durch Textstellen, Bibelstellen oder bekannte Sachverhalte • Vergleichen von Positionen und Aussagen unterschiedlicher Materialien • Analysieren von biblischen und anderen Texten oder von Bildern unter fachspezifischen Aspekten • Anwenden fachspezifischer Methoden auf neue Zusammenhänge oder Probleme

Anforderungsbereich III	
Der Anforderungsbereich III umfasst die **selbstständige systematische Reflexion** und das **Entwickeln von Problemlösungen**, um zu eigenständigen Deutungen, Wertungen, Begründungen, **Urteilen** und Handlungsoptionen sowie zu kreativen Gestaltungs- und Ausdrucksformen zu gelangen.	Geforderte Leistungen der Problemlösung und der eigenen Urteilsbildung sind insbesondere: • Entwickeln einer eigenständigen Deutung von biblischen oder literarischen Texten, Bildern oder anderen Materialien unter einer fachspezifischen Fragestellung • Erörtern von fachspezifischen Positionen, Thesen und Problemen mit dem Ziel einer begründeten und überzeugenden Stellungnahme • Entwickeln von Lösungsansätzen oder Lösungen bzgl. einer fachspezifischen Fragestellung • Entwerfen von kreativen Gestaltungs- und Ausdrucksformen als besondere Form der Präsentation von Lösungen bzw. Lösungsansätzen • Reflektieren der eigenen Urteilsbildung unter Beachtung biblischer, theologischer und ethischer Kategorien

In Hinblick auf klare Aufgabenformulierungen, die diesen Anforderungsbereichen entsprechen, werden Operatoren vorgegeben, die beschreiben, welche Tätigkeiten beim Lösen von Prüfungsaufgaben gefordert werden.

Operatoren Anforderungsbereich I	Definitionen
Nennen **Benennen**	ausgewählte Elemente, Aspekte, Merkmale, Begriffe, Personen etc. unkommentiert angeben
Skizzieren	einen bekannten oder erkannten Sachverhalt oder Gedankengang in seinen Grundzügen ausdrücken
Formulieren **Darstellen** **Aufzeigen**	den Gedankengang oder die Hauptaussage eines Textes oder einer Position mit eigenen Worten darlegen
Wiedergeben	einen bekannten oder erkannten Sachverhalt oder den Inhalt eines Textes unter Verwendung der Fachsprache mit eigenen Worten ausdrücken
Beschreiben	die Merkmale eines Bildes oder eines anderen Materials mit Worten in Einzelheiten schildern
Zusammenfassen	die Kernaussagen eines Textes komprimiert und strukturiert darlegen

Operatoren Anforderungsbereich II	Definitionen
Einordnen **Zuordnen**	einen bekannten oder erkannten Sachverhalt in einen neuen oder anderen Zusammenhang stellen oder die Position eines Verfassers bezüglich einer bestimmten Religion, Konfession, Denkrichtung etc. unter Verweis auf Textstellen und in Verbindung mit Vorwissen bestimmen
Anwenden	einen bekannten Sachverhalt oder eine bekannte Methode auf etwas Neues beziehen
Belegen **Nachweisen**	Aussagen durch Textstellen oder bekannte Sachverhalte stützen
Begründen	Aussagen durch Argumente stützen
Erläutern **Erklären** **Entfalten**	einen Sachverhalt, eine These etc. ggf. mit zusätzlichen Informationen und Beispielen nachvollziehbar veranschaulichen
Herausarbeiten	aus Aussagen eines Textes einen Sachverhalt oder eine Position erkennen und darstellen
Vergleichen	nach vorgegebenen oder selbst gewählten Gesichtspunkten Gemeinsamkeiten, Ähnlichkeiten und Unterschiede ermitteln und darstellen
Analysieren **Untersuchen**	unter gezielter Fragestellung Elemente, Strukturmerkmale und Zusammenhänge systematisch erschließen und darstellen
In Beziehung setzen	Zusammenhänge unter vorgegebenen oder selbst gewählten Gesichtspunkten begründet herstellen

Operatoren Anforderungsbereich III	Definitionen
Sich auseinandersetzen mit **Beurteilen** **Bewerten** **Stellung nehmen** **einen begründeten Standpunkt einnehmen**	ein begründetes eigenes Urteil zu einer Position oder einem dargestellten Sachverhalt entwickeln
Erörtern	die Vielschichtigkeit eines Beurteilungsproblems erkennen und darstellen, dazu Thesen erfassen bzw. aufstellen, Argumente formulieren, nachvollziehbare Zusammenhänge herstellen und dabei eine begründete Schlussfolgerung erarbeiten (dialektische Erörterung)
Prüfen **Überprüfen**	eine Meinung, Aussage, These, Argumentation nachvollziehen, kritisch befragen und auf der Grundlage erworbener Fachkenntnisse begründet beurteilen
Interpretieren	einen Text oder ein anderes Material (z. B. Bild, Karikatur, Tondokument, Film) sachgemäß analysieren und auf der Basis methodisch reflektierten Deutens zu einer schlüssigen Gesamtauslegung gelangen
Gestalten **Entwerfen**	sich textbezogen mit einer Fragestellung kreativ auseinander setzen

Textverzeichnis

5 Dorothee Sölle, Meditationen und Gebrauchstexte, Wolfgang Fietkau Verlag, Berlin 1969, 13. – **9** Das Neue Testament, übertragen von Jörg Zink, Kreuz-Verlag, Stuttgart 12. Aufl., 1990, (Erstausgabe 1965), © Jörg Zink. – **12** Wolfgang Lentzen-Deis, Thema »Jesus Christus« – Herausforderung für den modernen Menschen, in: Katechetische Blätter (Kösel, München) 110 (1985), 310. – Henri Matisse, zit. n.: Richard Seewald, Die Zeit befühlts, wir sind ihr untertan, Herder Verlag, Freiburg i. Br. 1977, 108f. – **13** Werner Jentsch/Hartmut Jetter/Horst Echternach/Horst Reiler/ Manfred Kießig (Hrsg.), Evangelischer Erwachsenenkatechismus, Gütersloher Verlagshaus Gerd Mohn, 5., neu bearbeitete und ergänzte Auflage, Gütersloh 1989, 382–384. – **14** Rudolf Hoppe, Artikel »Abendmahl«, in: Georg Bubolz (Hrsg.), Religionslexikon, Cornelsen Verlag Scriptor, Frankfurt/ Main 2. Aufl. 1992, 12f. – **15** Heinrich Heine, Deutschland. Ein Wintermärchen, Caput XIII. – **16** Hartmut Meesmann, Vom Recht, unvollkommen zu bleiben, in: Publik-Forum Nr. 6, 31.3.1994, 45. – **18** Kurt A. Speidel, Das Urteil des Pilatus, Verlag Katholisches Bibelwerk, Stuttgart 1976, 8f. – Eugen Drewermann, An ihren Früchten sollt ihr sie erkennen, Walter Verlag, Olten/Freiburg i. Br. 1988, 31. – **19** Karl Jaspers, Die maßgebenden Menschen, Piper Verlag, München 6. Aufl. 1980, 178. – **22–24** Heinz Zahrnt, Gott kann nicht sterben, Piper Verlag, München 1970, 191f., 194f. – **25** Robin George Collingwood, Philosophie der Geschichte. Epilegomena, übersetzt von Gertrud Herding, Kohlhammer, Stuttgart 1955, 280ff. – **26–27** Zit. n.: Rudolf Laufen, Christus erkennen, Forum Religion, Bd. 3, Patmos Verlag, Düsseldorf 1985, 24f. – **28** Carl Heinz Peisker, Evangelien-Synopse der Einheitsübersetzung, Oncken Verlag, Wuppertal – Kassel/Verlag Katholisches Bibelwerk, Stuttgart 1983. – **30** Uwe Stamer, Kurswissen Jesus Christus, Ernst Klett Verlag, Stuttgart/Dresden 2. Aufl. 1994, 9ff. – **31–32** Herbert Braun, Jesus – der Mann aus Nazareth und seine Zeit. Um 12 Kapitel erweiterte Studienausgabe, Kreuz Verlag, Stuttgart 1984; zit. n.: Manfred Baumotte (Hrsg.), Die Frage nach dem historischen Jesus, Gütersloher Verlagshaus Gerd Mohn, Gütersloh 1984, 258ff. – **33** Fridolin Stier. Vielleicht ist irgendwo Tag, Herder Verlag, Freiburg i. Br. 1993, 32f., © F. H. Kerle, Freiburg/Heidelberg 1981. – **34–35** Günther Bornkamm, Jesus von Nazareth, Kohlhammer Verlag, Stuttgart/Berlin/Köln/Mainz 14. Aufl., 1988, 20ff. – **35/37–38** Eugen Drewermann, Wort des Heils – Wort der Heilung, Bd. 1, Patmos Verlag, Düsseldorf 2. Aufl., 1988, 78ff. – **36** Peter Biehl, Symbole geben zu lernen. Einführung in die Symboldidaktik anhand der Symbole Hand, Haus und Weg, WdL (Wege des Lernens) 6, Neukirchner Verlag, Neukirchen-Vluyn 2. Aufl., 1991, 46ff. – **38** Rudolf Schnackenburg, Exegese und Tiefenpsychologie, in: Tiefenpsychologische Deutung des Glaubens? Anfragen an Eugen Drewermann, Herder Verlag, Freiburg i.Br. 1988, 38ff. – **39** Emma Brunner-Traut, Gelebte Mythen, Wissenschaftliche Buchgesellschaft, Darmstadt 3. Aufl. 1988, 32ff. – **41–42** Hans Küng, Christsein, Piper Verlag, München/ Zürich 5. Aufl., 1975, 142–146; zit. n.: Rudolf Laufen, Christus erkennen, Forum Religion, Bd. 3, Patmos Verlag, Düsseldorf 1985, 26f. – **46–47** Jaap ter Haar, Behalt das Leben lieb, übersetzt von Hans Joachim Schädlich, Georg Bitter Verlag, Recklinghausen 1976. – **48** Lutherbibel. Bibeltext in der revidierten Fassung von 1984, hrsg. von der Evangelischen Kirche in Deutschland, © Deutsche Bibelgesellschaft, Stuttgart. – Anton Steiner/Volker Weymann (Hrsg.), Wunder Jesu (Bibelarbeit in der Gemeinde, Bd. 2), F. Reinhardt Verlag/Benziger Verlag, Basel/ Zürich 3. Aufl., 1984. – **49** Julius Schniewind, Das Evangelium nach Markus, Siebenstern Taschenbuch Verlag, München und Hamburg 1968, 37/38; 105/106. – **51** Alfons Weiser, Was die Bibel Wunder nennt, Verlag Katholisches Bibelwerk, Stuttgart 1975, 12ff. – **52** Horst Klaus Berg, Ein Wort wie Feuer. Wege lebendiger Bibelauslegung, Kösel/Calwer, München/Stuttgart 1991, 456. – Helmut Kurz, Entdeckungen in der Bibel, Kösel-Verlag, München 1988, 79. – **53–55** Eugen Drewermann, Wort des Heils – Wort der Heilung, Bd. 1, Patmos Verlag, Düsseldorf 2. Aufl. 1988, 196ff. – **56** Werner Jentsch/Hartmut Jetter/Horst Echternach/Horst Reiler/ Manfred Kießig (Hrsg.), Evangelischer Erwachsenenkatechismus, Gütersloher Verlagshaus Gerd Mohn, 5., neu bearbeitete und ergänzte Auflage, Gütersloh 1989, 389ff. – **58** Franz Kafka, Von den Gleichnissen, in: Die Erzählungen, hrsg. von Klaus Wagenbach, S. Fischer Verlag, Frankfurt 1961, 328. – **59** Mk 4, 1–34: Zit. n.: Werner Trutwin, Erinnerung und Hoffnung. Eine Einführung in die Welt der Bibel, Patmos Verlag, Düsseldorf 1970, 430/431. – **60** Franz W Niehl, Sämann und Variation, in: Katechetische Blätter (Kösel, München) 117, 1992, 90. – **60–62** Eugen Drewermann, Das Markusevangelium. Erster Teil, Walter-Verlag, Olten/Freiburg i. Br. 1987, 322ff. – **62** Jürgen Moltmann, Wer ist Christus für uns heute?, Chr. Kaiser/Gütersloher Verlagshaus Gerd Mohn, Gütersloh 1994, 11ff. – **63** Horst Klaus Berg, Ein Wort wie Feuer. Wege lebendiger Bibelauslegung, Kösel/ Calwer, München/ Stuttgart 1991, 459. – **64** Lutherbibel. Bibeltext in der revidierten Fassung von 1984, hrsg. von der Evangelischen Kirche in Deutschland, © Deutsche Bibelgesellschaft, Stuttgart. – **64–65** Ernst L. Ehrlich, Zur Geschichte der Pharisäer, Freiburger Rundbrief, Nr. 109/112, Freiburg 1977, 46–52. – **65–66** Uwe Stamer, Kurswissen Jesus Christus, Ernst Klett Verlag, Stuttgart/Dresden 2. Aufl., 1994, 57ff. – H. L. Gee, Wer einen dieser Geringsten ausschließt, aus: Ders., Fivehundred Tales to tell again, Gee & Co. Ltd., London 1955–1957, in: Lore Graf/ Ulrich Kabitz/Martin Lienhard/Reinhard Pertsch (Hrsg.), Die Blumen des Blinden. Kurze Geschichten zum Nachdenken, Chr. Kaiser Verlag, München 1983, 157. – **66–67** Edward Schillebeeckx, Das Evangelium erzählen, aus dem Niederländischen übertragen von Hugo Zulauf, Patmos Verlag, Düsseldorf 1983, 228–231. – **68** Horst Klaus Berg, Ein Wort wie Feuer. Wege lebendiger Bibelauslegung, Kösel/Calwer, München/Stuttgart 1991, 461. – **69** Lutherbibel. Bibeltext in der revidierten Fassung von 1984, hrsg. von der Evangelischen Kirche in Deutschland, © Deutsche Bibelgesellschaft, Stuttgart. – **70** Walter Rupp, Erstaunliche Gleichnisse, Verlag Styria, Graz/Wien/Köln 1985, 44f. – **71–72** Hans Weder, Die Gleichnisse Jesu als Metaphern, Vandenhoeck & Ruprecht, Göttingen 3. Aufl., 1984, 257ff. – **73** Horst Klaus Berg, Ein Wort wie Feuer. Wege lebendiger Bibelauslegung, Kösel/Calwer, München/ Stuttgart 1991, 458. – **74** Lutherbibel. Bibeltext in der revidierten Fassung von 1984, hrsg. von der Evangelischen Kirche in Deutschland, © Deutsche Bibelgesellschaft, Stuttgart. – **75** Heinrich A. Mertens, Handbuch der Bibelkunde: historische, archäologische, religionsgeschichtliche, kulturkundliche, geographische Aspekte des Alten und Neuen Testamentes, Düsseldorf 2. Aufl., 1984, 682/83; 499, © Patmos-Verlag der Schwabenverlag AG, Düsseldorf/Ostfildern, 1997. – **76** Ernst Schnydrig, zit. n.: Helmut Kurz, Entdeckungen in der Bibel, Kösel-Verlag, München 1988, 60; Fundort unbekannt. – **76–77** Schalom Ben Chorin, Bruder Jesus, List Verlag, München 1967, 109. – **78** Martin Petzoldt, Gleichnisse Jesu und christliche Dogmatik, Vandenhoeck & Ruprecht, Göttingen 1984, 80ff. © Evangelische Verlagsanstalt, Leipzig. – **79** Horst Klaus Berg, Ein Wort wie Feuer. Wege lebendiger Bibelauslegung, Kösel/Calwer, München/ Stuttgart 1991, 467. – **80** Jürgen Moltmann, Wer ist Christus für uns heute?, Chr. Kaiser/Gütersloher Verlagshaus Gerd Mohn, Gütersloh 1994,13ff. – **82–83** Horst Klaus Berg, Beten – Gedanken zu einem mehrdimensionalen Verständnis, in: ru (Kösel/Calwer, München/Stuttgart) 3/1991, 85ff. – **84** Lutherbibel. Bibeltext in der revidierten Fassung von 1984, hrsg. von der Evangelischen Kirche in Deutschland, © Deutsche Bibelgesellschaft, Stuttgart. – **86** Christa Peikert-Flaspöhler, Heut singe ich ein anderes Lied. Frauen brechen ihr Schweigen (Theologie konkret 3), Rex Verlag, Luzern 1992, 121ff. – **87** Christa Peikert-Flaspöhler, ebd. – Annelott Weisbach-Zerning, in: Susanne Kahl-Passoth (Hrsg.), Was meinst du dazu, Gott? – Gebete von Frauen, Gütersloher Verlagshaus Gerd Mohn, Gütersloh 1984. – **88** Horst Klaus Berg, Ein Wort wie Feuer. Wege lebendiger Bibelauslegung, Kösel/Calwer, München/ Stuttgart 1991, 463. – **89** Pinchas Lapide, Er wandelte nicht auf dem Meer, Gütersloher Verlagshaus Gerd Mohn, Gütersloh 1984, 54. – Peter de Rosa, Der Jesus-Mythos. Über die Krise des christlichen Glaubens. Übersetzung aus dem Englischen von Mara Huber, Droemer – Knaur, München 1991, 48. – **90–91** Rocco A. Errico, Das aramäische Vaterunser. Jesu ursprüngliche Botschaft entschlüsselt, aus dem Amerikanischen von Mechthild Weber-Bahr, Verlag H.J. Maurer, Freiburg i. Br. 2006, S. 101–108 – www.verlaghjmaurer.de – **92** Werner Jentsch/Hartmut Jetter/Horst Echternach/Horst Reiler/Manfred Kießig (Hrsg.), Evangelischer Erwachsenenkatechismus, Gütersloher Verlagshaus Gerd Mohn, 5., neu bearbeitete und ergänzte Auflage, Gütersloh 1989, 1263f. – **96–97** Uwe Pollmann, Tränen am gedeckten Tisch – Christen aus Brasilien zu Besuch, aus der Sendereihe »Lebenszeichen«, WDR 3, 23. 2. 1992, Übernahme vom NDR-Hannover. – **98** Lutherbibel. Bibeltext in der revidierten Fassung von 1984, hrsg. von der Evangelischen Kirche in Deutschland, © Deutsche Bibelgesellschaft, Stuttgart. – **99–100** Arnulf H. Baumann (Hrsg.),

Was jeder vom Judentum wissen muß. Im Auftrag des Arbeitskreises »Kirche und Judentum« der Vereinigten Evangelisch-Lutherischen Kirche Deutschlands und des Deutschen Nationalkomitees des Lutherischen Weltbundes, Gütersloher Verlagshaus Gerd Mohn, Gütersloh 5. Aufl., 1990, 140ff. – **101–103** Werner Jentsch/Hartmut Jetter/Horst Echternach/Horst Reiler/Manfred Kießig (Hrsg.), Evangelischer Erwachsenenkatechismus, Gütersloher Verlagshaus Gerd Mohn, 5., neu bearbeitete und ergänzte Auflage, Gütersloh 1989, 1115–1118. – **103–104** Werner Jentsch/Hartmut Jetter/Horst Echternach/Horst Reiler/Manfred Kießig (Hrsg.), Evangelischer Erwachsenenkatechismus, Gütersloher Verlagshaus Gerd Mohn, 5., neu bearbeitete und ergänzte Auflage, Gütersloh 1989, 1120–1122. – **105** Horst Klaus Berg, Ein Wort wie Feuer. Wege lebendiger Bibelauslegung, Kösel/Calwer, München/Stuttgart 1991, 466. – **106** Uwe Stamer, Kurswissen Jesus Christus, Ernst Klett Verlag, Stuttgart/Dresden 2. Aufl., 1994, 112f. – **110–111** Antoinette Becker/Elisabeth Niggemeyer, Ich will etwas vom Tod wissen. Geschichten vom Tod und vom Leben. Erzählt von Antoinette Becker, Fotographiert von Elisabeth Niggemeyer, Otto Maier Verlag, Ravensburg 3. Aufl., 1980, 8–12. – **112–114** Carl Heinz Peisker, Evangelien-Synopse der Einheitsübersetzung, Oncken Verlag Wuppertal/Kassel/Verlag Katholisches Bibelwerk, Stuttgart 1983. – **115–116** Peter Fiedler, Wer ist schuld an Jesu Tod? In: Werkstatt Bibelauslegung, Verlag Katholisches Bibelwerk, Stuttgart 1976, 98–100. – **117** Carl Heinz Peisker, Evangelien-Synopse der Einheitsübersetzung, Oncken Verlag Wuppertal/Kassel/Verlag Katholisches Bibelwerk, Stuttgart 1983. – **118** Einheitsübersetzung, Verlag Katholisches Bibelwerk, Stuttgart, © Katholische Bibelanstalt, Stuttgart. – **119–120** Ottmar Fuchs, Die Freude in der Klage! Zur Pointe des alttestamentlichen Klagegebets und Gottvertrauens, in: Katechetische Blätter (Kösel, München) 109 (1984), 91–94. – **121** Eleonore Beck, Gottes Sohn kam in die Welt, Verlag Katholisches Bibelwerk, Stuttgart 1977, 41f. – **122–123** Uwe Stamer, Kurswissen Jesus Christus, Ernst Klett Verlag, Stuttgart/Dresden 2. Aufl. 1994, 167ff. – **123** Heinz Zahrnt, Mutmaßungen über Gott, Piper Verlag, München 1994, 71, 76. – **124** Franz-Josef Nocke, Was heißt »Erlösung durch Jesus Christus«? In: ru (Kösel/Calwer, München/Stuttgart) 1/1990, 4ff. – **125–126** Heinz Zahrnt, Mutmaßungen über Gott, Piper Verlag, München 1994, 84f, 86f. – **126–127** Jürgen Moltmann, Wer ist Christus für uns heute?, Chr. Kaiser/Gütersloher Verlagshaus Gerd Mohn, Gütersloh 1994, 38ff. – **128–130** Maarten t'Hart, Der Flieger, Roman. Aus dem Niederländischen von Gregor Seferens, Piper Verlag, München – Zürich 2008, 113–119. – **131–133** Eike Christian Hirsch, »Den zornigen Vater gab es nicht« – Warum Jesus dennoch am Kreuz starb, WDR 3/5 Lebenszeichen vom 10.04.2009; 2. Sprecher kursiv gesetzt. – **133–135** Wolfhart Pannenberg, Das Glaubensbekenntnis, ausgelegt und verantwortet vor den Fragen der Gegenwart, Gütersloh 1972, 86, 87, 94–97, © beim Autor. – **135–137** Joseph Ratzinger, Einführung in das Christentum. Vorlesungen über das Apostolische Glaubensbekenntnis, Kösel Verlag, München 1968, 230–236, 9. Aufl. 2007. – **138** Einheitsübersetzung, Katholisches Bibelwerk, Stuttgart, © Katholische Bibelanstalt, Stuttgart. – **139** Ninian Smart, Die großen Religionen. Aus dem Englischen übertragen von Eva Gärtner, Universitas Verlag in F. A. Herbig Verlagsbuchhandlung, München 1988, 218; 237. – Dorothee Sölle, Leiden, Kreuz Verlag, Stuttgart 1973, 159f. – Rumi zit. nach: Idries Shah, aus dem Engl. v. Jochen Eggert und Stephan Schuhmacher, Eugen Diederichs Verlag, Düsseldorf 1976. – **140–142** Daisetz Taitaro Suzuki, Jesus, buddhistisch gesehen, in: Johannes Thiele (Hrsg.), Jesus, Econ Taschenbuch Verlag, Düsseldorf/Wien 1993, 308ff.; zit. n.: Der westliche und der östliche Weg, Ullstein Verlag, Frankfurt/Berlin 1982. Übersetzung: Liselotte und Walter Hilsbecher. – **142** Eugen Drewermann, Das Markusevangelium. Zweiter Teil, Mk 9,14 bis 16,20, Walter-Verlag, Olten/Freiburg 1988, 665. – Werner Jentsch/Hartmut Jetter/Horst Echternach/Horst Reiler/ Manfred Kießig (Hrsg.), Evangelischer Erwachsenenkatechismus, Gütersloher Verlagshaus Gerd Mohn, 5., neu bearbeitete und ergänzte Auflage, Gütersloh 1989, 397. – **144** Werner Jentsch/Hartmut Jetter/Horst Echternach/Horst Reiler/ Manfred Kießig (Hrsg.), Evangelischer Erwachsenenkatechismus, Gütersloher Verlagshaus Gerd Mohn, 5., neu bearbeitete und ergänzte Auflage, Gütersloh 1989, 395; 397; 396. – **148** Wolfdietrich Schnurre, Und was ist mit den Wundern?, in: Franz W. Niehl (Hrsg.), Der Fremde aus Nazareth, Kösel-Verlag, München 1993, 11. – **150–151** Carl Heinz Peisker, Evangelien-Synopse der Einheitsübersetzung, Oncken Verlag Wuppertal/Kassel/Verlag Katholisches Bibelwerk, Stuttgart 1983. – **152** Peter Fiedler, Auferstehungsbotschaft und Christusbekenntnis, in: Peter Fiedler u.a. (Hrsg.), Funk-Kolleg Religion, Bd. 1, Gütersloher Verlagshaus Gerd Mohn, Gütersloh 1985, 288ff. – **153–155** Peter Fiedler, Auferstehungsbotschaft und Christusbekenntnis, in: Peter Fiedler u.a. (Hrsg.), Funk-Kolleg Religion, Bd. 1, Gütersloher Verlagshaus Gerd Mohn, Gütersloh 1985, 304f. – **156–157** Michael Fritzen, Unsere tägliche Auferstehung, in: F.A.Z., 07.04.2007, Nr. 82 / Seite 9. © Alle Rechte vorbehalten. Frankfurter Allgemeine Zeitung GmbH, Frankfurt. Zur Verfügung gestellt vom Frankfurter Allgemeine Archiv. – **158** Gerd Lüdemann, Die Auferstehung Jesu: Fiktion oder Faktum?, wwwuser.gwdg.de/~gluedem/download/workshop auferstehung_texte.pdf – 03.04.2004 – Hans-Joachim Eckstein, Zur Wiederentdeckung der Hoffnung. Grundlagen des Glaubens, Holzgerlingen 2002, 87–122, © beim Autor. – **159–160** Sabine Rückert, Ostern. Warum ich daran glaube, in: DIE ZEIT vom 08.04.2009. – **162** Milindapaña. Ein historisches Gipfeltreffen im religiösen Weltgespräch. Hrsg. von Nyanaponika, übersetzt von Nyantiloka, O.W. Barth Verlag 1998, 65f. © 1985 (Ansata Verlag) und 1998 by Scherz Verlag, Bern, München, Wien, für den Otto Barth Verlag. – **164** Udana 8,1–4: Religionsgeschichtliches Lesebuch, hrsg. von Alfred Bertholet, Bd. 11: M. Winternitz, Der ältere Buddhismus, J. C. B. Mohr, Tübingen 2. Aufl. 1929, 108f. – **165** Religionsgeschichtliches Lesebuch, hrsg. von Alfred Bertholet, Bd. 2: Konrad Theodor Preuss, Die Eingeborenen Amerikas, J. C. B. Mohr, Tübingen 2. Aufl. 1926, 1f. – **166** Lutherbibel. Bibeltext in der revidierten Fassung von 1984, hrsg. von der Evangelischen Kirche in Deutschland, © Deutsche Bibelgesellschaft, Stuttgart. – Kurt Marti, Leichenreden, Luchterhand Literaturverlag, Darmstadt-Neuwied 1969. – Marie Luise Kaschnitz, Dein Schweigen – meine Stimme. Gedichte 1958–61, Claassen Verlag, Düsseldorf 1962. – **167–169** Pinchas Lapide, Auferstehung. Ein jüdisches Glaubensbekenntnis, Calwer-Verlag/Kösel-Verlag, Stuttgart/München 4. Aufl., 1993, 91ff. – **169** Rudolf Hoppe, Artikel »Auferstehung«, in: Georg Bubolz (Hrsg.), Religionslexikon, Cornelsen Verlag Scriptor, Frankfurt/M. 2. Aufl., 1992. – **170–171** Korantexte: Muhammad Asad, Die Botschaft des Koran, aus dem Englischen übersetzt von Ahmad von Denffer und Yusuf Kuhn, Patmos, Düsseldorf 2009. – **171** Peter Freimark u.a., Große fremde Religionen, Schroedel Schulbuchverlag, Hannover 1986, 82f. – **172** Deutsche Bischofskonferenz (Hrsg.), Katholischer Erwachsenenkatechismus, Bonn 1985, 410ff. © Verband der Diözesen Deutschlands. – **174–175** Heinz Zahrnt, Mutmaßungen über Gott, Piper Verlag, München 1994, 163ff. – **175–177** Hubertus Halbfas, Wurzelwerk, Patmos Verlag, Düsseldorf 1989, 85ff. © beim Autor. – **179** Ilsetraud Ix/Rüdiger Kaldewey, Was in Religion Sache ist. Lern- und Lebenswissen, Patmos Verlag, Düsseldorf 1988, 145. © Bayerischer Schulbuch Verlag.

Abbildungsverzeichnis

2–6: Foto: Georg Bubolz, Erkelenz – **7:** Artothek / © Culture and Sport Glasgow (Museums) – **8** Photo by Attila Bujdosó / bujatt.com – **9:** Erwin Blumenfeld / © Gallery Kicken Berlin/Phyllis Umbehr/VG Bild-Kunst, Bonn 2011 – **11:** Hermann-Josef Kuhna, Foto: Stefan Aust, Düsseldorf / © VG Bild-Kunst, Bonn 2011 – **12:** Dmitri Kessel/Time & Life Pictures/Getty Images / © Succession H. Matisse/VG Bild-Kunst, Bonn 2016 – **13:** Larissa v. Massenbach/Fa. Langelütje (Papeterie + Text) – **14.1:** © VG Bild-Kunst, Bonn 2011 – **14.2:** Franziska v. Massenbach/Fa. Langelütje (Papeterie + Text) – **15:** Foto: Georg Bubolz, Erkelenz – **17:** Hermann-Josef Kuhna, Foto: Stefan Aust, Düsseldorf / © VG Bild-Kunst, Bonn 2011 – **18:** imago – **19:** Larissa v. Massenbach/Fa. Langelütje (Papeterie + Text) – **21:** Photo Vatican Museums / © Succession H. Matisse/VG Bild-Kunst, Bonn 2016 – **22.1:** akg-images / Rainer Hackenberg – **22.2:** akg-images – **23:** Stiftung museum kunst palast, Düsseldorf / © VG Bild-Kunst, Bonn 2011 – **24.1–24.2:** Foto: Georg Bubolz, Erkelenz –**24.3:** Peter Willi/Artothek / © VG Bild-Kunst, Bonn 2011 – **24.4:** bpk/Bayerische Staatsgemäldesammlungen – **27.1:** Blauel/Gnamm/Artothek – **27.2:** Artothek / © VG Bild-Kunst, Bonn 2011 – **29:** akg-images/Erich Lessing – **30:** © Oldenbourg-bsv, München – **31:** © VG Bild-Kunst, Bonn 2011 – **33:** Thomas Struth, National Gallery 1,

London 1989, Chromogener Abzug, 180 x 196 cm, © 2011 Thomas Struth – **34:** akg-images / © VG Bild-Kunst, Bonn 2011 – **35:** BI, ADAGP, Paris/Scala, Florence / © VG Bild-Kunst, Bonn 2011 – **37:** © Phyllis Umbehr/Gallery Kicken Berlin/ VG Bild-Kunst, Bonn 2011 – **38:** Klassik Stiftung Weimar, Museen / © Salvo – **40:** © Arnulf Rainer – **42:** akg-images / Erich Lessing – **45:** Foto: Georg Bubolz, Erkelenz – **47:** bpk/Kunstbibliothek, SMB/Dietmar Katz/ © VG Bild-Kunst, Bonn 2011 – **49:** bpk/Kupferstichkabinett, SMB/Jörg P. Anders/ © VG Bild-Kunst, Bonn 2011 – **50:** © Museum Catharijneconvent, Utrecht, Niederlande – **53:** Courtesy Mai 36 Galerie, Zürich – **54.1:** Foto: Georg Bubolz, Erkelenz – **54.2:** akg-images – **55:** Foto: Zindman/Fremont, New York, copyright: Helmut Federle, Courtesy Galerie nächst St. Stephan Rosemarie Schwarzwälder, Wien / © VG Bild-Kunst, Bonn 2011 – **56:** MISEREOR Plakatkampagne 2008 / Foto: Georg Bubolz, Erkelenz – **58:** © János Angeli (janos-angeli.de) – **59:** Johannes Muggenthaler / © VG Bild-Kunst, Bonn 2011 – **61:** akg-images – **64:** Matthias Haupt / FJT / Picture Press – **66:** © Southern Baptist Convention – **69:** Johannes Muggenthaler / © VG Bild-Kunst, Bonn 2011 – **70.1:** Johannes Muggenthaler / © VG Bild-Kunst, Bonn 2011 – **70.2:** bpk/Kupferstichkabinett, SMB/Jörg P. Anders – **71:** bpk / Kupferstichkabinett, SMB / Jörg P. Anders / © Estate of George Grosz, Princeton, N.J./VG Bild-Kunst, Bonn 2016 – **72:** Johannes Muggenthaler / © VG Bild-Kunst, Bonn 2011 – **74.1:** akg-images / © VG Bild-Kunst, Bonn 2011 – **74.2:** Jim Dine, Atheism #13, 1986, mixed media on paper, 110,5 x 150,5 cm, Photograph by Bill Jacobson, courtesy The Pace Gallery / © VG Bild-Kunst, Bonn 2011 – **75.1:** REUTERS/Darren Whiteside – **75.2:** © Benjamim Tsedaka, Holon/Israel – **76.1:** Wolfgang Bellwinkel / laif – **76.2:** Foto: Georg Bubolz, Erkelenz – **77.1:** Blauel/ Artothek – **77.2:** Mit freundlicher Genehmigung der Bundesarbeitsgemeinschaft Erste Hilfe – **78:** Larissa v. Massenbach/Fa. Langelütje (Papeterie + Text) – **80:** Foto: Georg Bubolz, Erkelenz – **83:** © Ed Ruscha. Courtesy Gagosian Gallery – **85:** Gottfried Helnwein, Kindskopf, 1991, Öl und Acryl auf Leinwand, 600 x 400 cm, Installation, Minoriten Kirche Krems-Stein, Niederösterreichisches Landesmuseum/ © VG Bild-Kunst, Bonn 2011 – **87–90:** Foto: Georg Bubolz, Erkelenz – **91:** © David Burnett/ (Contact Press Images) – **92:** Foto: Georg Bubolz, Erkelenz – **95:** Foto: Georg Bubolz, Erkelenz / © VG Bild-Kunst, Bonn 2011 – **97:** Yuri Cortez/AFP/Getty Images – **99:** akg-images / Bible Land Pictures – **100:** Alexander Kosolapov, This is my body, 2002, This is my blood, 2002, Leuchtkästen, je 82 x 150 cm, Installationsansicht ZKM | Zentrum für Kunst und Medientechnologie Karlsruhe 2009, Courtesy Guelman Gallery, Foto: Franz Wamhof / © VG Bild-Kunst, Bonn 2011 – **101:** aus: Michael Sowa. Bilder aus zwei Jahrhunderten, Haffmanns Verlag Zürich © 1992 / MICHAEL SOWA // ‚EINLADUNG' / © VG Bild-Kunst, Bonn 2011 – **102–103:** Annette Stöckler, Große Kaffeetafel, 200 x 30cm, Acrylfarbe auf Karton, 1982, Privatbesitz/Foto: Georg Bubolz, Erkelenz – **104:** Foto: Georg Bubolz, Erkelenz – **106:** akg-images / Erich Lessing – **109:** Copyright: Jonas Burgert, Photocredit: Lepkowski Studios – **110:** Johannes Muggenthaler / © VG Bild-Kunst, Bonn 2011 – **111:** © Museum Catharijneconvent, Utrecht, Niederlande – **115:** Peter Willi/Artothek/ © Succession Picasso/ VG Bild-Kunst, Bonn 2016 – **116.1:** © Jim Arndt, Santa Fe – **116.2:** © VG Bild-Kunst, Bonn 2011 – **118:** Foto: Georg Bubolz, Erkelenz – **120.1:** Hans Medej/laif – **120.2:** Königliche Gemäldegalerie Mauritshuis, Den Haag – **122:** Aus dem Süddeutsche Zeitung Magazin Nr. 19/2010 – **124:** © F. K.Waechter – **125.1–125.3:** Foto: Georg Bubolz, Erkelenz – **126:** Foto: Georg Bubolz, Erkelenz – **127.1:** © Museum Catharijneconvent, Utrecht, Niederlande – **127.2:** bridgemanart.com / © VG Bild-Kunst, Bonn 2011 – **129.1:** Foto: Steffen Giersch – **129.2:** Foto: Georg Bubolz, Erkelenz – **131.1–131.3:** Foto: Georg Bubolz, Erkelenz – **132:** Jens Friedrich Schacht, Düsseldorf – **133:** © Ed Ruscha. Courtesy Gagosian Gallery – **135–137:** Foto: Georg Bubolz, Erkelenz – **138:** Motiv „No Dead End" – gestaltet von Eva Jung, www.godnews.de – **139:** Universal Images Group / SuperStock – **140:** Museum für Ostasiatische Kunst / © Rheinisches Bildarchiv Köln, rba_c006604 – **141:** bpk / Scala – **143:** Photo by AFP Photo / Getty Images – **147:** Johannes Muggenthaler / © VG Bild-Kunst, Bonn 2011 – **148:** Arièle Bonzon, Chère absente: épiphanies, 1992/1994, Gelatine-Silberdruck, Marmor, Glas und Blei. Mit freundlicher Genehmigung von Arièle Bonzon und der Galerie Le Réverbère, Lyon / Frankreich – **149:** GALI TIBBON/AFP/Getty Images – **150:** Foto: Georg Bubolz, Erkelenz – **152:** akg-images / © VG Bild-Kunst, Bonn 2011 – **153:** Maître Mathis, dit GRÜNEWALD, (Né à Wurtzbourg en 1475–1480 – mort à Halle en 1528), Retable d'Issenheim, 1512–1516, Technique mixte (tempera et huile) sur panneaux constitués d'étroites planches de tilleul assemblées à joints vifs Maître-autel de l'église de la commanderie des Antonins d'Issenheim Présent dans les collections du musée dès sa création; © Musée Unterlinden, Colmar; Musée Unterlinden, Colmar; Inv. 88.RP.139, (ISSENHEIM, ALSACE, FRANCE); Foto: Dr. Rolf J. Pöhler / Churchphoto.de. Mit freundlicher Genehmigung des Musée Unterlinden, Colmar – **154:** Scala, Florence / © Lucio Fontana by SIAE/VG Bild-Kunst, Bonn 2011 – **155:** Hermann-Josef Kuhna, Foto: Stefan Aust, Düsseldorf / © VG Bild-Kunst, Bonn 2011 – **156:** Larissa v. Massenbach/Fa. Langelütje (Papeterie + Text) – **157:** Andy Warhol, Portrait of Maurice, Scottish National Gallery of Modern Art / © 2011 The Andy Warhol Foundation of the Visual Arts, Inc. / Artists Rights Society (ARS), New York – **158:** © Wolfgang Tillmans / Courtesy Galerie Buchholz, Köln / Berlin – **159:** Foto: Georg Bubolz, Erkelenz – **161:** Hermann-Josef Kuhna, Foto: Stefan Aust, Düsseldorf / © VG Bild-Kunst, Bonn 2011 – **163:** Hans Meyer-Veden – **164.1–164.2:** Foto: Georg Bubolz, Erkelenz – **166:** © Ed Ruscha. Courtesy Gagosian Gallery – **167:** © Ed Ruscha. Courtesy Gagosian Gallery – **168:** Lucy D'Souza-Krone/ www.lucy-art.de – **170:** © Ed Ruscha. Courtesy Gagosian Gallery – **171:** © The Estate of Jörg Immendorff, Courtesy Galerie Michael Werner Märkisch Wilmersdorf, Köln & New York – **172:** akg-images / © VG Bild-Kunst, Bonn 2011 – **174:** © Wolfgang Tillmans / Courtesy Galerie Buchholz, Köln / Berlin – **175** © Pérez Celis – **176.1–177** Foto: Georg Bubolz, Erkelenz

Neue Akzente Religion 3
Jesus begegnen
Impulse aus dem Evangelium

erarbeitet von Georg Bubholz und Klaus Otto

Redaktion:	Berthold Frinken
Bildredaktion:	Bettina Schaschke
Umschlaggestaltung:	Elisabeth Fürnstein, München und MT-Vreden, Vreden
Layout und technische Umsetzung:	Rainer Moers, Viersen

www.oldenbourg.de

1. Auflage, 2. Druck 2016

Alle Drucke dieser Auflage sind inhaltlich unverändert und können im Unterricht nebeneinander verwendet werden.

Druck: AZ Druck und Datentechnik GmbH, Kempten

ISBN 978-3-7627-0428-7

PEFC/04-31-2260

PEFC zertifiziert
Dieses Produkt stammt aus nachhaltig bewirtschafteten Wäldern und kontrollierten Quellen.
www.pefc.de